U0071217

大變局中的轉捩點

一九四〇年代的新聞事件背後

蔡曉濱——著

目次

【代序】長河浪花

像傳說中的神靈撒豆成兵一樣，歷史老人將發生在不同區域、不同時間的關於人類和社會的事件，貌似不經心地撒在了這個星球的各個地方。事件和事件之間，看似互不關聯，毫無瓜葛。若干年後，時空穿越了長長的隧道，驀然回首，你會發現，所有的事件都不是孤立的，它們之間有一種神秘莫測的紐帶連結著。這些事件像標誌一樣立在那裏，讓我們回望來路時，有一種標定路徑的感覺。事實上，這些事件本身，就是一場大變局的前奏或是歷史行進的拐點，只是當時之人沒有完全意識到罷了。

俄羅斯詩歌皇后阿赫瑪托娃，生逢亂世，迭遭厄運，但她從來沒有低下她那高傲的頭顱，她自信而不屈地挺立著，以高貴的品質迎擊著命運的挑戰。她感動了以賽亞·伯林。伯林用哲學的語言描繪著對阿赫瑪托娃的讚譽：「對個人良知絕對的堅守可以讓歷史在它面前屈服」。

早在一九一九年，阿赫瑪托娃就陷入了對「好時代」、「壞時代」的深深質疑。她曾寫下這樣的詩句：

這個時代比過去壞在哪裡？
也許，在這痛苦與不安的世界上
它觸發了最可怕的、也是無法醫治的瘟疫。
西方，太陽正當空照耀，
城市在陽光裏沐浴，
可這裏，白色的樓房被釘上了十字架，
烏鴉們呼之而來，
它們群起……

在阿赫瑪托娃寫下這樣的詩句三十多年後，關於「好世界」與「壞世界」的詰問，同樣提到了飽經磨難的中國人民的面前。梁濟用他的全部思考和生命，拷問著每一個中國知識分子的靈魂：「這個世界會好嗎？」嫉惡如仇的傅斯年對政府的毫無作為深感失望並痛恨不已，他從不掩飾對官僚的鄙視和對公正媒體的嚮往，他力勸他的老師胡適，「與其當官，不如組黨；與其組黨，不如辦報」。馮友蘭書引《左傳》之語，謂學生讀書和從戎都是救國，只要做得好。「不有居者，誰守社稷？不有行者，誰捍牧圉？」

中國近代史的拐點，出現在二十世紀四十年代那短短的不足十年的時間之中。飽經苦難的中國人民，在戰亂和動盪罹患的磨難、驚悸、恐慌、沉浮中苦捱歲月。這是世界上其他民族完全不能體會，從來沒有經歷過的。七十年後的今天，我們仍然抑制不住怦然升騰的心跳，一掬辛酸淚，為我們的民族哭泣，為我們的人民哭泣……

一個政權的垮臺，必定是天怨人怒的結果。「遭天譴」是自古以來中國人民對惡劣政權和政府最大的蔑視和最狠毒的詛咒。國民黨政府就是這樣一個該遭天譴的政權。因為，在它執政的後期，它已經將自己集團的局部利益，放在了國家利益之上；它已經將它轄治的人民，推入了水深火熱之中而不管不顧。

一九四二年，河南發生了一場大饑荒，饑餓而死的人民據說有三百萬之眾。這一年，河南春旱，麥收不足正常年景的三分之一；入秋又三月不雨，秋季作物幾乎顆粒無收；大旱之後飛蝗蔽日，所過之處，一片荒蕪；而沿黃各縣夏季又遭河水溢堤，家陷汪洋；國民黨河南戰區副司令長官湯恩伯，又以抗戰之名，強徵軍糧，課稅依然。河南人民淪入了空前的災難之中。人民咬牙切齒，痛恨這「水旱蝗湯」幾重災難。能與「天災」並列，這湯恩伯的「人禍」之惡，也算是史上有名了。而向全世界揭露這一切的，居然是一位美國記者白修德，從中折射出的許多文化現象，值得我們認真地想一想。

抗戰勝利，日本投降，全國人民歡欣鼓舞，復興建國熱情高漲。沒想到，雅爾達會議上，英美蘇三巨頭居然背著當事之國，協議決定蘇軍出兵東北，接收日偽資產。於是乎，強悍的蘇聯紅軍，大拆大卸，瘋狂劫掠，成套成套的機器設備被運往蘇聯，甚至連沙發、傢俱也裝車拉走，實在運不走的礦山、冶煉設備，就地炸毀，機器上的皮帶也被踩成一段一段的。經此浩劫，素有中國現代工業範式的鞍山，不要說煉鋼、發電，連一截鐵絲、一顆鐵釘也造不出來了。鋼都成了廢都。東北大地上，我們同胞姐妹所遭受的蹂躪、欺侮，更是難以出口……

重慶談判將正劇演成了諧劇。雙方都知道是在作秀，就壓根兒沒認真準備過臺詞和劇情。逢場作戲，顧左右而言他，讓滿懷期待的全國人民空歡喜了一場。研究重慶談判的史料尺牘盈匣，枯燥乏味，倒是重慶談判期間蔣介石的日記及毛澤東與悠閒文人的詩詞唱和，有幾番弦外之韻。

一九四六年十二月的平安之夜，美國海軍陸戰隊駐華伍長皮爾遜，藉著酒勁，居然在東長安街上強姦了北京大學先科班女學生沈崇，釀成了嚴重的政治與外交事件。起因其實簡單，衝動性犯罪，依律依法懲處便是。偏偏那是個特殊時期，美軍延長駐紮不得人心，調停國共內戰成效不大。共產黨又善於借題發揮，發動群眾，遂有大規模的學生上街示威遊行。沈崇算是一個導火索，點燃了那一時期學生和知識界的各類抗議活動，也是後來「反饑餓、反迫害、反內戰」群眾運動的前奏。蔣介石有無雅量不得而知，蔣的手下之人倒是氣忿不平，怒火中燒，才有中統的小特務們暗殺記者、教授、文人、學者的惡劣事件，其中造成較大影響的是費鞏、李公樸、聞一多命案。根據後來解密的美國軍事法庭審判皮爾遜的檔案，我們可以得出兩個結論，一是美國治外法權的傲慢，二是美國程式法的嚴謹和一絲不苟。

蔣介石皈依基督教後，每日早晚兩課不輟，時常反躬自省。對屬下，也儘量彬彬有禮，謙恭以待，遇到他最不滿意之事，也常常只是板著個冷冰冰的面孔，不理不睬而已。可人是高等動物，總有七情六慾，白天說不得，公開場合火不得，蔣介石就轉向夜晚，面對日記，盡情發洩他的心頭之恨，腹中之火。因而，仔細閱讀蔣介石的日記，並查對相關歷史事件和歷史背景，還真是滿有趣味的一件事。一九四五年春夏之季，在得知孔祥熙借美金公債停發之際，低價私分，貪瀆舞弊的事實之後，蔣介石在日記中多次表達對孔祥熙的不滿和憎惡，不但下定決心追回了全部被私分的國債，而且毅然「斷腕」，免除了孔的行政院長、中央銀行總裁等一系列要職。「投鼠忌器」、「首鼠兩端」，是在不妨礙黨國根本利益的前提下，一旦底線被突破，危及了國本與政權，蔣介石是知道哪頭輕哪頭重的，姻親也好，大舅哥也罷，都不能成為逃避懲處的藉口了。在這一點上，蔣介石的日記和自述，給我們提供了破解蔣宋孔陳四大家族關係的新路徑。

「訪問延安」和「呼籲民主」，本質上說是共產黨的鬥爭策略和統戰藝術。「訪問延安」一章所依據的藍本主要是當年趙超構的那本小冊子《延安一月》；「呼籲民主」重點參考的是十幾年前的那本老書《歷史的回聲——半個世紀前的莊嚴承諾》。這兩方面的內容，傅國湧先生和戴晴女士都有很好的見解，我只是更條理、更系統地勾勒出了它們的過程和發展脈絡，有興趣的讀者可耐著性子讀下去，可能會有一些意想不到的發現。

林彪的能打和善戰，在共產黨和八路軍中是出了名的，可他二打長春時，居然是圍而不打，整整困了長春半年之久。一座死城，演繹了人間地獄的生活萬象：柏油馬路被掀開種麥子，青苗剛出土就被塞進嘴裏，強行衝卡外逃的百姓被解放軍捆綁、吊打，甚至槍殺，長春最慘的居民區，成戶成戶地餓斃而死，國民黨軍官有錢有糧，再不濟的兵頭也成了香餑餑，三十多歲的連長居然娶得起三房老婆；年近六十的老處長也「梨樹壓海棠」，迎娶十七歲的高中女生。長春城內外，陰陽天隔，明知無法通郵，也要盡情傾訴，那一麻袋一麻袋寫給父母、妻兒、兄妹、同學的信函，凝血淚，訴真情，令人不忍卒讀。林彪是用這種最殘酷的圍城之法，一雪他兩年前被孫立人攆著屁股倉惶北逃的尷尬。在餓死了十幾萬老百姓、餓暈了國民黨六十軍的將士們之後，這個非蔣介石嫡系的部隊，為一口飽飯而棄城投降。林彪不費一槍一彈，兵不血刃拿下了長春。破城之日，年輕的解放軍戰士走在死寂的長春街道上，看到馬路兩旁餓死的百姓，流著淚說：「我們打仗是為解放老百姓。老百姓都餓死了，這仗是怎麼打的？」

無用書生王雲五發起的幣制改革，大約是壓垮國民黨這頭巨大駱駝的最後一根稻草。百病纏身，千瘡百孔的國民黨政權，本該偃旗息鼓，乖乖倒下身去，壽終正寢。不甘落寞的王雲五偏偏要在最後一刻搞什麼幣制改革和經濟管制，這轟轟烈烈的一場鬧劇，算是國民黨政權出逃大陸前的一齣壯麗的輓歌。只是蔣介石、蔣經國等人，卻將「輓歌」當作了中興之劇認真地演了下去。尤其是年輕氣盛的蔣經國，親赴上海出任經濟管理大員，舉棒打老虎，順便拍蒼蠅，拘捕商人，抄沒豪門，鬧得滿城風雨，風聲鶴唳。在嚴控了七十多天物價之後，終因後繼乏力，日用、生活物資供給不濟，無奈放棄限價，市場價格全面崩盤，以致物價一日數漲，到手的薪水不馬上花出去，就變成了一堆廢紙。上海的市民，背著一麻袋紙幣去排隊購買一卷手紙。蔣經國打落了牙齒往肚裏嚥，悲苦不能自已，燒文件，燒信函，甚至還燒掉了宴會的請柬。屬下問他：「為什麼燒請柬？」蔣經國回答：「亡國了，還請什麼客？」

自此後，一葉扁舟下東南，夢裏依稀大陸情。

學者熊培雲在推薦美國記者哈伯斯塔姆的巨著《媒介與權勢》時，說了一句非常到位的話：「天黑道晚安」。熊培雲的意思，許多社會學中的核心問題，如民主憲政、新聞自由、公民權利、法制公平等等，就像天黑道晚安一樣自然和順暢。在這些事關人類進步和社會發展的基本問題上，本不該大費周章，儘管順其自然就好。歷史就是這樣走過來的，有直行，有曲折，有迴旋，有坎坷，其中的拐點和轉向更是數不勝數。

二〇一一年春於青島海邊

中原饑饉

一九四二年，中原河南發生了一次大饑荒。豫中平原，餓殍遍野，屍塞於道。據說，總共餓死了三百多萬人。

上個世紀的中國，物產貧瘠，生活困頓，內憂外患，戰亂不已，饑饉、瘟疫、天災、人禍，本不是什麼稀奇之事。河南這次大饑荒的特別之處，是在於公正而有責任心的媒體率先披露了真相，而最終是被一位美國記者攪得天翻地覆。

這個有責任心的媒體是中國的《大公報》。

這個有正義感的美國記者是《時代》週刊駐華記者特迪‧懷特，中文名字叫白修德。

河南饑荒，是天災，更是人禍。災荒顯現在一九四二年的春天。連續的春旱，使當年的小麥大幅度減產，收成不及正常年景的三分之一。國民政府駐河南戰區司令長官蔣鼎文，副司令長官湯恩伯，以抗戰的名義，強徵軍糧，硬派賦稅，幾乎掠走了農民所有的收穫。軍人們對農民說，支前打仗第一重要，再堅持幾個月，秋糧就下來了。誰能想到，這一年竟是夏秋連旱，種下去的秋季作物——玉米、穀子、高粱等等，連種子都收不回來。農民手中沒有丁點兒餘糧，野菜、樹葉、樹皮都成了充饑的食物，不到年底，已有大批村民餓死。活著的人們，像躲避瘟疫般地逃離家園，踏上了逃荒要飯的漫漫征途。河南的老百姓對這場天災人禍憤恨不已，稱之為「水旱蝗湯」。

《大公報》駐河南戰地記者張高峰，是一位憂國憂民的熱血青年。他奉報館之命於一九四二年底駐站河南，剛一到職便遇上這一慘絕人寰的饑饉。面對滿目瘡痍的豫中大地，張高峰堅定地認為，他有責任將這一切報導出去，昭告於天下。張高峰以河南葉縣為重點調查地，詳細瞭解饑荒的情況，以近乎白描的手法，撰寫了六千多字的長篇通訊〈饑餓的河南〉。張高峰明白，在慘烈而絕望的事實面前，白描，是最有力的表現手段；一個精確的事實，勝過喋喋不休的說理和論證。

張高峰在通訊中寫道：

> 記者首先告訴讀者，今日的河南已有成千成萬的人正以樹皮（樹葉吃光了）與野草維持著那可憐的生命。「兵役第一」的光榮再沒有人提起，「哀鴻遍野」不過是吃飽穿暖了的人們形容豫災的悽楚字眼。
>
> 河南今年大旱，已用不著我再說。「救濟豫災」這偉大的同情，不但中國報紙，就是同盟國家的報紙也印上了大字標題。我曾為這四個字「欣慰」，三千萬同胞也引頸翹望，絕望了的眼睛又發出了希望的光。希望究竟是希望，時間久了，他們那餓陷了的眼眶又葬埋了所有的希望。

河南是地瘠民貧的省份，抗戰以來三面臨敵，人民加倍艱苦，偏在這抗戰進入最艱難階段，又遭天災。今春三四月間，豫西遭雹災，遭霜災，豫南豫中有風災，豫東有的地方遭蝗災。入夏以來，全省三月不雨。秋交有雨，入秋又不雨，大旱成災。豫西一帶秋收之蕎麥尚有希望，將收之際竟一場大霜，麥粒未能灌漿，全體凍死。八九月臨河各縣黃水溢堤，汪洋氾濫，大旱之後復遭水淹，災情更重，河南就這樣變成人間地獄了。

現在樹葉吃光了，村口的杵臼，每天有人在那裏搗花生皮與榆樹皮（只有榆樹皮能吃），然後蒸著吃。在葉縣，一位小朋友對我說：「先生，這傢伙刺嗓子！」

每天我們吃飯的時候，總有十幾二十幾個災民在門口鵠候號叫求乞。那些菜綠的臉色，無神的眼睛，叫你不忍心去看，你也沒有那些剩飯給他們。

今天小四餓死了，明天又聽說友來吃野草中毒不起，後天又看見小寶凍死在寨外。可憐那些還活潑亂跳的下一代，如今都陸續的離開了人間。

最近我更發現災民每人的臉都浮腫起來，鼻孔與眼角發黑。起初我以為是因餓而得的病症。後來才知道是因為吃了一種名叫「徽花」的野草中毒而腫起來。這種草沒有一點水分，磨出來是綠色，我曾嘗試過，一股土腥味，據說豬吃了都要四肢麻痺，人怎能吃下去！災民明知是毒物，他們還說：「先生，就這還沒有呢！我們的牙臉手腳都是吃得麻痛！」現在葉縣一帶災民真的沒有「徽花」吃，他們正在吃一種乾柴，一種無法用杵臼搗碎的乾柴，所好的是吃了不腫臉不麻手腳。一位老夫說：「我做夢也沒有想到吃柴火！真不如早死。」

牛早就快殺光了，豬儘是骨頭，雞的眼睛都餓得睜不開。

一斤麥子可以換二斤豬肉，三斤半牛肉。

在河南已恢復了原始的物物交換時代。賣子女無人要，自己的年輕老婆或十五六歲的女兒，都馱到驢上到豫東馱河、周家口、界首那些販人的市場賣為娼妓。賣一口人，買不回四斗糧食。麥子一斗九百元，高粱一斗六百四十九元，玉米一斗七百元，小米十元一斤，蒸饃八元一斤，鹽十五元一斤，香油也十五元。沒有救災辦法，糧價不會跌落的，災民根本也沒有吃糧食的念頭。老弱婦孺終日等死，年輕力壯者不得不鋌而走險，這樣下去，河南就不需要救災了，而需要清鄉防匪，維持地方的治安。

《大公報》總編輯王芸生，手捧張高峰的稿子，心在顫抖。他為河南人民心痛，為啼饑號寒的災民難過。他知道，刊發張高峰的稿子，會冒極大的風險，會令當局震怒和不滿。但新聞人的正義感和媒體的責任意識，讓王芸生義無反顧地簽發了這篇稿子。他給張高峰的稿件改動了標題，《豫災實錄》，使報導更具客觀和公正。

一九四三年二月一日，《豫災實錄》刊於《大公報》上，猶如在重慶扔下了一顆重磅炸彈，激起了軒然大波。然而，王芸生意猶未盡，又用他那枝酣暢淋漓的抒情之筆，配發了一篇充滿著王氏風格的評論〈看重慶，念中原！〉。

王芸生在社評中說：「昨天本報登載了一篇《豫災實錄》，想讀者都已看到了。讀了那篇通訊，任何硬漢都得下淚。河南災情之重，人民遭遇之慘，大家差不多都已知道；但畢竟重到什麼程度，慘到什麼情況，大家就很模糊了。誰知道那三千萬同胞，大都已深陷在饑饉死亡的地獄。餓死的暴骨失肉，逃亡的扶老攜幼，妻離子散，擠人叢，挨棍打，未必能夠得到賑濟委員會的登記證。吃雜草的毒發而死，吃乾枝皮的忍不住刺喉絞腸之苦。把妻女馱運到遙遠的人肉市場，未必能夠換到幾斗糧食。這慘絕人寰的描寫，實在令人不忍卒讀。而尤其令人不解的，河南的災情，中央早已注意，中央的查災人員也早已公畢歸來，我們也曾聽到中央撥了相當數額的賑款，如此紛紜半載，而截至本報通訊員上月十七日發信時，尚未見發放賑款之事，千萬災民還在眼巴巴盼望。這是何故？尤其令人不忍的，災荒如此，糧課依然。吾衙門捉人逼拶，餓著肚納糧，賣了田納糧。憶童時，讀杜甫所詠歎的〈石壕吏〉，輒為之掩卷太息，乃不意竟依稀見於今日的事實。今天報載中央社魯山電，謂『豫省三十一年度之徵實徵購，雖在災情嚴重下，進行亦頗順利』。所謂：『據省田管處負責人談，徵購情形極為良好，各地人民均罄其所有，貢獻國家。』這『罄其所有』四個字，實出諸血淚之筆！」

社評說：「河南的災民賣田賣人甚至餓死，還照納國課，為什麼政府就不可以徵發豪商巨富的資產並限制一般富有者『滿不在乎』的購買力？看重慶，念中原，實在令人感慨萬千！」

借題發揮。借河南的災情，說重慶的奢靡；借賑災的無力，說政府的拙政，這大概就是〈看重慶，念中原！〉社評的本意吧！

一篇紀實的通訊，一篇犀利的社評，《大公報》接連兩天發出自己的正義之聲，自然難逃軍政部門的懲罰。二月二日傍晚，也就是〈看重慶，念中原！〉評論刊發的當天，國民黨重慶新聞檢查所，便派人來到了《大公報》編輯部，送達了「軍委會」限令《大公報》停刊三天的命令，造成了轟動大後方的《大公報》停刊事件。記者張高峰更是厄運當頭，竟然被河南駐軍抓進了監獄，嚴厲審查。企圖找出這篇稿子背後的政治背景。

《大公報》被勒令停刊三天，閉門思過，竟讓一位美國記者如芒刺在背，渾身難受。此人就是美國《時代》週刊駐中國記者白修德。

白修德想知道，河南是否真有災荒，《大公報》的報導是否屬實，政府的停刊令道理何在？白修德想深入河南實地採訪，合眾社及英國《泰晤士報》的福爾曼正巧也有此意，兩人便結伴而行，立即向河南出發了。

白修德天生是塊幹記者的材料。此人其貌不揚，小個子，大腦袋，一點沒有盎格魯─撒克遜人的英俊和軒昂。是的，他是猶太人，來自東歐的新移民。白修德的父親大衛‧懷特於十九世紀隻身來到美國，那時的懷特，除了一腔熱情，幾乎一無所有，甚至連英語都不會說。他最初當小販，沿街叫賣報紙和香煙、火柴等等小日用品，同時自修英語，還進了基督教青年會辦的免費法律學校。最終，大衛‧懷特成功了。他去了波士頓，當了律師。他堅信資本主義是剝削制度，工人階級的地位和生活應當得到提升。他關注一貧如洗的當事人，常常為他們免費辯護。因而，儘管懷特從事的是一件令人羨慕的高收入工作，但他自己卻常常掙不到錢。

白修德就是在這種窘迫家庭生活中長大的聰明孩子。從很小的時候起，他就像父親一樣當起了報童，掙取家裏的一份費用。中學畢業時，他考上了哈佛大學，並獲得了一筆獎學金。報紙學會也頒發給了他一筆報童獎學金，兩筆錢加起來，剛好四百元，正好夠了哈佛的學費。白修德興沖沖地去哈佛報到入學了。

當然，他明白，他不能住在學校裏，不能像富家子弟那樣享受學校的舒適寢室，優雅的餐廳和燭光搖曳的酒吧。這需要很多錢。白修德的父親拿不出這筆錢。白修德懷揣著一張月票，白天來哈佛上課，傍晚下課便乘地鐵回家。哈佛的歷史上，還極少這種「通勤」學生。白修德明白，沒有那兩筆獎學金，他連哈佛大學的門都進不了。只要能在這裏讀書，揣著月票每天跑路有什麼不可以呢？

勤奮之人總能得到好運氣的照拂。在哈佛，白修德的好學和聰明，受到了才華橫溢的年輕學者費正清（John King Fairbank）的注意和欽佩。他把白修德收為自己的學生，指導他研究中國問題，教給他說漢語。儘管比白修德大不了幾歲，但費正清夫婦像家長一樣監護著這個窮學生。白修德回憶：「他開發我的智力，整理我的思路，並教我如何思考。他不僅僅教我『中國研究』這門功課，還讓我學會了思考。」

白修德哈佛畢業那年，費正清得到了一筆赴中國的考察經費，他毫不猶豫地給了白修德。他覺得，白修德能否進入外交界，成為一名出色的外交官尚待時日，但他的確可以成為一名好記者，他文字功底厚，精力充沛，好奇心強，只是有點喜歡堆砌詞藻。樂於冒險的基因，讓白修德接受了這份挑戰。他那蹩腳的中文實在不足以正常交流，但白修德不懼這些，他想，大不了咬牙堅持三個月，完成調研課題就行了。費正清給他的這位得意弟子的畢業禮物是，一台老舊的打字機和六封去中國的介紹信。

年輕的白修德就這樣闖進了中國，並很快在這個古老的國家紮下根來。不久，他便成為了《時代》週刊駐華記者。他的旺盛的精力，讓他在中國結交了大量的朋友，上至達官貴人，下至販夫走卒，幾乎都與他有交往。同行們永遠搞不清楚，白修德那大量及時而準確的資訊究竟是從哪裡來的。一天，日本轟炸機空襲重慶，白修德與《生活》週刊的謝莉・邁登斯夫婦一齊在防空洞躲避。謝莉已是資深記者，駐站海外的經歷遠比白修德長得多，她是從香港被調來中國內地，以充實《生活》的中國報導的。防空洞內，白修德焦躁不安，抱怨空襲打亂了他的採訪計劃，影響了他今天的寫作和發稿。百無聊賴中，他問謝莉：「你一天採訪量有多大？大約寫一萬多字嗎？」「噢，」謝莉略微誇張地承認，「就算那麼多吧。您呢？」「我每天也寫那麼多字。」白修德輕鬆地回答。這讓謝莉吃了一驚。其實，在謝莉的記者生涯中，她只是偶爾能一天寫上一萬多字。

該說說白修德和福爾曼的河南之行了。

這兩個神通廣大的美國記者，搭上了一架軍用飛機離開多霧的重慶飛往寶雞，然後乘火車由寶雞而西安，由西安而陝西之東，五天後他們來到陝西與河南的交界處潼關。這裏是河南進入陝西的必經之地，也是隴海鐵路上的一個大站。難民像潮水般地擁向這裏，從這一個小小的隘口，擠進西鄰之省，獲取唯一的生的希望。

這是「一個非常寒冷的華北的黎明」，白修德寫道：「黎明來得很慢，好像一個暗黑的舞臺慢慢地亮起來似的。農民們露宿在車站邊幾里之內，正在等候下一輛火車把他們帶到西邊，帶向食物。他們之中大部分來時所坐的火車，曾經在黑暗中被日軍的炮彈偷襲過。敞車、有蓋火車和破舊的客車塞滿著人們；有些人靠在一起，緊張地坐在車頂上。在凍結的寒冷中，火車沖過危險地帶時，緊抓著車頂的手指變得麻木；弱一點的人，就倒在火車的鋼輪子下面。那天下午，當我們走著他們來時的路途的時候，我們看到了他們粉碎而流血的肢體，躺在路軌旁邊。不過大部分的農民，是用自己的力量步行，坐騾車，推小車來到這裏的。這個車站是河南省的大出口，是北方的日軍和南方的群山之間一個窄狹的噴泉，難民們在這裏麇集著，直到他們可以繼續走向西方的救濟機關為止。」

白修德是逆著逃難的人群走向河南腹地的，因而，他更能細緻地體味難民們的種種行止。白修德強烈地感覺到，「人群裏瀰漫著厲害的臭氣，乾了的汗，小便以及人類共同的臭味」。他看到，農民在寒冷中瑟瑟發抖，他們那絲毫不能抵禦嚴寒的灰色和藍色的破衣裳，在朔風中飄搖著，皺紋滿面的婦女所穿的汗斑點點的嫁時衣裳殘留的那一點點紅色，在一片灰藍的單調中，有了那麼一點點生動。拚命嚎哭著的嬰孩，只能引起人們對他渾身散發著的惡臭的關注。

又往東行進了幾十里，鐵路還沒有被完全破壞，他們居然搞到了一輛巡道的手搖車，可以在鐵路上運行了。在通過一段日軍炮火的控制區時，他們拚命搖動把手，快速前進，以免成為日軍大炮的活靶子。

一路顛簸，白修德和福爾曼來到了當時的河南省會洛陽。洛陽天主教會主教、一個好心腸的美國人梅根接待了他們。梅根給他們提供了熱飯和熱水，詳細講述了河南的災情。白修德聽得出，梅根對河南饑饉的瞭解，要比北方別的人知道得更多。梅根甚至找來了三匹馬，陪同他們在河南鄉村實地調查。

白修德騎馬行走在河南的大地上，他覺得，「小村莊比市鎮更壞。那靜寂是嚇人的。人們逃避饑荒的無意識的殘酷，彷彿是一支野蠻的軍隊追逐他們。村莊空洞得發出回聲；街道是沒有人管的糞土堆，門和窗戶是釘上了，無人居住的房屋把最小的聲音擴得很大。村子裏隱蔽的地方，一個嬰孩的哭聲，要比我們的馬蹄聲還大。」

白修德看到了死屍。有個十六七歲的女孩子，瘦削而美麗，躺在潮濕的泥地上，她的嘴唇是綠色的，眼睛睜開著，雨落在上面。路旁有小販在賣樹葉，一塊錢只能買到一小把。挖著墳塚的狗，把人的屍首翻了出來。倒斃而無法掩埋的饑民到處都是，野狗們吃得渾身滾圓，膘肥皮亮。在鄭州郊外，他們設法救起了三個餓暈在路旁的婦女，將她們送到了一個能夠找到的難民所。當然，難民所也是徒有其名而已，它如果真能救濟難民，就不會有那麼多逃難的人背井離鄉，也不會有那麼多農民餓斃街頭。白修德他們救起的這三個人，肯定逃不脫餓死的命運，梅根神甫只好說：「至少要讓她們像人一樣地死去。」

在災情最為嚴重的偏遠鄉村，白修德他們更多地是催馬疾奔，快速穿村而過。跑得稍慢一點，發了瘋的饑民一定會把他們的坐騎殺了吃肉，一定會掠走他們身上的所有衣服、食品和錢財，他們三人就必定不能活著回到洛陽了。

饑餓泯滅了人性最基本的東西。白修德瞭解到，一對餓極了的夫婦，曾把他們的六個孩子綁在樹上，以不讓孩子跟著他們出去討飯。人少的時候總比人多容易得到施捨。一位母親懷抱著出生不久的嬰兒和兩個大一點的孩子外出乞討，走到一個村頭，母親再也走不動了，打發兩個孩子進村討要，她在村頭的樹下休息。兩個孩子回來時發現，母親已經餓死，而那饑餓的嬰兒還叼著媽媽的乳頭，使勁吮著。還有的家庭，把所有的東西統統賣掉，換來最後的一頓飽飯，然後全家一起自殺……

白修德覺得，能在逃難的路上艱難地走著，挨到潼關，步入陝西的人，比起萬般無奈，在家等死的難民，還是幸運得多的。向西走去，至少還有一線生機。河南各地的教會，甚至在收養被遺棄的孩子時也要偷偷摸摸，避免大事張揚。因為消息一旦傳了出去，丟在教會門前的孩子們，會多得讓他們無法可施。

一天晚上，白修德他們住到了一個縣的軍隊司令部裏。一群中年男人前來拜訪，他們說他們代表當地的鄉紳和農民，希望白修德將他們的情況反映到重慶。這些人起草了一份報告，謄抄了兩份交給了白修德。報告中說，這個縣共有十五萬人口，已經有十一萬人沒有任何吃的了，垂死的人每天約有七百多，死掉的人每天也有七百左右。自從饑荒開始以來，政府發放的救濟品，只有一萬斤麩皮。白修德與這群人當中的領頭者交談：「你有土地嗎？」

「有的，二十畝。」他回答。

「收穫了多少糧食呢？」

「每畝十五斤。」

「抽稅要抽多少？」白修德追問。

「每畝十三斤。」他又回答。

起初在旁邊認真聽著的少將司令官，此刻立即暴怒起來。他把這個領頭人叫到一旁，用很響的「耳語」嚴厲斥責了這個農民。這農民戰戰兢兢地回到白修德跟前，說他剛才說錯了，抽的稅其實每畝不過五斤。那指揮官要求白修德把這些農民交給他的報告退還給他們。白修德退了一份，但少將指揮官堅持必須把另一份也退回去。白修德與這幫中年農民相互對視著，默然無語。那領頭的農民渾身發抖，不知是氣的還是嚇的。白修德無奈，退回了最後一份報告。依他對中國官僚和軍隊的瞭解，他們走後，這幫農民將受到嚴厲訓斥和處罰。

在馬背上旅行了兩個星期。河南的災荒令白修德觸目驚心。這是一九四三年的三月，雨和雪交替著在河南大地上飄落，新的耕種季節即將開始，新一年的收成也許會好一點。河南的官員們說，兩三個月之後，新小麥就下來了，那時就有糧食吃了。有一個老農說：「不錯，很好。但誰知道到吃的時候我們是否還活著呢？」

離開的前一夜，鄭州的政府長官宴請了白修德三人。有心的白修德留下了那晚筵席的菜單，計有蓮子羹、辣子雞、栗子燉牛肉，還有炸春捲、熱饅頭、大米飯、豆腐煎魚等，此外還有兩道湯，三個餡餅，餡餅上灑滿了白糖。白修德說，這是我平生吃到的最漂亮和最不忍吃的一席菜。

我們的政府官員常常辦這種蠢事：拿出上好的東西招待客人，卻往往換不回一句好話。豐盛的筵席也許是兩層含義，一是說明河南並未遭災，我們照樣辦得出一席漂亮的宴會；二是再苦再難也要讓遠道的客人吃好喝足。這一番好意，反而給人家提供了攻擊的炮彈。再大的饑饉餓不著當官的。有好吃的，你自己偷偷享用便罷了，幹嗎要拿出來顯擺，招人忌恨呢？活該！自做自受！

一九九二年，河南籍作家劉震雲，從同鄉那裏知道了半個世紀前的那場大饑饉。他趕回原籍河南延津縣王樓鄉老莊，搶救般地搜集那次災難的史料。作家的行事方式是獨特的，他看重的是個體在生活中的體驗，是大的時代背景、社會動盪在一個個具象人物身上的關照和申述。劉震雲記錄下的一九四二年，都有主人公獨特的個人敘述的風格。

劉震雲先去找了他的姥娘。老太太九十二歲了，與二十世紀同齡，儘管歷經磨難，文盲不識字，但身體仍然硬朗，記憶力健全。

劉震雲問她：「姥娘，五十年前，大旱，餓死許多人？」

「餓死人的年頭多得很，到底指的哪一年？」老人以參透人生般的淡定反問外孫。

劉震雲記起，史料上說，大旱之後，發生了遮天蔽日的蝗災。這一特定的標誌，勾起了姥娘並沒有忘卻的蝗蟲與死人的聯繫。

「這我知道了。原來是飛螞蚱的那一年。那一年死人不少。螞蚱把地裏的莊稼都吃光了。」

劉問：「螞蚱前頭，是不是大旱？」

她點著頭說：「是大旱，是大旱，不大旱還出不了螞蚱。」

「是不是死了很多人？」

姥娘想了想：「有個幾十口吧！」

「沒死的呢？」劉震雲追問。

「還不是逃荒。你二姥娘一股人，三姥娘一股人，都去山西逃荒去了。」

「那年旱得厲害嗎？」

「怎麼不厲害，地裂得像小孩子嘴。往地上澆瓢水，『滋滋』冒煙。」老人的記憶準確而生動。

問完了姥娘，劉震雲又去找花爪舅舅。花爪舅舅是劉震雲三姥娘的兒子。花爪舅舅解放後在村裏當了二十四年支書，大事清楚。劉震雲一提起一九四二年，他馬上說：

「四二年大旱。」

「旱成甚樣？」

花爪舅舅吸著劉震雲遞給他的「阿詩瑪」煙，說：

「一入春就沒下過雨，麥收不足三成，有的地塊顆粒無收；秧苗下種後，成活不多，活的也長尺把高，結不成籽。」

「餓死人了嗎？」

他點點頭：「餓死了幾十口。」

「不是麥收還有三成嗎？怎麼就讓餓死了？」劉震雲著急地問。

花爪舅舅眼一瞪：「那你不交租子了？不交軍糧了？不交稅賦了？賣了田也不夠納糧，不餓死也得讓縣衙門打死！」

「你當時有多大？」

花爪舅舅眨眨眼，「也就十五六歲吧。」

「當時你幹什麼去了？」

「怕餓死，隨俺娘到山西逃荒去了。」

在村頭麥秸垛暖洋洋的太陽裏，劉震雲與八十多歲的耳聾眼花的郭有運費力地交談著。郭有運大約是一九四三年逃荒中最走揹運的一個。郭有運上有老娘，下有三個孩子。逃荒剛一上路，他娘就病了。為了給老娘治病，他賣掉了小女兒。為此，郭有運跟老婆狠狠吵了一架，不僅僅是因為老婆心疼女兒，捨不得，還因為老婆與婆婆過去積怨甚深，老婆不願意賣小女為婆婆治病。賣了女兒，也沒治好娘的病，老娘死在了黃河邊上。郭有運找了個廢棄的土窯洞，草草地掩埋了母親。走到洛陽，大女兒染上了天花，病死在慈善院裏。扒火車去潼關，兒子沒抓牢，掉到火車輪下給軋死了。剩下他與老婆，來到陝西，給人攔地放羊。老婆嫌他窮，跟他生活太苦。三個孩子，死的死，賣的賣，也沒了牽掛，竟跟著一個瘸子私奔了。五十年後的今天，提起這些辛酸事，郭有運仍是哭得一把鼻涕一把淚：

「我逃荒為個啥？我逃荒為圖全家有個活命。誰知逃來逃去剩下我自己，我還逃荒幹什麼？早知這樣，這荒不如不逃了，全家死還能死到一塊，這死得七零八落的。」

劉震雲這些生動的個案記錄，是對歷史資料的最好補充。

還沒有離開河南，白修德就按捺不住了報導的衝動，他立即動手撰寫稿件，從鄭州走到洛陽時，他已經完成了為《時代》週刊所寫的特稿。他不想等到回重慶，而是直接在洛陽找了家商務電臺拍發了出去。按照當時國民政府戰爭時期新聞管制的規定，所有外國記者採寫的稿件，在向他所服務的媒體發稿時，無論在何地發報，都需先發給重慶，由有關部門審查後，再行發往國外。這一次，鬼使神差，白修德的報導居然沒有繞道重慶，而直接由洛陽發往了美國。也許是洛陽的這家商務電臺的工作人員疏忽了政府的有關規定；也許是發報員良心發現，有意讓白修德未經審查的稿件直接傳向海外。

不管怎麼說，這次，白修德撞了大運。《時代》週刊收到了他寫自河南災區的現場報導，並迅速刊載了出來。三月二十二日，《時代》週刊用這樣的標題和文字，回報了白修德艱難而危險的河南之行：

直到下一次收穫季節來臨

中國的麻煩簡直持續不斷，中國痛苦的歷史更是循環反覆地出現著戰爭、洪災、饑荒。《時代》的記者白修德上周根據他的第一手材料予以報導。他剛剛結束為期兩周的對河南饑荒地區的採訪。他報導說：我的筆記告訴我，我只是在報導我所見到的、所證實的事實，甚至至今我還難以相信它們是真的：狗在路上啃人的屍體，農民趁夜色降臨後尋找人肉，荒蕪的村莊望不到邊，乞丐在各個城門的門洞裏擠成一團，每條公路上都有棄嬰在號哭，在死去……

其時，宋美齡正在美國訪問，多方遊說，四處演講，講述她的丈夫、偉大的蔣委員長領導的中國抗戰的英勇故事。三月一日，《時代》剛剛將宋美齡印上了封面。《直到下一次收穫季節來臨》刊發一周之前的三月十五日，《時代》報導了宋美齡回到母校威爾斯里學院與校友歡聚見面的新聞。白修德的報導，令美國上下陷入了極大的困惑之中，「剛剛還在充滿激情為宋美齡歡呼的美國人，彷彿有了一種被欺騙的感覺。他們曾經為報刊上關於中國抗戰的正面報導而振奮，為何突然間媒體又開始報導中國的陰暗面？」（李輝語）。宋美齡首先向《時代》的老闆盧斯表示了極大的不滿，並要求盧斯立即解雇白修德。盧斯與蔣介石夫婦關係親密，宋美齡在美國的許多活動，尤其是會見羅斯福總統、國會演講等等，都是盧斯一手安排的，而且，作為一個偏執的老闆，盧斯向來對手下的工作人員十分苛刻，沒有幾個人能入得他的法眼。而這一次，面對宋美齡的無理要求，盧斯竟然一口拒絕了。也許是宋美齡的手伸得太長了，也許是她提出要求的方式過於武斷和自信。盧斯最不能容忍的，就是對他的《時代》帝國的無端干預。他反覆向全世界證明的一個真理就是：他才是《時代》帝國真正的國王。

回到重慶的白修德，像著了魔症一樣，滿腦子全是河南的災情。他最為關心的是，迅速啟動救災機制，趕緊讓軍隊停止徵糧，趕緊派出賑災車隊，將糧食運進災區，以解救那些奄奄一息的災民。白修德去找了所有能找到的人反映情況。他去見了宋慶齡、孔祥熙等。國防部長何應欽知道了白修德對河南駐軍的非議和微詞，點著名要白修德去見他。會面時白修德情緒激動，與何應欽大吵了一通。何應欽拒不承認從外省運去河南的救災糧食被軍隊搶走。白修德堅持說，他與被搶走糧食的農民談過話，將軍們給國防部的彙報都是假的。

蔣介石的侍從室心腹陳佈雷也說，委員長根本不相信河南有災，說是省政府虛報災情。李主席（李培基，河南省政府主席）的報災電，說什麼「赤地千里」，「哀鴻遍野」，「嗷嗷待哺」等等，委員長就罵是謊報濫調，並且嚴令河南的徵實不能緩免。

那段時間的白修德痛苦萬分。一九四三年五月十四日，他在給一位朋友的信中說：

自從回來後我的精神便有了病——神經緊張，壓抑，難受。那些事情讓我至今也難以相信，哪怕戰爭結束後我也不能原原本本告訴別人。軍隊強行從農民那裏搶走糧食；饑民賣掉孩子來交稅；路上到處都是屍體；我看到狗從土裏扒出屍體；狗群撕開鐵路上死去的饑民。省政府在當地軍隊的威脅下，試圖封鎖消息，不讓任何人走露風聲。重慶政府根本沒派人到災區的中心鄭州進行獨立的實地調查。中央政府為河南提供的賑災資金是二億元。我試圖瞭解其下落——實際上它們根本沒有到達災民手中。

立法院長和四川省政府主席都告訴白修德，在中國，你找別人都是白找，沒有用。只有蔣介石說話，才能起作用。

見蔣介石是不容易的。白修德已經得罪了宋美齡，只好去找孫中山夫人宋慶齡幫助。宋慶齡迅速投入行動，為白修德面見蔣介石四處聯繫。蔣的侍從室傳回話來，說委員長長時間外出視察後非常疲倦，需要休息幾天。宋慶齡堅持說，此事關係到幾百萬人的生命，絲毫拖延不得。

為了讓這次會面達到打動蔣介石，立即啟動救災的目的，宋慶齡直截了當地對白修德說，我建議你向他報告情況時，要像你向我報告時那樣坦率無畏。如果說一定要有人對此負責、甚至人頭落地的話，也不要畏縮。否則，情況就不會有所改變。

宋慶齡努力了五天，蔣介石終於接見了白修德。

那是一間陰暗的辦公室。蔣介石面色嚴峻，呆板地與白修德握了握手，挺直著瘦長的身子，坐在高靠背椅子上，聽白修德講述河南災情。白修德清楚地記得，蔣介石在開始聽取他的報告時，帶有明顯的厭惡情緒，似乎他是一個不得不見的令人討厭的客人。蔣對白修德的召見，帶有勉為其難的例行公事的味道。在白修德敘述過程中，蔣介石頗覺無聊，甚至向他的一個助手發感慨：

「他們（指災區百姓）看到外國人，什麼話都會講。」

白修德不理會這些。他向蔣介石申明，軍隊的強徵軍糧讓老百姓陷入無米之炊的境地；救災物資根本就沒到災區；大批農民逃荒要飯，幾百萬人饑餓而死。在受災最重的地方，甚至發生了人吃人的現象。

蔣介石眉頭一蹙，趕忙打斷了白修德的話頭：

「白修德先生，人吃人的事在中國是不可能的！」

白修德說：「我親眼看過狗吃人！」

蔣介石又否認：「這也是不可能的！」

話已至此，白修德只好將等在辦公室之外的福爾曼叫了進來。福爾曼的手中，拿著他們在河南災區拍攝的照片。這些照片被攤在了蔣介石面前。有幾張照片清楚地顯現，一些野狗正站在沙土堆裏扒出來的屍體上。蔣介石震驚了。白修德注意到，「委員長的兩膝輕微地哆嗦起來，那是一種神經性的痙攣」。此刻，蔣介石的態度來了個一百八十度的大轉變，他相信了白修德和福爾曼的報告，他拿出小紙簿和毛筆，開始認真地做記錄。他讓白修德提供救災不力的官員的名字，並要求白修德和福爾曼寫一份完整的報告交給他。蔣介石鄭重地向兩位記者表示感謝。說，他們比政府「派出去的任何調查員」都要好。會見持續了二十多分鐘，然後，蔣介石將他們客客氣氣地送了出去。

無論蔣介石事後對他的屬下怎樣暴跳如雷，摔杯子，拍桌子，大罵「娘稀匹」，但是，在這個中國一號人物的強力干預下，河南的救災行動還是迅速啟動了。

美國政府駐重慶大使館，不愧是個資訊靈通的所在。在一九四二年的晚些時候，駐華使館的外交官約翰・謝偉思就向美國政府發出了一份報告。這類外交報告不講虛頭巴腦的廢話，不說官話套話，只列舉事實，分析原因，提出和尋找對策。是一種非常實用的政務報告。

謝偉思在報告中寫道：

> 河南災民最大的負擔是不斷加重的實物稅和徵收軍糧。由於在中條山失陷之前，該省還要向駐守山西南部的軍隊和駐守在比較窮困的陝西省的軍隊提供給養，因而，負擔也就更加沉重了。在陝西省的四十萬駐軍的主要任務是「警戒」共產黨。
>
> 我從很多人士那裏得到的估計是：全部所徵糧稅占農民總收穫的30%至50%，其中包括地方政府的徵稅，全國性的實物土地稅（通過省政府徵收）以及形形色色、無法估計的

軍事方面的需求。稅率是按正常的年景定，而不是按當年的實際收成定。因此，收成越壞，從農民徵收的比例就越大。徵糧要繳納小麥，因此，他們所收穫的小麥更大一部分要用於納糧。

有很可靠的證據表明，向農民徵收的軍糧是超過實際需要的。中國軍官的一個由來已久的、仍然盛行不衰的慣例，就是向上級報告的部隊人數超過實際所有的人數。這樣他們就可以吃空額，謀私利。洛陽公開市場上的很大一批糧食，就是來自這個方面……

人們還普遍抱怨，徵糧徵稅負擔分配不公平。這些事是通過保甲長來辦，他們自己就是鄉紳、地主。他們通常都是要使自己和他們的親朋好友不要納糧納稅太多。勢力還是以財富和財產為基礎：窮苦農民的糧食，往往被更多地徵去了，這就正像是他們的兒子，而不是甲長和地主的兒子，被拉去當兵一樣。

河南的情況是如此之糟，以致在好幾年中都有人逃荒到陝西、甘肅和川北……。結果是河南的人口相對減少，而留下來的，人和賦稅負擔相對加重了。在前線地區，農民的日子最苦，那裏受災也最重。因此，來自那裏的人口流動也最多。來自鄭州的一位傳教士說，早在當年的饑荒襲來之前，那個地區的許多田園就已荒無人煙了。

這種情況今年發展到了頂點。最盲目的政府官員也認識到，在小麥歉收後，早春將發生嚴重缺糧。早在七月間，每天就有約一千名難民逃離河南。但是，徵糧計劃不變。在很多地區，全部收成不夠納糧的需要。在農村發生了一些抗議，但都是無力的，分散的，沒有效果的。在少數地方，顯然使用了軍隊對付人民。吃著榆樹皮和乾樹葉的災民，被迫把他們最後一點糧食種子交給稅收機關。身體虛弱得幾乎走不動路的農民還必須給軍隊交納軍馬飼料。這些飼料比起他塞進自己嘴裏的東西，其營養價值要高得多。

我們不能抱怨謝偉思寫得客觀、冷漠，甚至無動於衷。作為外交報告，他已經盡了最大的努力。他幾乎將災區的慘狀清晰而完整地呈現給了我們。七十年後的今天，我們讀著這些文字，仍感到了極大的震撼。誰能想到，一個辛辛苦苦整年耕作的農民，他的吃食，竟然不及軍馬的飼料？！

梅根神甫不需要冷靜和客觀，他不必克制自己的感情，他給白修德寫來了近乎歌功頌德的感謝信——代表災區的饑民，代表那些無辜的生靈：

> 你們回去之後，電話就開始響個不斷。從陝西開來的貨車裝的全是糧食，以後就不斷開來。在洛陽，糧食簡直到了卸不完的地步。第一批到達的四個車皮的糧食可以說是最少的一次。省政府忙了起來，開設的粥棚遍佈全省。他們是想做事的。也確實做了一些事情。軍隊也拿出了他們過多存糧的一部分，幫了很大的忙。全國到處都在

為災民募捐，錢紛紛湧進河南。

前面所說的四點都是我親眼所見到的，也是切中時弊的四點。同時也證實了我以前的判斷，即這場災就是人為的，整個過程的任何時候當局都有控制的能力，如果他們有這樣的願望和意志。你的來訪及對他們的規勸獲得了成功，使他們從昏迷狀態中猛醒過來，使他們忠於職守，局面也就打開了。總而言之，威力歸功於《時代》和《生活》雜誌，歸功於《幸運萬歲》雜誌。平靜了！奇蹟！你將被河南人民長期銘記。有的人以愉快的心情把你記憶，也有人在咬牙切齒，他們是有理由這樣做的。

白修德對這次成功的救災保持著清醒的頭腦。他知道，這不是他個人的功勞，不是他一己之力所能完成的，他明白梅根神甫「你將被河南人民長期銘記」的讚美是過頭了。白修德實事求是地寫道：「是美國報界的力量救了他們。」

風行世界的《時代》和《生活》雜誌，居然可以改變世界。為這樣的媒體服務，實在令人神往。可以想見，白修德在寫下上述那句話時，是何等的洋洋自得。

但是，白修德對蔣介石的國民黨政權漸漸失去了信心。他覺得這個腐敗的政黨和政權，正在失去人心，不可能在與共產黨的較量中佔據上風。白修德的結論，是他從無數的事實中體驗和分析出來的，是活生生的現實證明給他看的。河南的饑荒當然是白修德駐華生活的一段重要經歷。

他在河南時，曾經指責一位中國軍官對中國老百姓的橫徵暴斂，這位軍官竟說：「老百姓死了，土地還是中國人的；可是如果當兵的餓死了，日本人就會接管這個國家。」白修德錯愕了！這是一種什麼邏輯呢？仗是為誰打的呢？應該是為了生活在這片土地上的人民！人民餓死了，保家衛國還有什麼意義？！白修德覺得，中國軍人的思維不是這樣的，他們是在為領袖打仗，為委員長守土。這種本末倒置的巨大悖論，美國人的確理解不了。

張高峰的《豫災實錄》也在為白修德的失望提供著佐證。他寫道：人人成了一副生理骨骼掛圖。沒扒火車步行逃難的，扶老攜幼，獨輪車父推子拉，六七十歲的老夫妻喘喘地負荷而行。他們見到張高峰，顧不上顏面和自尊，可憐巴巴地說：「老爺，五天沒吃東西啦！」意在討到哪怕一點點食物。

張高峰痛苦地緊閉雙眼，靜聽著路旁「吱吱」的獨輪車聲……那些獨輪車，就像壓在他的身上一樣。

白修德在絕望中痛苦著。他覺得國民黨政府是扶不起來的阿斗，正在逐漸遭到人民的唾棄，美國政府的對華援助用錯了方向，打了水漂。他忍不住給《時代》雜誌老闆盧斯寫信，說：「這個國家幾乎在我的面前死去」。

這個國家真的死了。不是死在肉體的生命，而是死在人心。「哀莫大於心死」。老百姓的心，如枯井，如止水。對國民黨政權沒有了絲毫感覺和期待。一九四三年冬天，日軍大舉進攻河南。饑饉的痕跡仍隨處可見。日軍撥出部分軍糧接濟了行將餓死的農民。活過來的河南人民，厭惡了戰爭和兵燹，他們不願意看到自己的家園在戰火中淪為焦土。於是，農民們自發地組織起來，去收繳國民黨士兵的槍械。起初是單個地、幾人幾人地收繳，後來乾脆成連成排將國民黨軍隊繳械遣散。據民間統計，前後被繳械的國民黨軍隊有六萬之眾。

日軍以不足五萬的兵力，進攻有三十萬國軍鎮守的河南，未經幾個回合便迅速得手。白修德形容日軍的攻勢，「像利刃切牛油一樣割斷了華軍的防線」。日軍以五百人為一作戰單位，行動迅疾，目標明確，令行禁止，指揮周全。戰鬥開始時，湯恩伯不在他的指揮部裏，此後，他再也沒有機會返回去統帥部隊作戰了。他的指揮部很快就被日軍的突擊隊攻佔了。國民黨某軍軍部，正課結束後在晚飯前的一段空閒時間裏休息。夕陽下，籃球場上士兵們你爭我投，玩得正歡。日軍的攻擊部隊似從天而降，將這群毫無戒備的士兵和將領包了「餃子」。沒有人敢說日軍得到了當地人的幫助。「漢奸」畢竟是個刺人眼目的「惡謚」。但生存法則不會像社會法則和戰爭法則那般複雜和詭譎。當民族大義和國家存亡這些宏大命題擺在行將餓死的災民面前時，問題就變成：是寧肯餓死當中國鬼呢？還是不餓死當亡國奴？懵懂的百姓們選擇了後者。

白修德對中國問題認識得越深刻，便與《時代》和它的老闆盧斯漸行漸遠。盧斯與蔣介石宋美齡私誼深厚，他是一個出生在中國山東半島的美國傳教士的兒子，也是一個堅定的反共分子。他愈來愈敵視白修德同情共產主義的立場。至中國內戰爆發時，白修德已經很難在《時代》週刊上發出稿子了，偶爾刊登一篇，也僅僅是用了白修德的署名，稿件主題、觀點，甚至事實部分，已經完全被盧斯改造了。憤怒之中的白修德，轉而著手寫書，很快，以白修德的親身經歷和見聞為主要內容的紀實報告《中國的驚雷》在美國出版了。著名新聞人愛德格•斯諾和哈里森•索爾茲伯里分別為該書作序。《中國的驚雷》出版後，社會反響強烈，普通版本賣了四十三萬冊，「當月書」版本賣了四十萬冊，榮登了「當月書俱樂部」的第三大暢銷書。更重要的是，這本書直接影響了美國高層的對華政策。美國總統特使喬治•馬歇爾使華時，心目中的天平已經開始向中國共產黨傾斜。氣急敗壞的盧斯，不顧斯文地大罵道：「馬歇爾的腳踏上中國領土的第一天，他的懷中便揣著那個猶太小狗雜種寫的書。」

白修德毫不畏懼盧斯的淫威。他已經做了最壞的打算：辭職離開《時代》週刊。他給盧斯寫信：「當我回到紐約時，有人告訴我說您決不刊登類似於我所寫的那種文章。我感到了猶如進地獄般的可怕。哈里，我所確信的東西與您所制定的政策之間的不可避免的衝突，將會如何發展呢？」

白修德問得好！他們之間的關係將會如何發展呢？兩個各持己見的固執之人，在重大的原則衝突面前，結果只能有一個：分道揚鑣，就此決裂。

白修德連美國都回不去了。此後二十年，他在歐洲遊蕩，自由撰稿、著書、講學……他和盧斯這個倔老頭子的友誼，終生沒再修復。因為盧斯曾經斷言：我的大門已經對你關閉了。

主要參考文獻

《中國的驚雷》（美）白修德、賈安娜著，端納譯，新華出版社，一九八八年二月第一版。
《媒介與權勢》（美）大衛・哈伯斯塔姆著，尹向澤等譯，國際文化出版公司，二〇〇六年八月第一版。
《封面中國》李輝著，東方出版社，二〇〇七年五月第一版。
《在歷史現場》李輝著，大象出版社，二〇〇三年九月第一版。
《劉震雲文集》劉震雲著，江蘇文藝出版社，一九九六年第一版。

訪問延安

一九四四年，中國的抗日戰爭進入了第八個年頭。世界反法西斯戰爭的局勢已經明朗，邪惡的軸心國必將滅亡，同盟國人民終將取得最後的勝利。全世界愛好和平的人們，已經看到了勝利的曙光。

在國共聯合抗日的原則和綱領下，延安的共產黨政權抓住這難得的機遇，迅速壯大自己，已經成為中國國內的一支重要的政治力量，活躍在中國的政治舞臺上。敏感而好事的中外記者們，一直關注著這個神奇的共產黨組織，希望前往採訪的申請，不斷地擺在國民政府新聞主管部門的案頭。美國《時代》週刊記者白修德，甚至當面向蔣介石提出了前往延安採訪的要求。美國合眾社、英國《泰晤士報》雙棲記者哈里森‧福爾曼說：「在過去的五年當中，政府不許有一個記者到那裏去，我們幾次遞了申請書，請求允許參觀共產黨的區域，結果總是並不乾脆拒絕的。我們中間的一個所得到的回答是『慢些吧』。另一個是『現在未便』。還有一個是『情況未定』。」

一九四四年初夏，蔣介石終於批准了記者們的採訪請求。這是一個中外記者混組的採訪團，共二十一人。其中，外國記者六人：美聯社、美國《基督教科學箴言報》岡瑟‧斯坦因，美國《時代》週刊、《紐約時報》、聯合勞動新聞伊斯雷爾・愛潑斯坦，合眾社、《泰晤士報》哈里森・福爾曼，路透社、多蘭多《明星》週刊莫里斯・武道，美國天主教《信號》雜誌科馬克・沙納漢神甫，塔斯社N・普羅茨科。中國記者九人：《中央日報》張文伯，中央通訊社徐兆鏞、楊嘉勇，《掃蕩報》謝爽秋，《大公報》孔昭愷，《時事新報》趙炳烺，《國民公報》周本淵，《新民報》趙超構，《商務日報》金東平。

中外記者訪問團的總領隊是國民黨外事局副局長謝葆樵，副總領隊是國民政府新聞檢查局副局長鄧友德。另外還有國民黨中宣部派出的四名隨行人員魏景蒙、陶啟湘、張湖生、楊西昆。名義是協助外國記者的翻譯、發稿工作，實則是監視中外記者的行動。

據說蔣介石為中外記者訪問團專門「約法三章」：先採訪西北的非共產黨區、瞭解高度自治的山西地方政權；在共產黨控制的區域內至少待上三個月；呈送採訪報告給國民黨中央宣傳部檢查。

五月十七日，中外記者團一行二十一人乘坐一架 DC3 道格拉斯美軍軍用飛機，從重慶飛抵陝西省寶雞市，第二天改乘火車進入西安，開始了赴延安之前的先期採訪。

此次訪問延安，事後鬧出了最大動靜的是《新民報》。

《新民報》創刊於一九二九年的南京。是幾個有著強烈民主意識的青年知識分子的同人報紙，取名「新民」，便是含著孫中山先生「作育新民」之意。《新民報》所有人陳銘德、鄧季惺夫婦，為報紙的發展傾盡心血，網致了大批人才，抗戰軍興、南京淪陷之後，《新民報》遷址陪都重慶，是最早恢復出版的淪陷區報紙。《新民報》追求立場公正、消息準確、抨擊時弊、傳遞新聞，是重慶一份深受讀者喜愛的民間報紙，與當時的《大公報》、《世界日報》等等，並立於民間報紙的潮頭，影響著政府的政策，傳播著民眾的聲音。

得知要組織中外記者訪問延安，陳銘德不願失去這個難得的機遇，立即派出得力之才隨團前往。陳銘德點的將是重慶《新民報》主筆趙超構。

趙超構，浙江里安人，出生於一九一〇年五月四日，早年就讀於上海中國公學經濟系，一九三四年任南京《朝報》編輯，開始寫小言論。一九三八年任《新民報》主筆，主持《今日論語》等專欄，每日撰寫評論，筆力勁健。加入中外記者團赴延安時，趙超構剛滿三十四歲，從事新聞專業已經十年，「主筆」崗位的特殊磨煉，讓他在觀察事物、論事說理、刨根究底方面，比一般新聞記者更勝一籌。

抵達延安前的一段小插曲，讓趙超構銘記難忘。

記者團是由晉西入陝北的。領隊謝寶樵非要拉著中外記者繞道山西，去採訪西北王閻錫山。趙超構是由報社的夜班直接加入訪問團的，晝伏夜出的作息時間還未完全調整過來。過黃河入陝北來到了南泥灣。這是三五九旅大生產的發源地。一大早參觀南泥灣大生產的豐碩成果，趙超構竟睡了懶覺，沒有隨隊前往。懷有特殊使命的《中央日報》、中央社記者在南泥灣四處亂跑，八方打探，期望能挖掘到一些抹黑共產黨和解放區的材料，這可惹惱了三五九旅旅長王震。王大鬍子毫不客氣，當眾宣佈：「哪個中央日報的記者要想搞什麼名堂，就請他留下來！」說著，瞪著眼睛，直盯著張文伯等人。這麼些精彩的場面和情節竟擦肩錯過，趙超構直喊「惋惜」。到達延安後，他下決心調整了時差，再也不睡懶覺了。

記者團到達延安的時間是六月九日。這是一個最容易記住的日子。就在這一天，傳來了盟軍從法國諾曼地登陸，開闢第二戰場的大好消息，一干人歡欣鼓舞，自不待言。

第二天晚上，八路軍總司令朱德，為記者團的到訪舉行了盛大的歡迎晚會。愛潑斯坦代表外國記者致詞，他說：「來到延安是件很不容易的事情，因此我們感到很愉快。」他指出，「在同盟國家陣營裏，不應該有任何一個地區關閉起來，對於職業新聞記者，也不應該有任何一個地區不讓他們看一看，因為他們是全世界人民的眼睛。」愛潑斯坦說：「這個地方很久以來是被關閉著的。這一次，我們打開了一個縫隙，從今以後要再強制地關閉起來是不可能的了。」愛潑斯坦說這句話時，大約是想到了他們為爭取來到延安，付出了怎樣艱苦的努力。愛潑斯坦誠懇地說：「為了共同的事業，我們對你們的缺點是會批評的，對於你們的優點是會讚揚的。」這是一個公正記者的起碼素養。他對團結抗日充滿著期待，他說：「只有團結，中國才能成為四大強國之一。」

《大公報》記者孔昭愷代表中國記者講話，他表示，「我們一定要把見到的一切忠實地報導給全國。」

趙超構的採訪細緻而充分。他對延安的一切充滿著好奇，他想弄清楚，這是怎樣的一群人，在被封鎖、被打壓，物質極度匱乏的客觀環境下，如何堅守在這片貧瘠的黃土高原上。

做過報紙主筆的趙超構，思辨的角度和評析的立場，自然不同於採寫新聞的普通記者，他的評述兼有的優勢，充分地發揮了出來。

趙超構調侃說：「在重慶，我是頗為饒舌的，在出發時，我沒有想到國內有一個地方能使我停止饒舌。」不說，並不等於不思考。趙超構是帶著一雙敏銳的記者的眼清，來觀察延安、思索延安的。

趙超構的筆下，延安給他的最初印象是這樣的：

> 車子進入延安，我找尋了半天，不知道哪裡是延安市。這就是延安市嗎？在南方，只能算是較大的村鎮罷了。
>
> 兩面山坡，中間流著一條溪澗似的延水，東岸展開一條狹長的平地。這就是延安市精華所在的地方。
>
> 這裏的山，只不過是一棵青色樹木也沒有的土堆；成百個窯洞挖在山腰，看去好像圍了一條帶子，至於延水，當它枯水期間，則是小孩子也可涉水而過的。它不洶湧，也不輕柔。
>
> 小小的膚施縣城，二九年（一九四〇）受過敵機的轟炸，現在只剩下一些牆腳屋基，滿長著青草。延安人徹底放棄了縣城，把市面移到南門外來，就是如今所稱的新市區。

延安古城假如還在，那麼即使不會怎樣光華璀璨，也總有一些幽暗深沉的古跡舊屋，讓我們憧憬一下悠久的過去，但如今的延安完全是新建的，所有的建築，都是匆匆忙忙中完工的，簡單合用，卻是粗糙。就是最繁榮的新市區，也處處現出一個未成熟的都市的面目來。

商店的貨物似乎很豐盛，但只限於日用品的若干種，窗櫃的裝飾，純粹是搖鼓擔式的老手法。

市面上最可注意的，是打鐵鋪之多，在三百家門面中，打鐵鋪至少要占五十家。即在深夜，我們還可以看見熊熊的爐火映著赤膊的鐵匠緊張工作。這一點可以充分表現延安還是十足的農業都市。

慣於享受都市趣味的人，到延安來一定要感到悲慘的失望。因為這裏不僅沒有好山好水，也竟沒有一個可以散步的草坪，沒有一個可以駐足的樹蔭。一眼望去，灰塵滿目，沒有一點鮮豔的色彩。

……

趙超構很快發現，延安人過的是一種「標準化的生活」。延安實行的是「供給制」，而不是大後方的工薪制，吃飯、穿衣、住房、辦公用品等等，都由公家配給，人與人之間的差距不大，所以乍看上去似乎是一種「標準化的生活」。趙超構瞭解到，配給的米麵，機關幹部每人每天一斤三兩，部隊戰士每人每天是一斤八兩。高級幹部每人每月吃肉四斤，普通幹部每人每月兩斤。技術人員可以領到五千元的邊幣津貼，作為零花錢。邊幣不算值錢，五千元買不到什麼東西。

除了公家配給的物資，邊區政府鼓勵各單位開展生產運動，無論是種糧、種菜、養豬，收穫都可用來補充自己的生活。

當然，隨著採訪的逐漸深入，趙超構又有了新的發現，「除了生活標準化，延安人的思想也是標準化的。」趙超構做過一個實驗，他向二三十個他接觸過的人，提出同一個問題，得到的回答，幾乎是一致的。回答問題的，有工人，有知識分子；有普通群眾，也有各級幹部。不僅是時事問題，政治問題答案一致，如說主義，必定是新民主主義；說戰爭，必定是正義戰勝邪惡；說東條英機和希特勒，必定垮臺和滅亡……，答案的準確和一致，有如化學公式般嚴密。而且，不僅僅限於公眾問題，就是對私生活的態度，也免不了定型的觀念，甚至如戀愛問題，也似乎有一種經過會議表決過的戀愛觀，指導著青年男女的行為準則。

趙超構得出結論，「這種標準化的精神生活，依我們想像，是乏味的。但在另一面，也給予他們的工作人員以精神上之安定，而發生了意志集中行動統一的力量。」

進入延安解放區的中外記者，無一例外地對共產黨組織和共產黨員發生了濃厚的興趣。趙超構自然也是如此。在大後方，在國統區，由於封閉和隔閡，普通老百姓根本無從瞭解共產黨的思想、情操、信念、生活等等，向大後方的讀者真實、準確地描繪共產黨員，是趙超構的一大宿願：

進入邊區以後，首先使我們注意的，當然是共產黨員。共產黨員是怎樣的一種人？一個共產黨員要具備怎樣的品性和氣質？這是值得我們知道的。

趙超構認為，共產黨是個高度組織化的群體，「據我看來，共產黨黨員，除了他的黨員身分以外，就很少有他個人的身分。假如世界上有所謂純粹的政治的動物，那大概就是共產黨黨員了。」

趙超構認識到，共產黨的最大本領，在於組織，黨員的最大義務，也就是服從組織。這樣說，似乎很滑稽，因為天下既沒有無組織的政黨，會有不服從組織的黨員嗎？但是我們應該知道，共產黨之所謂組織，是比我們所說的組織有更大的約束性的。一般政治組織所要求的，只不過是個人一部分自由之讓與；共產黨所要求於黨員的，則是貢獻百分之九十以上的自由。換作他們自己的說法，就是「一個共產黨員，應該在任何時候，任何問題上，都要估計到黨的整個利益；都要把黨的利益擺在前面，把個人的問題，個人的利益擺在服從地位。」這就是所謂「黨性」。而他們還不斷的在厲行「增強黨性」。增強黨性的意義，即是減弱個性，要求黨員拋棄更多的個人自由。

來自國統區鬆散、自由社會結構中的記者，面對邊區高度組織化的管理模式，他們感到了從未有過的震驚和新奇。趙超構甚至覺察到了工農黨員和知識分子黨員的細微差別。他指出：一個知識分子，或小資產階級入黨，就沒有工農入黨那樣順利。第一步，所需要的介紹人要多一些；其次，候補的期間也比較地長。這是因為知識分子多少有點知識，不僅「去舊迎新」頗費氣力，就是品性方面，也需要長期的克服工作。

趙超構感慨：在如此嚴格要求之下，共產黨員還能保留多少的個人自由，是可以想見的。由於黨性，同志愛必然超過對於黨外人的友誼；由於黨性，個人的行動必須服從黨的支配；由於黨性，個人的認識與思想必須以黨策為依歸；由於黨性，決不容許黨員的「個人主義」、「英雄主義」、「獨立主義」、「分散主義」、「宗派主義」。

趙超構自我設問：「這樣說來，共產黨黨員豈不是精神上的苦行頭陀嗎？」他自問自答：「這個，在我們的觀察，確是如此的。」

從高度組織化這個關鍵環節入手，趙超構找到了分析共產黨和共產黨員的正確途徑。在這一點上，他的確比其他記者高出一大籌。

邊區政府的群眾工作，給趙超構留下了極為深刻的印象。他無法想像，共產黨和邊區政府，施了怎樣的「魔法」，把廣大人民群眾發動得如此徹底，如此熱烈，如此萬眾一心，如此步伐一致。

六月十四日是聯合國日，延安舉行群眾大會，紀念這個特別的日子，這讓一行前來採訪的中外記者，見識了共產黨「發動群眾的場面」。

趙超構記述：「會場在北門外的文化溝，兩邊斜坡，是天然的看臺，中間平坦，分設主席臺和指揮台，主席臺前面聯合國國旗以八字形向前依次豎立，另外有一幅巨大的中原戰事形勢圖，平鋪在主席臺之下。」

那天到會的群眾，據說有四萬人之眾。趙超構等人來到會場時，參加會議的群眾正在進行會前「熱身」，就是進行「各種半娛樂半宣傳的活動」。趙超構看到，臺上正在上演一出名為「開闢第二戰場」的活報劇，化了妝的希特勒和東條英機，醜態百出，十分狼狽。這是一種結合時事，迅速宣傳，發動群眾，教育人民的獨特方式。趙超構體會，「活報」兩字十分準確和傳神，這是對不識字的基層群眾進行宣傳的最佳途徑。

場內的情景又是另一番模樣，各方群眾互相拉歌比賽，熱鬧非凡。這一方唱起了「一朵紅花」，那一方扭起了歡快的秧歌，鑼鼓聲和歌聲氣衝九天，「使得沒有興趣參加集會的人，也不禁要擠進去看一看。事實上，造成這種熱鬧的氣氛，正是吸引群眾的一個巧妙的方法。」

會議開始後，卻變成了另外一種情況。報告人的長篇大論，沒有多少人感興趣。他講的國際形勢、開闢第二戰場的意義、聯合國的積極作用等等，臺下的絕大多數人基本聽不懂，也聽不進去。他們在尋找報告人講話的間隙，大呼口號，自娛自樂，藉以製造氣氛，以壯聲威。那時，中原會戰正在進行，各方咸為關注，延安也不例外，臺下群眾便時不時地振臂高呼：「保衛西安！保衛西北！」整齊劃一，聲震山谷。「喊口號」成為了會議的主題，而報告人的演講倒成了陪襯。會議總指揮焦急萬分，衝著臺下不停地振臂呼喊的群眾說：「不要喊了，同志們！」可沒有多少人聽他的。那一隊的呼聲剛停止，這一隊的口號又響起，此斷彼續，演說被無數次打斷。趙超構說，幸好天上掉下了雨點，群眾大會才得以結束。不然，不知要振臂高呼到幾時。

秧歌本是西北地方的一種民間藝術形式，是不登大雅之堂的。趙超構過去對秧歌也素無研究。到了延安之後，他發現邊區人對秧歌引為自豪，時常問他：「你看過秧歌劇沒有？」那神情分明在說，沒看過秧歌，就不瞭解延安。

趙超構入鄉隨俗，便也研究起秧歌，瞭解秧歌，觀看秧歌了。

秧歌分秧歌舞和秧歌劇。

秧歌舞適合在室外和廣場演出，二三十人一隊，男女夾雜，手舞足蹈。步伐大致是進三步，停一下，腰部向左右兩邊扭動，再進三步，再停再扭，步步轉進。扭秧歌舞人多才好看，先繞著廣場扭幾圈，然後開始變化，或先進後退，或左右穿插，形成五星、八卦等種種陣型圖案。舞的時候，按著腳步，配著鑼鼓，情緒非常激昂。趙超構覺得，很像非洲和拉美一些國家的土風舞。

秧歌劇則是秧歌舞的進一步發展方式，用的是秧歌的曲調和步伐，但增加了唱詞和對白，沒有佈景，化妝則採用話劇的手法，儘量生活化，但動作和程式則有一些平劇的成分。

趙超構們親臨現場去觀看了一回秧歌劇。邊區人叫「秧歌大會」。原本一口氣要為中外記者們上演九個秧歌劇的，因時間太長，只演了五個。演出地點是延安的民眾劇院，這是一個老建築，也是一個標準的劇場。長方形結構，正前方是舞臺，臺下是觀眾席，兩側是包廂。秧歌劇的創新不但在表現形式上，在觀看方式上也大異於其他藝術。尊貴的客人在主席臺就坐，從上往下看。兩側包廂坐滿了人，演員就在觀眾席的中間演出，演員周圍席地而坐著層層觀眾。趙超構這才明白，秧歌劇本來就是廣場劇，它必須演出在人群中間，好讓前左右三面的觀眾都能看到，都能體驗。搬上舞臺，固然沒有什麼不可，卻不免就失掉了秧歌劇的本色了。

延安人認為最為成功的秧歌劇是《動員起來》。說的是一個叫張拴的農民，要參加政府組織的變工隊，他的婆姨是個小心眼的女人，怕張拴參加了變工隊，淨給別人幹活，自己吃虧。張拴與婆姨吵了起來。張拴罵婆姨是「頑固」，要批評她，叫她轉變。婆姨不服。兩人正爭吵時，村長為變工隊的事來找張拴商議。婆姨便將自己的種種疑慮說給村長，村長逐一加以解釋，最終說服了張拴的婆姨，張拴高高興興地參加變工隊去了。據說這出秧歌劇在農村巡迴演出時，觀眾也都跟著進了劇情。當張拴婆姨說一通疑慮，他們就跟著附和：「變不成哩！」當村長解釋清楚，他們就喊一聲：「變成哩。」整出劇就在觀眾的「變不成哩」、「變成哩」的應和聲中進行著，趙超構說，「可見他們觀劇時的心理，已不是欣賞藝術而在聽取變工問題的辯論了。觀眾此時的感覺只是切身利害的打算，並不是什麼美的感受。」趙超構老實承認：「這種劇本，要說它宣傳的效果，是成功的。」

當然，就個人喜好來說，趙超構最欣賞的是《兄妹開荒》。哥哥在山上開荒，積極參加大生產運動，看見妹妹送飯來了，便與妹妹開了個玩笑。他假裝不愛勞動，倒地睡覺。妹妹以為哥哥偷懶，十分不滿，嚴厲地批評哥哥，哥哥不但不認錯，反而更逗妹妹生氣，直到把妹妹氣哭了，哥哥才說出真相。看到哥哥辛苦開出的大片荒地，妹妹破涕為笑。這出類似玩笑的秧歌劇，把哥哥的調皮、妹妹的天真演繹得活靈活現，表現了勞動者的愉快和幽默，也極富鄉村情調。趙超構用他那小資文人的情趣評論說：《動員起來》和《兄妹開荒》相比，我更喜歡《兄妹開荒》。《動員起來》演到了變工問題已告解決，不再被農民所關心時，就不會有觀看的必要了。故其壽命有時限。他的意思是，用做宣傳的各類藝術，一旦時過境遷，便沒有了存在的必要。越是迎合時事政治的，其藝術壽命就越短。而他認為，《兄妹開荒》是可以百看不厭的。

邊區政府對秧歌的高度重視，令趙超構始料未及。他瞭解到，延安甚至發起了大規模的秧歌運動，組建秧歌隊，創作秧歌劇，將「秧歌」作為發動群眾、組織群眾的有效形式。趙超構們訪問延安那年，延安共有三十二支大型的秧歌隊，幾乎每個機關都有一個。春節期間，延安市上竟成了秧歌大會，表演了近百個劇本。許多劇本就是從群眾生活中的真人真事提煉的。趙超構瞭解到，延安作家的幾乎一致意見，宣傳力量最大的作品，就是最好的藝術。為了發揮宣傳的最大力量，必須適合於多數農工的水平。因此，自然偏向於通俗化與普及性。「是否有用」，成為了延安藝術評價的最高標準，這讓趙超構想不通，也超出了他的理解範疇。

當然，趙超構還是直言不諱的。延安的採訪讓他意識到，「我彷彿已感到延安文藝界的作風是近乎蘇聯電影的。其特點是缺乏性的場面。」

卿卿我我，男歡女愛，在延安的藝術中是絕對禁止的。這是另一種生活與藝術的絕對割裂。

邊區生活的緊張和忙碌，是趙超構最大的不適應，「我覺得延安有一種氣氛，是過於濃厚了，深厚到幾乎使人窒息。這便是過度緊張的空氣。」

生產運動差不多把每一家人都捲進過度的忙碌的生活裏面去了。這雖不是強迫的，卻也帶有精神上之強制性。報紙小冊子好比球場上的啦啦隊，提高嗓子，向勞動英雄不斷喝彩。每天解放日報第二版上所披露的，十九是生產消息，什麼人半夜就上山開荒；什麼人開荒多少，打破紀錄；哪一家的婆姨每天紡紗幾兩；勞動英雄吳滿有的生產工作進行得怎樣……所有這些消息，跟著一陣喝彩的聲音，送到窮鄉僻角去。於是有人向某人「看齊」了，有人向某人「挑戰」了，真是「火熱的太！」

趙超構說，總括起來，忙，實在是延安生活的特徵。因為過於忙，空氣也似乎過於緊張。緊張的情緒還不止於生產忙，而在「計劃」的嚴格，在機關學校部隊工廠工作的人，差不多每人都有一個計劃。毛澤東、朱德諸氏，也每年在報上宣佈他們的生產計劃；不識字的鄉農，也會有地方的勞動英雄替他們擬訂計劃。計劃的結果，就是一年到頭的緊張。不上計劃的被批評，「加油」、「超過」的被鼓勵，人類的好勝心被發揚到極點。勞動力的利用也達到了極點。

無怪乎趙超構歎然：「我真要懷疑延安人除了『忙』以外，還有什麼生活。」趙超構明白，延安是一個緊張工作的社會，一直忙於衣食，忙於打破封鎖，忙於準備戰爭，還沒有工夫理會細膩悠閒的享受。他在向大後方的讀者介紹這一情景時，「其意不在批評，而在報導延安生活的一方面。自然，人總是人，在長期的緊張生活中，總免不了感到枯寂單調。就這點說，我覺得這樣的延安生活是不能給人以滿足的。」

當然，在這種緊張環境氛圍中薰陶出來的男性、女性，自然迥異於上海、重慶、南京這些大都會中的有產階級、有閒階級。趙超構用他的獨特視角，專門剖析過延安的「女同志」。「共產黨黨員中，最可以作為代表的類型的，不是那些出了名的模範黨員，而是『女同志』們。從那些『女同志』身上，我們最可以看出一種政治環境，怎樣改換了一個人的氣質品性。」

趙超構說：

> 所有延安的「女同志」，不管是本地的還是外來的，倘要考察她們的過去，她們都可以供給你一篇曲折的故事。她們的故事大多是現實的，苦楚的。在到延安之前，她們都是在時代的大風雨中漂泊過來的。她們充分領略過社會生活，充滿著人事經驗，所以再不是那種天真、脆弱和易受情感所牽制的女性了。

趙超構發現，所有這些女同志，都在極力克服自己的女兒態。聽她們討論黨國大事，一個個侃侃而談，旁若無人，比一些男人還要認真、執著。戀愛與結婚，雖然是免不了的事情，但這些女同志們似乎很不願意談論這些。至於修飾、服裝、時髦……更不在她們的理會之列了。趙超構還瞭解到，凡是女黨員，大多在機關工作，家庭生活已經減到了非常簡單的程度，夫妻二人吃食堂，孩子都在幼稚園或寄宿學校，一家人一周才能團聚一次。

一次，趙超構終於憋不住了，他大膽地對延安的一位C女士說：「你們簡直不像女人！」

這位女士反問道：「我們為什麼一定要像女人？」

這種尖刻的回答，竟讓趙超構無言以對。

趙超構只能感歎：「政治生活粉碎了她們愛美的本能，作為女性特徵的羞澀嬌柔之態，也被工作上的交際來往沖淡了。因此，原始母權中心時代女性所有的粗糙面目，便逐漸在她們身上復活了。而我們也可以從她們身上直感到思想宣傳對於一個人的氣質具有何等深刻的意義！」

其實，趙超構很快便會為自己的武斷結論而自責了。小環境改造不了大氛圍。「江山易改，本性難移」。女人之所以為女人，正是因為她們的細膩、嬌媚、愛心、羞澀、體貼、周到……丁玲在與這些中外記者打交道時，刻意表現出左翼作家在革命隊伍中的成長和進步，她故意扯著嗓門大聲講話，像男人一樣叼著煙捲，豪爽地端起粗瓷大碗大口喝酒。然而，在一次聚餐即將結束，炊事員端上用粗麵粉製作的糕點時，丁玲從口袋中掏出一方乾淨的紙張，悄悄地包了兩塊點心。她不好意思地衝看到的人們笑笑，輕聲說：「回去給我的孩子。」

這一刻，趙超構被深深地感動了。他突然發現，作為母親，丁玲又恢復了她女性的本來面目。

延安的教育和藝術事業，一直是記者們關注的焦點。他們想知道，在這片神奇的土地上，共產黨如何組建他們自己的大學，培養他們自己的藝術家。

趙超構去訪問了延安大學。

延安大學的校長是周揚，學生是從部隊、機關抽調來的有點文化基礎的年輕人，專業和學科設置，是以邊區的實際需要確定的，這讓趙超構大大地意想不到。

走進校園，在一間大課堂中，趙超構居然看到六七十個男女學生，搖著紡車在專心紡線。這是何種專業呢？一打聽才明白，學生們也是每週學習四天，勞動兩天，以解決自己的生活和學習資料。勞動也不僅僅就是紡線，還包括開荒、種地、種菜、養豬。在重慶時，趙超構聽說延安的大學生勞動時要挑大糞的新聞。現場採訪後，他不但深知確有此事，而且，根本就不算是新聞。

延安大學實在是太簡陋了，它只有教育系、法律系、財政經濟系、行政系等寥寥幾個專業。圖書和資料的匱乏是延安大學的顯著特點。造成這種結果至少有兩個原因：一是國民政府的封鎖，延安大學無法購置到基本的圖書與資料；二是共產黨與國民黨意識形態的差異，致使共產黨不能不加選擇地套用國民政府的高等教育教材。

在延安大學的資料室裏，趙超構驚異地發現，所謂圖書資料，只是一些大眾化的書籍、報紙以及政府機關的報告。「以一個自由主義者的眼光來看，所陳列的書籍，顯然是太寒傖了。」趙超構心中自忖。照延安大學的教育模式和水準，研究新民主主義的可以不知道拉斯基，學教育學的也可以不知道杜威。就是這些少而又少的圖書資料，學生們竟也是興趣不大。他們的主要精力放在研讀邊區政府的各類工作報告上了——學生們注重向實際學習，以經驗代替理論，以行動代替學術。期望儘快掌握實際工作的本領，儘快回到工作和戰鬥的第一線，而不是在課堂上和書本中空耗時間。

對教育的批評，或許是趙超構少有的對延安不滿意的方面之一。他說，「延安是最缺乏學院氣的，這個，在延安大學又得到了證明。延大的整個方針，或者也是邊區的整個教育方針，是排斥人文主義，看重經驗主義，貶低理論水準，偏重實用技術；他們決不諱言功利，一切陶冶性情，發展個性的學科，在他們看來不過是『資產階級』的閒情逸致，他們不要求大學產生博學的通才，他們所要求的只是他們所需要的健全的常人，對於邊區建設有實際幫助的人。這是因為邊區的農業社會，需要不到歐美高度工業化的理論學科，在那裏，一個學銀行匯兌的學生，實在不如一個精通合作社業務的學生有出路；同時，因為邊區知識分子之奇缺，急需造就大批的文化幹部，所以學習的時間不得不縮短，課程也不得不集中於立即有用的幾門。」

如此看來，延安大學，也僅僅是個速成培訓班而已。

在延安魯迅藝術學院，記者們感受到了另外一種「簡陋」。趙超構來訪問的時候，正是夕陽西下的晚餐時間。只見魯藝的百十來名學生，聚集在過去的天主教堂、現在作校園的院子裏，沒有餐桌，也沒有椅子，學生們或站或蹲，打一份飯菜便吃了起來。菜是肉片燉青菜，盛在大木桶中，飯是小米混合著豆子蒸的乾飯。趙超構發現，就是這樣的飯菜，學生們也是吃得津津有味，一副心滿意足的樣子。

魯藝設置的專業也是非常少，僅有美術系、戲劇音樂系和文學系。為了感受邊區到底產生了怎樣的「新藝術」，趙超構特別關注了魯藝的美術系。也許是期望太高了吧，採訪的結果令他大失所望。「繪畫方面，簡直得不到印象。國畫是被視為士大夫階級的裝飾品，早被逐出藝術之宮了。油畫則為了材料困難，不易發展。另外因為學生修業的期間只有兩年，最基本的練習，恐怕也不很充分。」

魯藝中有一種藝術，讓趙超構眼前一亮，那就是延安的木刻畫。在木刻作品陳列室裏，趙超構認真地逐一看下去。時間順序和發展的脈絡十分清晰。最初的刀法，還是純粹的西洋風格，後來逐漸融入了明朗、柔和的中國線條；人物表情從西方簡約、誇張的手法，向中國傳統的細膩、傳神過渡。內容上更是有了大的突破，從最初的表現作者個人的情感和興味，轉到了時代和人民、社會、國家、戰爭等重大主題。趙超構看來是真的喜歡上了延安的木刻，在他結集出版他的《延安一月》通訊作品時，選取了大量的延安木刻作為這本書的插圖，足見趙超構對木刻的喜愛。趙超構的鑑賞力無可挑剔。其中，古元的「運草」的確是中國木刻史上的一副傑作。畫面是一駕馬車在運送剛剛收穫的穀草。它構圖優雅，刀法流暢，生活氣息濃郁。你甚至可以聽到馭手揮鞭之時的清脆響聲，感受到轅馬的沉穩和拉套馬的急急奮進……

在魯藝，趙超構觀看了一場實驗話劇「把眼光放遠點」。這是一幕所謂的「自然景」戲劇，利用現成的房舍為背景，庭院的一角就是舞臺，演員們在自然的、生活的狀態下進行表演，這倒讓趙超構感到了一絲清新之氣。

夜幕降臨了，魯藝的男女學生們與中外記者跳起了交際舞，「倘說延安也有飄忽輕盈的良宵，那就應該是今晚了。」然而，一想起那些穿著草鞋跳交際舞的魯藝男女學生，趙超構便啞然失笑了。

趙超構畢竟是文化人，他關注文學，熱愛藝術。到延安採訪的目的之一，就是十分想瞭解從國統區和大城市去的作家和藝術家們，在延安這塊獨特的土壤中，是如何進行文學創作的，是如何融入邊區生活的。有這種採訪要求的，似乎不獨趙超構一人，也不獨中國記者。延安方面於是安排了一場記者與作家們的座談會。

身在延安、能夠趕到會場的作家們幾乎都來了，大約有四十多位，從著名文學家、藝術家，到歷史學家、文藝評論家，群賢畢至，濟濟一堂，也算是延安的一大盛景。

趙超構自然不會放過這次難得的機遇，穿梭在會場之內，抓住一切機會採訪。他首先

「逮」住了丁玲：「有什麼新作品沒有？很想拜讀拜讀。」這樣的問題，對於趙超構，似乎是再自然不過的。正處於創作豐產期的作家，讀者期待的，正是他們不斷問世的作品。丁玲倒顯出了難為情，她用了很多口舌向趙超構解釋，在延安，她還處於「學習」階段，一年多來，很少寫作。她似乎想讓記者明白，不是環境限制了她的寫作，不是邊區生活沒有可寫的題材，而是她自己的不足，她自己的原因，致使她沒有新作品問世。

趙超構倒是直率，又問丁玲：「我感覺這裏只有共產黨的文藝，沒有你們個人的作品。」這又讓丁玲解釋了半天，向趙超構闡釋個人與集體、個人與組織的關係，丁玲最後的結論是：「為了大家服務，應當放棄個人的主觀主義的寫作。」這讓趙超構似是而非，似懂非懂。

這時，圍著丁玲的記者越來越多，趙超構抽身而出，又去訪問了陳學昭。陳是一位優雅的女士，留過洋，學的是文藝理論，「一口緩慢而清晰的上海話，依然帶一點『巴黎回來的女紳士』的風度」。

趙超構的問題還是直來直去：「你是學過西洋文藝的，你滿意於共產黨這邊關於文藝的簡單理論嗎？」

陳學昭聰明地避開了對文藝理論的直接評價，而是披露了她自己近年來的心境：「我是學文藝的，當初很想在國內幹些文藝工作，但是回國以後，發現我所學的對於多數人毫無作用，我希望文藝對於民眾能發生改善生活的效果。後來證明這是夢想。因此，我才覺得在求精美的作品以前，有先求通俗與普及的必要。我是因為這樣，才斷然拋棄了過去所學的。」

當然，讓一個喝過牛奶、吃過麵包的巴黎歸來的上海小姐，迅速融入工農大眾，也是不現實的，陳學昭在延安就顯得有些另類，她的裝束就十分別致，白羊毛背心外邊是一件夾克衫，西裝褲配的是黑布鞋，面容豐腴，鬢髮齊整，亭亭而立，與眾不同。

趙超構準備與陳學昭深入討論一下普及與提高、高雅與通俗的話題，一回身，看到門口有一位沒穿軍裝的男子，面孔黧黑，瘦削，轉著小小的眼睛，不聲不響地枯坐著。趙超構第一眼望過去，以為他是一個打鐵的師傅。陳學昭笑著告訴他，那就是成仿吾，剛剛從晉察冀過來。

趙超構大吃一驚，他無法將這個「老鐵匠」與「創造社」元老聯繫在一起。他如獲至寶，立即與成仿吾攀談起來。成仿吾早已放棄了文學創作，他談了晉察冀根據地的情況，談了那邊的教育事業和來延安時通過敵區封鎖線的情形。他問起了遠在重慶的郭沫若和他的新作，說，除了「屈原」，郭沫若近年的作品都未拜讀，希望有機會和時間，好好欣賞一番。

座談會不是毫無主題的隨意採訪。終於，中心發言開始了。待記者和作家們安靜下來之後，丁玲第一個站起來講話，她微微紅著臉說：「許多人問我新作品為什麼這麼少？是不是寫作受到了妨礙和限制？」她解釋說，事實並非如此，她覺得從前的作品不適於現在的新環境，她要學習新的寫作手法。她介紹了一些她近期從事的文藝活動，以證明她的行動和創作是自由的，不受限制的。

吳伯簫氣勢昂昂地站起來聲明，他每天「照常吃三餐飯，而且是毛紡的突擊手」。詩人艾青，一直是一副失眠詩人的面孔，他睜大著佈滿血絲的眼睛，憤憤地聲稱，他在邊區很受尊敬，是被聘請的「邊區參議會議員」。

艾青之後站起來的，是在「八月的鄉村」中長大的蕭軍，光頭、黑臉，披著寬大的外衣，粗聲大嗓地申明他在邊區的「三不怕」原則：一不怕餓死，二不怕凍死，三不怕敵機轟炸。他挑釁地向重慶來的記者們詢問重慶作家的生活和出版界的情形，那分明有比較和鬥擂的意味。

周揚有點坐不住了，他感到會場氣氛過於緊張，言辭也漸趨激烈，似乎要論出個重慶與延安孰優孰劣。周揚輕聲問身旁的趙超構：「空氣是否太緊張了？」趙超構笑著回答：「空氣倒是小問題，只是這肚皮實在餓極了。」主持人一看表，可不，已經是下午兩點了。主賓雙方便就坡下驢，在成仿吾向全體記者報告了晉察冀邊區情況後，結束了這漫長的座談。

丁玲是延安最有影響的作家，也是延安作家的旗幟。她的《莎菲女士的日記》，在大革命時期的中國文壇有著廣泛的影響。趙超構一直想對丁玲做進一步的採訪，深入瞭解邊區作家的生活和創作態度。

這一天是端午節，記者團放假半天，自由活動。趙超構便抓住這難得的空閒，前往邊區文協採訪丁玲。

過延水，上陡坡，原來文協就在記者們下榻的交際處對面的山坡上。

丁玲被人從家裏叫到了文協，與趙超構面對面交談。脫離開正式場合和會議的氛圍，丁玲顯得自然而輕鬆。趙超構發現，丁玲一坐下，便順手掏出香煙抽了起來，「煙抽得很密，大口的吸進，大口的吐出，似乎有意顯示她的豪放氣質」。

趙超構請丁玲講幾個戰地故事。丁玲略一思索，便娓娓道來：

在河北淪陷區的一個村莊裏，一個愛國志士正在受到敵人的追捕。他臨時逃入了一個農家小院。這家裏的丈夫不在，只有一個女人和懷裏的嬰兒。敵人很快就搜查過來。女人立即明白了是怎麼回事，隨手將懷裏的嬰兒遞給這個陌生的男人，扮作了夫妻的樣子。敵人讓女人拿出戶口本查對，一夫一婦一嬰兒，沒什麼不對勁的地方，女人更指著身旁的男人說，這就是孩子他爸。看不出破綻，敵人只好走了。

說到這裏，丁玲掏出一支煙，點燃抽了起來。這是作家在賣關子，欲擒故縱。趙超構卻以為故事講完了，隱隱感到失望，他沒覺得這故事有什麼獨特之處。丁玲卻又開口了：正當敵人轉身往外走的時候，門外又進來一個男人。這人才是女人真正的丈夫。敵人立刻抓住他，問那女人，這個男人是誰？你家怎麼會有兩個男人？女人斷然答道：不認得這個人。敵人聽了，不由分說，「砰」的一槍，將她自己的男人打死了。

丁玲說著，還揮手做了打槍的姿勢。

趙超構聽到這裏，被完全震驚了，禁不住問：「這是真的嗎？」

「絕對是事實。」丁玲回答。頓了頓，她告訴趙：「只要你肯到戰區走走，像這一類的寫作材料，到處都是。淪陷區老百姓的英雄事蹟，實在太多了。」

趙超構倒是被恐懼攫住了心房。動人的故事，不一定成為寫作的材料。為掩護愛國志士而犧牲親愛的丈夫，這是可敬的。但如果寫給後方的人看，則徒然增加愛國的恐怖，而未必能收到宣傳鼓動的效果。我們所要寫的，應當是那些貼近人情、比較自然的故事。趙超構知道，這種分歧，他和丁玲之間，是一時誰也說服不了誰的。乾脆收起爭論，專心採訪。趙超構提出去丁玲住處看一看，沒想到丁爽快地答應了。丁玲的窯洞，就在趙超構來時的山坡上。院子裏稀稀疏疏地種著捲心菜，丁玲自豪地說：「全是我們自己種的。」

窯洞內陳設簡單。窗下一桌一椅，洞底一張床，床頭有半架書。一部《靜靜的頓河》，一部《戰爭與和平》，其餘的是已經出版兩三年的小冊子。此外，屋內還有一架紡車，一條長凳。從窯洞的視窗向外望去，仰觀浮雲，俯瞰延水，倒有些「行到水窮處，坐看雲起時」的雅致。

這次採訪，還是意猶未盡。端午節後三天，趙超構拉上一位記者同行，約著邊區文協負責人柯仲平和丁玲，找了個酒樓，把酒言歡，再作深談。

在延安找個令趙超構滿意的酒樓可真不容易。其實，延安也就只有兩家館子，一個叫

「醉仙樓」，一個叫「大眾合作社」。此前，趙超構在「醉仙樓」吃過飯，菜的好壞已不重要，那落在菜刀上的蒼蠅，多得好像在菜刀上罩了一層黑布，將趙超構嚇得心驚肉跳。此番請柯仲平、丁玲，也只有「大眾合作社」唯一的選擇了。

炸丸子、炒里脊上桌之後，幾杯老白乾下肚，「談話便如流水一樣活潑起來」。

趙超構問：聽你們說，這裏是沒有檢查制度的，而你們最近的作品又如此之少，這種情形，我覺得很難解釋。

丁玲回答：最初你們查問延安有沒有檢查制度，我就覺得十分驚異。因為我到延安以來，一向沒有這種經驗，一經問起，反覺奇怪。至於作品的稀少，是因為多數作家埋頭學習的緣故，並不是受了什麼限制的結果。

趙超構又問：我相信，在形式上你們是不受檢查的，事實上在延安談檢查制度是無意義之事，因為你們只有一家報紙，出版機關也只有一家解放社，你們的稿子只能向一個地方送。那麼，解放社和解放日報的主編就可以全權處理你們的稿子了。

丁玲回答：依我的經驗說，編者不等於檢查官，我們現在雖然只有一家報，但如果願意辦刊物，是可以不受限制的，只要有興致，用不著什麼手續。

趙超構堅持說：我總覺得，這裏似乎有一種空氣，使你們不敢隨便寫東西。

丁玲反駁說：我不覺得有什麼空氣壓迫我們，我知道我們的寫作沒有從前那樣拆爛污，因為從前在上海寫作，只為稿費打算，越多越好，便免不了濫寫硬寫，不管好壞。而現在呢，生活無須擔心，寫一種作品必須考慮它對讀者的影響，寫作態度也自然嚴肅起來。

趙超構追問：能不能告訴我，你們寫作嚴肅到怎樣的程度？

丁玲說：一般的情形是，除了作者自己努力向群眾學習，盡力接受群眾觀點，認真寫作之外，作品完成，總經過朋友間的研究，虛心接受批評。

趙超構問：批評是否有標準？批評的人是否限定幾個人？

丁玲承認：批評是全盤的批評，從意識、內容以至寫作技巧。批評的人也不限於幾個知心朋友，讀者、觀眾，都是我們的批評家。有時一種作品，在作者自以為沒有什麼毛病了，但經群眾一看，便被指出哪一句話不對，哪一種動作不像，因此我們主張作家必須虛心學習，熟悉群眾的生活。

談到這裏，趙超構私下裏得出了自己的結論：在延安，形式上的檢查制度是沒有的，替代它的是作者的慎重和同伴的批評。趙超構明白，延安所說的「批評」，就是用多數人的意見來控制少數人。在主觀上作家似乎不受干涉，可是敢於反抗批評的作家，事實上也不會有。「延安人自有理由說他們沒有檢查制度，而我們也可以說延安有一種批評的空氣，時時在干涉作家的寫作。」

談到作品，又輪到趙超構「驚異」了。他發現，丁玲將她去延安之前的作品給予了全盤否定。趙超構小心翼翼地問：「難道都沒有再存在的價值？」

丁玲略一躊躇，乾脆地說：「那些作品，我自己都不願意再看了，觀點不正確！但是那些材料，還是可以利用的。我打算將我從前寫的關於我母親的那本小說，用新的觀點重寫一本長篇小說。」這是趙超構聽到的丁玲唯一的一個寫作計劃。當然，這計劃最終並未付諸實施。

趙超構勸丁玲為後方的人民寫點東西，在重慶的報紙、刊物上發表。丁玲那神情分明在說，這怎麼可能呢？能發表得出去嗎？意識形態的分歧，在這裏充分顯現了出來。

對話無論怎樣尖銳，因為有了酒的緣故，倒是談得十分盡興。尤其是柯仲平，豪談加豪飲，待聚會最後，他已是爛醉如泥了，「扶得東來西又倒，過河上坡都不可能」，結果，趙超構只好將他「遺棄」在酒樓上，由那位好心而殷勤的店主人照料一下了。

趙超構對於延安的作家和文學藝術界有著異乎尋常的熱情，他總是抓住一切機會，不知疲倦地訪問他們，記錄下作家在邊區生活和創作的點滴細節、有趣故事。他訪問過成仿吾、李初梨；多次到蕭三那兒做客，叨擾這位正寫作毛澤東傳記的忙碌作家；艾青的「戰鬥詩人」氣質一開始讓趙超構有點不適應，但艾青在延安的確「很受尊敬」，因為他寫了一本「戰地詩歌」，歌頌邊區勞動模範吳滿有的事蹟。

女作家中，丁玲、陳學昭、陳波兒，不但多次往還，有的還與趙超構把酒言歡。

文藝理論和哲學家，延安當屬周揚、艾思奇；共產黨的歷史學家則是范文瀾和呂振羽。這些人，趙超構都拜訪過。范老先生一口紹興官話，生活精緻，仍是一副學者派頭。每天太太精心烹調的紹興菜讓他十分受用。他埋頭書桌，兩耳不聞窗外之事，儘管住處距延安市中心僅三四里地，若無事情，他會整年不進城。

張庚、蕭軍、歐陽山、何其芳幾位，趙超構也有訪問。但給他留下深刻印象的，卻是王實味。

夏日的一天傍晚，接待方通知趙超構與國民公報的周本淵，到邊區文協晚餐。到達的時候，丁玲與一位瘦長的男子在門口迎接，介紹後得知，這男子便是王實味。意外的相見，令趙超構手足無措，因為他知道，「野百合花」事件之後，王實味一直在接受審查和批判，趙超構想不明白，一篇作家隨筆式的文章，怎麼罹患如此大禍。

趙超構不知與王實味從何談起，若說「野百合花」，怕觸痛了他的傷心之處。其實，王實味寫這篇雜文的本意，是在批評延安的官僚主義，被上綱上線之後，成了他的滔天大罪。令趙超構意想不到的，王實味居然首先談到了他的嚴重「錯誤」。他情緒激動地講著，完全像是演講，不時揮動著手臂，以加強語氣和感染力。有時，對自己的批評竟然是聲色俱厲的。趙超構幾次試圖打斷他，他談得夠久了，「因為我覺得這種話在說者與聽者兩方都會感到不舒服」。問到他現在的生活，王實味老實承認，「仍在休養中」，也就是說，他是當作閒人被養起來的。趙超構勸他繼續從事文藝批評和文學翻譯工作，沒想到竟被王實味一口回絕了：「不！我現在正對政治發生興趣，以後還是要參加政治工作的。」

趙超構明顯感覺到了王實味精神上遭受的強烈刺激。他的激情的演說，他的嚴厲的自我批評，他對革命事業的一往情深和堅定執著，已經掩飾不了他的偏執。「要說『野百合花』事件在他心理上，沒有留下一點創傷的疤痕，那是不可能的。」

王實味病了。他在人格和精神上已經分裂了。

一九四七年春天。山西興縣蔡家窯，晉綏行政公署公安局駐地。一個手提砍刀的幹部模樣的年輕人走進一孔小窯洞，拖出了一個同為幹部模樣的中年人，向偏僻的山隅走去。手起刀落……四十一歲的王實味，在與趙超構交談三年之後，被邊區公安機關處決了。罪名：托派分子、國民黨特務、反黨集團頭目。處決必須秘密地趕緊進行。國民黨進攻邊區的部隊馬上就要打過來了……

延安採訪，趙超構可謂勤奮和細緻。其實，記者水平的高下，重要的不是在文字功力，而是掌握材料的技巧和多寡。趙超構是一個合格的有心的記者，他總是要開動腦筋，邁開雙腳，盡可能看得更多，知道得更多，思考得更多。

一天，記者們去採訪一個「一攬子會議」。所謂「一攬子會議」就是聯席會議，鄉長、鄉參議員、鄉政府委員、自衛隊長、變工隊長、婦女組長、勞動英雄們聚在一起，就需要討論和解決的問題一併研究，一併決定。

這是一個晴朗的上午，會議在棗林中的一座沒有屋頂的田園農舍中進行。他們席地而坐，圍成一圈，會議主持人傳達了毛主席的講話和上級精神後，各方代表輪流發言，表態度，談體會，冗長而繁瑣，了無新意。一時輪不到發言的，便坦然地解開上衣捉蝨子。趙超構聽不進去了，悄悄站起身來，溜達到村裏觀景去了。進村之前，趙超構還有閒心記錄下陝北田園的風光：「近午的陽光透過叢密的枝葉，蝴蝶貼著草地飛舞，從棗林外面送來幾個織布機的聲音，不時還有雞鳴犬吠，透露出鄉村的和平的空氣與勤儉的民風。」

趙超構來到了鄉公所，看到牆上貼著本鄉的統計表，一百五十戶農民當中，以中農居多，富農與貧民只有十幾家。

中午吃飯時，趙超構順便採訪了這個鄉的勞動英雄田二鴻。田二鴻去年種了八十五垧地（每垧合三畝），收穫了七十石糧食，繳了十石公糧後，吃用之外，去年餘了十五石糧。折合法幣是三萬元的樣子，這可是富農的收入了。

細心的趙超構推算出，在邊區，農家全年的消費約占糧食產量的百分之七十，公糧的負擔占糧食產量的百分之十一，一般農家，每年的剩餘占糧食產量的百分之十五。如果數字準確的話，農民的生活還能過得下去。

趙超構在這個村，走訪了兩個農家小院。第一個小院內住著兩戶人家，正是午飯時間，一家正在吃著小米飯，一家在做刀削麵。房舍狹小，而且無窗，大人、小孩都擠在天井裏，衣裳單薄、破舊。第二個小院是婦女組長的家，她男人是縣政府的科員，她自己紡紗、養蠶，日子過得就好一些。

這個村莊給趙超構的突出印象是不衛生，蒼蠅鋪天蓋地，多得驚人。

村小學的孩子們天真可愛，讓他們表演個節目，居然也是秧歌劇「張丕謨除奸」，記者們感歎：連兒童的遊戲也染上了強烈的黨化色彩了。村民們對這些倒是不在乎，他們省吃儉用送孩子上學就一個目的：「娃娃們能識字寫信算賬就好了。」

趙超構於一九四四年六月九日進入延安，七月十二日清晨告別，一共在延安盤桓了一個多月。他的訪問是立體的、多側面的，不僅與毛澤東、朱德、周恩來、葉劍英等諸多高級領導接觸、交談，而且與作家、藝術家有了廣泛的交流；不僅採訪了邊區政府、軍隊、社會團體，而且與普通老百姓、工人、農民也交了朋友。

回到重慶之後，趙超構興致勃勃地將延安見聞講給《新民報》老闆陳銘德，陳銘德當即決定，在重慶、成都兩版《新民報》上同時刊登訪問通訊。一九四四年七月三十日開始發表，立即引起了轟動和讀者關注。起初每天只發幾百字，應讀者要求，報館不斷增加版面，由幾百字而上千字，由上千字而兩千字。趙超構採訪扎實，分析準確，評點到位，他的報導，新奇、客觀，打開了延安神秘的大門，令讀者眼界大開。尤其是一些很難駕馭的理論、路線、政策、意識形態的話題，在趙超構的筆下也能高度凝煉，數筆交代清楚。他的連載中，就有「文藝政策」、「共產黨怎樣做群眾工作」、「共產黨員」、「標準化的生活」、「財政、所得稅負擔」、「醫藥衛生」、「勞動英雄」、「土地政策」、「關於新民主主義」等等篇目，這都是一些很難把握的篇章，但趙超構寫來卻遊刃有餘，似信馬由韁，收放自如。

連載結束後，新民報館將這些文章結集出版，書名就叫《延安一月》。陳銘德專文「關於『延安一月』」，張恨水親自作序。陳銘德在推薦文章中說：「收在這本書內的作品，都是本報主筆趙超構兄參加中外記者團參觀西北的通訊稿，其中『延安一月』自然是全書最主要的部分，無論在觀察分析，描寫報導各點上，都可以看出作者是用過心思的；然而比這些更使我們滿意的，是作者具體的提供了一種立言的態度。對於延安事物，雖然有時是介紹，有時是批評，但自始至終，看不到有一句話是離開國民的公正觀點的。」

張恨水的「序言」說：「大概和我一班說得來的朋友，寫東西或從事新聞報導都有這個態度，這次趙超構兄去延安訪問，事先曾和朋友們商量，應當取一個什麼態度？我就很簡單的貢獻一點意見，觀察最好一切客觀。至於你的觀感如何，有什麼批評，那倒主觀一點也可以。事實的存在是一件事，你對於這存在的事實作何感想，又是一件事，最好不必混為一談。趙兄對我這點意見，相當的採納。其實他向來在報上作評論的態度，也是如此，毋寧說我是附和他的意見。」

《延安一月》出版後，一時洛陽紙貴，短時間內重印了三版，才滿足了讀者的需求。毛澤東後來也說：「我看過《延安一月》，能在重慶這個地方發表這樣的文章，作者的膽識是可貴的。」

趙超構一生未參加過任何黨派，雖歷經坎坷，命運多舛，但對他早年投身的《新民報》一往情深，忠貞不渝。他前後在《新民報》（《新民晚報》）工作了五十四年，是為這張報紙服務最久的一位老員工。一九九二年，趙超構以八十二歲耄耋之年辭世，一顆記者之星就此隕落。

與趙超構一同訪問延安的外國記者，也在他們服務的媒體上刊發了大量的訪問共產黨控制區的公正報導。一些記者還將自己的見聞和報導整理出書，向世界人民介紹了延安和共產黨的組織及領導人，其中有愛潑斯坦的《中國未完成的革命》，斯坦因的《紅色中國的挑戰》，福爾曼的《北行漫記》等等。

正如愛潑斯坦剛剛抵達延安時講的那樣：我們今天來到這裏，為這個封閉的地區打開了一道小縫，今後，想再關閉這條縫隙是不可能的了。此後，又有多名外國記者、尤其是美國記者訪問延安，與毛澤東等中共領導人進行了深入交談和採訪。這都是一些著名的記者和新聞人，如安娜·路易士·斯特朗，《紐約先驅論壇報》記者斯托弗·蘭德，美國《時代》週刊記者特迪·懷特（中文名字白修德），以及美聯社記者約翰·羅德里克。

羅德里克是一九四七年二月最後一批訪問延安的外國記者之一。胡宗南的軍隊已經快要抵達延安城下了，在這裏生活了十幾年的毛澤東，被迫要放棄延安，轉戰於黃土高原的溝壑山川之中。約翰·羅德里克這樣記述他自己離開延安時的情景：

毛澤東披著一條羊毛圍巾佇立在延安機場上，眼望著遠處的峽谷，正在沉思。當我走近的時候，這位中國共產黨主席幾乎有些勉強地垂下視線微笑著向我伸出了手。

他說：「可惜你要走了。把你在這裏看到的如實地寫出來吧。」

毛的宿敵蔣介石的軍隊正在挺進，延安快要失守了。我在延安的任務已經結束了。

我說：「毛主席，看來中國共產主義的前景確實暗淡，將來會怎麼樣呢？」

毛淡然一笑，想了想，就用我的中國名字稱呼我，慢聲地說：「羅德烈，我邀請你兩年以後到北平來看我。」

羅德里克沒有回答。他無法回答。他以為這是毛澤東的夢囈。

事實是，正好兩年，毛澤東進京「趕考」，高中了「狀元」。天地翻覆，中國易幟。

主要參考文獻

《延安一月》，趙超構著，南京新民報館出版，民國三十五年一月初版（影印本）。

《在歷史現場》，李輝著，大象出版社，二〇〇三年九月第一版。

《陳銘德、鄧季惺與〈新民報〉》，楊雪梅著，中華書局，二〇〇八年八月第一版。

公債舞弊

一九四五年三月十九日，蔣介石接到報告，得知國民政府中央銀行發行的美金公債，發生了舞弊貪腐之事。在這一天的日記中，蔣介石寫道：「研究中央銀行舞弊案。」

這是蔣介石第一次認真對待這一貪腐大案。在此後幾天的日記中，連續出現了蔣介石對此案的處理記載。

三月二十九日，「昨晚約侍從第二處組長與俞財政部長聚餐。與俞談中央銀行美金公債不清之數，責成其徹底追究。」

三月三十一日，蔣介石在〈本月大事預定表〉中記下這樣一筆：「徹查美金公債案。」

四月三日日記：「追究美金公債。」「處理戰務及中央銀行美金公債案徹查計劃。」「督促俞鴻鈞辦案。」一天的日記當中，三次提到「美金公債案」，可見此事在蔣介石心目中的份量。

美金公債是怎麼回事？美金公債案又從何說起呢？

一九四二年，抗日戰爭進入了最困難的時期，軍費開支巨大，國家財力緊張，籌措資金是國民政府面臨的最大難題。

發行公債，大量吸引社會資金，歷來是解決國家財政急需的最重要、最有效的手段。國民政府也動起了「公債」的主意，決定用美國對華貸款五億美元中的一億美元作為基金，在中國的西南、西北地方發行「同盟勝利美金公債」，每元公債售價國幣二十元。人民以國幣購買，抗戰勝利後兌還美元。當時的全國節約建國儲蓄勸儲委員會的宣傳口號稱：「公債以美元為基金，本固息厚，穩如泰山；國人踴躍認購，功在國家，利在自己。」

國民政府向各縣市、各階層一一攤派，由各地匯總於省，向各省的中央銀行分行兌換美金公債券。

發行情況很不理想，人民態度消極，購買並不踴躍。其中的主要原因是，一、經過五年多的抗戰，戰火延及社會經濟生活的方方面面，人民顛沛流離，衣食困厄，沒有餘錢購買公債；二、發行條例規定，「抗戰勝利後兌還美元」，當時的戰狀，日本帝國主義正氣勢洶洶，驕顏不可一世，抗戰何時勝利似遙遙無期，人們的購買預期也相對低落。

公債發行一年之後，僅僅賣出四千三百萬美元，還不及發行計劃的一半。發行之初，已經購買了國債的人們，也不相信將來能兌還美元，遇上手頭緊張之時，便紛紛轉手拋售國債。黑市上，美金公債券一元僅值國幣十七至十八元，這又大大干擾了正常國債的發售。

一九四三年夏秋之季，國內經濟形勢風雲突變：通貨膨脹嚴重，國幣急遽貶值。私下交易中，美金國債的價格一路走高，由通脹之初的一元公債兌國幣三十元而迅速飆升至一元兌二百七十三元。

政府確定的一比二十的比價已毫無意義，而隨行就市發售又會讓政府信譽盡失，顏面掃地。十月九日，行政院副院長（此時蔣介石由委員長兼任行政院長）、財政部長和中央銀行總裁孔祥熙致函蔣介石，稱為「顧全政府之信譽」，申請於十月十五日結束美金公債的發售，他向蔣介石保證，「當督促行局（中央銀行發行局）主管人員妥為辦理，以期早日完成。」蔣介石同意了孔祥熙的這個請求。財政部遂密函國庫局，命令立即停售美金公債，各地尚未售出的公債券，全數由中央銀行業務局購進，上繳國庫。

公債發行本來就有順與不順兩種情況。發行受阻，停售入庫，也屬正常。當然，在肖小之輩眼中，這其中有著尋租和貪腐的極大空間。

孔祥熙的手下，就有這樣一個無良小人。當時的中央銀行國庫局局長呂咸，從封存入庫的國債中看到了貪墨舞弊、損公肥私的機會。一九四四年一月，呂咸命債券科科長熊國清代他向孔祥熙擬了一個簽呈，說：「查該項美券銷售餘額，為數不貸，擬請轉准所屬職員，按照官價購進，用副國家吸收遊資原旨，並以調劑同人戰時生活。」這份報告寫得冠冕堂皇，既如數完成了公債發行任務，又照顧了國庫局員工的利益，改善了他們的生活。簽呈送到孔祥熙案頭，這個糊塗官僚想也沒想，居然批了一個「可」字，並加蓋了「中央銀行總裁」的官印。

這個明顯的損公肥私的提議，孔祥熙豈能不知？他是明人裝糊塗。他想的是如何參與其中，分肥自富。他明白，這其中的好處，呂咸自然是少不了向他「進貢」的。

呂咸的膽子和胃口實在是太大了。這批美元國債，當時的市價已漲至一元國債折合二百五十元國幣。五千萬美元國債，市值就是一百二十五億元的天文數字。國庫局職員以二十元原發行價買下，賺取的市場差價就是一百一十五億元。用十億元國幣換回一百二十五億元收益，這是何等上算的買賣。巨額利潤就這樣進了「同人」的腰包。

投桃報李。官場的遊戲規則呂咸爛熟於心。在他取得處置這批美金公債的指令之後，立即向孔祥熙奉上了三百五十萬美元的債券。後來，孔祥熙又用以票換票、買空賣空的辦法貪墨美券近八百萬元，兩項合計，共非法所得一千一百五十餘萬美元，折合國幣約二十六點四七億元。足以成為巨貪之首。

孔祥熙是宋氏三姐妹中大姐宋靄齡的丈夫，與蔣介石是連襟關係。蔣從宋美齡的稱呼，應該尊稱孔祥熙為「姐夫」的。就是這樣一位姻親，大義不清，操守失謹，往往在重大問題上判斷失當，進退失據，給蔣介石惹了不少麻煩，丟了不少人心和擁躉。

抗戰之初，孔祥熙便被日軍的大舉進攻嚇破了膽，陷入了絕望之中。德國駐華公使出面調停，誘使中國立即投降，孔祥熙像抓住了一根救命稻草，致電蔣介石力勸「乘風轉舵」。孔在電報中說：「弟意此次戰爭，我已犧牲甚鉅，除非軍事確有勝利把握，不若就此休止，保全國力，再圖來茲。」並稱這是「天賜良機，絕不可失」。幸虧蔣介石尚有民族氣節，明確表示：「對倭政策，惟有抗戰到底，此外並無其他辦法。」對日方的所謂和談條件，蔣介石給予了嚴辭拒絕，他說：「與其屈服而亡，不如戰敗而亡。」多少還有點凜然之氣。這個刁滑的連襟，差點把蔣介石拖入失德失節、喪權辱國的萬復不劫的深淵泥淖。

回到公債舞弊案。

俗云：若要人不知，除非己莫為。這一貪腐大案的浮出水面，實屬偶然。呂咸等人以低價私分美元債券後，國庫局的賬目便有了虧空。幾位有正義感的年輕人，一直想查清此事，苦於沒有線索，找不到呂咸一夥貪腐的證據。一天，國庫局一位年輕職員，偶然撿到了債券科科長熊國清的一封親筆信，詳述了私分公債的情形。幾個年輕人讀後十分震驚，立即決定公推一人向政府密報，才使這一貪腐大案在隱匿了一年多之後浮出水面。

一九四五年四月上旬，蔣介石親自向財政部長俞鴻鈞交代，讓他親自掛帥，查清中央銀行美元公債舞弊案。俞鴻鈞接替孔祥熙任財政部長剛剛半年，俞、孔素有交誼，感情深厚。無奈此事由委員長親自交辦，俞鴻鈞只好私誼服從公事，著手調查此案的來龍去脈。

俞鴻鈞接手查案不久，便於四月八日向蔣介石遞交了一份查賬報告。報告表明：「美金公債自停止出售以後，所剩五千萬左右也幾乎售空。買主用的都是一些堂名、別名，地址含糊不清，有的甚至是南京、上海等淪陷區的地址。」這說明，呂咸一夥為私分公債已喪心病狂，弄虛作假的手段既拙劣低下，又膽大妄為。

接到報告的當晚，蔣介石便與軍事委員會侍從室第二處主任陳佈雷分析研究。陳是蔣介石的親信和智囊，事關軍國大計之時，蔣常倚陳佈雷為左右，垂詢意見。這一次，蔣介石向陳佈雷等「指示查賬手續」，也就是說，將調查的渠道和方法都一一交代清楚了，可見蔣對調查此案的重視和細緻。經過這一番佈置，蔣在日記中表達了一種成竹在胸的心情：「考慮徹查美金公債案已得要領，不難追究也。」

此時的孔祥熙不在國內，他正在美國治病休養。一九四四年六月，中國政府派孔祥熙赴美出席國際貨幣基金世界銀行會議。會議結束之後，孔便滯留美國醫治他的膀胱結石症，在美時間已逾十個月。四月十日，蔣介石致電還在紐約的孔祥熙，指出在停售美金公債後，仍有一千一百餘萬美元債券在繼續交易，應予追繳。電報稱：「似查美金公債剩餘部分有壹千壹百餘萬元，預定戶在停售後，付價給券，不合手續，應即將此壹千壹百餘萬元之債券，飭令該行經管人員負責，全數追繳歸還國庫，不得貽誤，並將追繳之確數呈報。」

這是蔣介石第一次正面向孔祥熙提及美金國債的問題。然而，蔣大大低估了孔祥熙胡攪蠻纏的能力。第二天，即四月十一日，孔祥熙覆電蔣介石：「此事當時經過實情為何，弟不詳悉，已將鈞電轉主管局長迅剋遵辦，並嚴令責成負責，追繳齊全。俟弟病稍愈，即當回國親自處理。」官場「太極拳」打得圓滑而老到，「不詳悉」、「迅剋遵辦」、「嚴令責成」等，把自己的責任推得一乾二淨，貌似「立即查辦」的樣子裝得惟妙惟肖。

蔣介石在家焦急等待孔祥熙的歸來，四月十四日日記云：「美金公債舞弊案已有頭緒，須待庸之病痊回國也。」接到孔祥熙不急不徐的回電後，蔣介石十分失望，四月三十日日記寫道：「接庸之電，令人煩悶，痛苦不知所止。」蔣介石甚至感覺到，「中央銀行問題甚難解決也」，蓋因孔在中央銀行經營甚久，盤根錯節，一時難以釐清。

蔣介石這次是下了決心，再難啃的骨頭、再硬的堡壘，也要把它攻下來。在徹查公債舞弊之事上，蔣是層層緊逼，一步不讓。他曾在日記的「雜錄」欄中記下這樣一組數字，以備查考：「美金公債案；甲、各省市售出四千三百萬元。乙、國庫局交業務局五千四百萬。丙、預售戶有收據者只四千二百萬。丁、尚差數一千六百六十餘萬元。」這對不了賬的一千六百六十多萬元美金公債，正是蔣介石要追查的要害之處。孔祥熙的一拖再拖，滯留不歸，令蔣介石煩惱不已。五月二十二日，他電令孔祥熙立即回國，速查此案。

蔣介石的「煩惱」，還來自國民黨內的一片「倒孔」之聲。

五月五日，中國國民黨在重慶召開了第六次全國代表大會。會議結束之日的五月十九日，選舉產生了新一屆國民黨中央委員會。長期以來，孔祥熙的貪瀆之名風行於世，孔在國民黨內口碑甚壞。但是，因為孔、蔣是姻親，宋靄齡、宋美齡都竭力在蔣面前護孔、薦孔，蔣介石首鼠兩端，左右為難。在這次全國代表大會上，國民黨內的反孔派忍無可忍，來了個總爆發。在國民黨中委的選舉中，孔祥熙和糧食部長徐堪得票都很低，勉強進入中委之闈。徐堪是因為在控制糧價、保障供給方面差強人意，重慶的報紙公開調侃「徐堪情何以堪」，令他聲名狼藉。足可見涇渭分明，人心向背。

更令人沒有想到的是，在中央委員會隨後進行的中央常委的選舉中，已經被提名為中常委候選人的孔祥熙竟至落選。蔣介石感歎道：「其信望墜落至此，猶不知餘往日維持之艱難也。可歎。」

此刻，蔣介石不得不動了「換馬」的念頭。五月二十八日，國民黨六屆一中全會召開。此次全會的重要議題之一，就是蔣介石確定的討論行政院的改組問題。孔祥熙自一九三八年一月起擔任行政院長，一九三九年十一月，抗戰軍興，戰事吃緊，為便於協調指揮，調度有序，身為委員長的蔣介石兼任了行政院長，孔祥熙改任副院長，但將行政院最有油水和權勢的財政部部長、中央銀行總裁攬在懷中。

六屆一中全會期間，蔣介石在「用孔」、「棄孔」之間矛盾重重，一時難以抉擇。他在日記中表露了他的痛苦心情：「為庸兄副院長職務亦甚煩惱，但為黨國計，不能不以公忘私也，苦痛極矣。」蔣介石最終下定了決心，第二天，他在六屆一中全會上宣佈，他本人和孔祥熙分別辭去行政院正副院長職務，提議改由宋子文、翁文灝接任。六月一日，蔣介石考察黨內高級幹部狀況，在日記中真實寫下了對孔祥熙的考評之語：「（庸之）不能為黨國與革命前途著想，而徒為本身毀譽與名位是圖。」

作為政治家，蔣介石閱人的眼光是獨到而敏銳的。自此，孔祥熙在蔣介石心目中的地位每況愈下。

一九四五年七月七日，國民參政會第四屆大會在重慶召開。決心要告倒孔祥熙、呂咸的幾位國庫局年輕人，又將揭發材料交到了國民參政員陳賡雅手中。陳賡雅曾任雲南勸儲分會主任幹事，負責過雲南全省美金公債的推銷工作，熟悉情況。接到舉報材料，他馬上看出了其中的問題，立即起草了一份大會提案，題為〈請政府徹查三十一年度同盟勝利美金公債發行餘額大舞弊嫌疑案〉。陳賡雅在提案中揭露：國庫局局長呂咸「利用職權，公然將該項未售出之債票，一方逢迎上司，一方自圖私利，以致不可究詰，構成侵蝕公款至美金一千一百五十萬餘元巨額之舞弊行為嫌疑。該項債票市價因之狂漲，由二十元遞漲至數百元，刺激物價，擾亂金融，莫此為甚。」提案中指出了三筆可疑賬款。其中最重要的一筆就是：呂咸「借推銷公債之名，簽呈中央銀行當局，慫恿購買美債餘額三百五十萬零四千二百六十美元」。這裏所說的「中央銀行當局」，指的就是孔祥熙。陳賡雅提出：「如果舞弊屬實，國庫損失之巨，與官吏膽大妄為，可云罕見」，應「迅予徹查明確，依法懲處」。

得知陳賡雅草擬了這樣一份提案，正在聯絡參政員連署，王世杰慌了手腳。國民政府外交部長王世杰，正是此屆國民參政會主席團主席。他找到陳賡雅，當面做工作，動員陳撤銷此一提案。王世杰說：「此案提出，恐被人借為口實，攻擊政府，影響抗戰前途，使仇者快意，親者痛心。同時，案情性質尚屬嫌疑，若政府調查事實有所出入，恐怕對於提案人、連署人以及大會的信譽都會有損的。為此，擬請自動撤銷，另行設法處理。」

陳賡雅對王世杰列舉的撤案理由很不以為然。他認為，這是對他的小視和不尊重。他正色回應王世杰，提案所列事實證據確鑿，請不必代為顧慮。

無奈之下，陳佈雷又以前輩的身分出面斡旋了。二陳都曾從事新聞工作，做過記者。而陳佈雷從業更早、資歷久遠，自是陳賡雅的前輩。陳佈雷對陳賡雅說：「這提案資料的搜集，可謂煞費苦心，準備在大會上提出，當然也很有價值。不過，有個投鼠忌器問題，就怕一經大會討論，公諸社會，恐使英、美、蘇等友邦更認為我們真是一個貪污舞弊的國家，對抗戰不繼續予以支持，那麼，影響之大，將不堪設想。」

還是陳佈雷老謀深算，所慮深遠。事實上，此前兩個月，美國財政部長就曾嚴厲指責中國抗戰期間的各種經濟失策與貪腐舞弊之風，國民政府的國際信譽因此大受影響。

陳佈雷建議陳賡雅將提案改為書面檢舉，由參政會主席團主席親交蔣介石，以引起高峰關注，認真查辦。

陳賡雅覺得陳佈雷言之有理，「投鼠忌器」之事不得不考慮，便同意了陳佈雷的提議，檢舉公債舞弊提案便未提交大會討論。

國民參政員當中的活躍分子、著名學者、教授傅斯年，性情剛烈，嫉惡如仇，從來以敢於放言著稱於世。傅斯年風聞了美金公債舞弊之事。這一天，司法部長謝冠生到會報告工作，謝冠生報告甫畢，傅斯年便毫不留情地提出口頭質詢：「中央銀行國庫局同人分購成都沒賣完的兩百多萬美金公債，因為分贓不均，便向主管當局告發，已經在查了。這比黃金透漏消息還要嚴重，因為國庫局事先呈請該行核准了『可』字。」傅斯年要求法院、檢察院，不必等待指示，「自動檢察」。因為這本是職責範圍之事。傅斯年的發言引起大會震動。《大公報》記者子岡稱傅斯年的發言是當天七個口頭詢問中最響的「一炮」。這為「傅大炮」的美譽又添了個份量頗重的砝碼。

這一天的會議結束後，陳賡雅將傅斯年引為同道，讓他看了早已擬好的提案。傅見提案材料詳細，證據確鑿，大吃一驚，立即簽名連署，準備推動會上的反貪腐之瀾。

沒承想，王世杰、陳佈雷聯手摧折，陳賡雅的提案胎死腹中。傅斯年心有不甘，立馬自擬了一份提案，提交大會。提案的題目是〈徹查中央銀行、中央信託局歷年積弊，嚴加整頓，懲罰罪人，以重國家之要務而肅官常案〉。這一提案，已經超出了查處美金公債一案，而是對孔祥熙的總清算、總聲討。傅斯年的提案稱：

> 中央銀行實為一切銀行之銀行，關係國家之命脈。然其組織直隸國府，不屬於財政部或行政院。歷年以來，以主持者特具權勢，道路雖嘖嘖煩言，政府並無人查問……其中層層黑幕，正不知幾許。

傅斯年所指稱的「特具權勢者」，當然就是孔祥熙。傅斯年在提案中鄭重提議：一、由政府派定大員，會同專家、監察院委員、參政會公推的代表，徹查其積年賬目與事項，有涉及犯罪嫌疑者，一律移送法院。二、改組。使中央銀行改隸財政部或行政院，取消中央信託局。兩者歷年主持之人，在其主持下產生眾多觸刑章之事，應負責一齊罷免。其有牽涉刑事者，應一併送交法院。

傅斯年的這一提案，《大公報》立即做了詳細報導，特別強調，「其中國庫局職員私購美金儲券一案，情節重大。」參政會大會討論了這一提案，做了必要的修改後，決議通過，並送請政府迅速切實辦理。

此前，傅斯年只是「風聞」美金公債發售的貪瀆事情，沒有掌握詳盡的材料，因而在參政大會上質詢司法部長謝冠生時，稱國庫局「同人」，「因為分贓不均，便向主管當局告發」云云。國庫局的兩位年輕人便主動找到傅斯年說明因由。傅斯年從兩位年輕人的陳述中，得知他們的揭發動機至為純潔，深受感動。幾位年輕人還向傅斯年提供了部分證據，介紹了更多的舞弊內幕。他們說，呂咸其人，「平日在局中，一切用度取給於公，其所行為，儼然孔公館之縮影，彼更使人隨便寫不合手續之賬，亦不以為諱。因習為故常，更恃靠山也。」他們向傅斯年說：「局中青年愛國之士久感不安，並因記賬等事與呂氏心腹衝突者」，已有多人。他們勇敢地將公債舞弊之事揭發之後，他們當中的許多人已多次受到警告、恫嚇。為防不測和意外加害，其中有人已經立下了遺囑。傅斯年聽罷，情動於衷，安慰他們說：「諸君愛國熱情，不避險難，至可佩。」他表示，一定與他們一起，將這件貪腐大案徹查到底！

傅斯年與孔祥熙早有「過節」。當然，他們之間不是個人恩怨，而是立德立言的標準不同。傅斯年特別看不上孔祥熙假公濟私，任人唯親，拉幫結派，違法經營的齷齪之事。從本質上講，傅對國民政府和蔣介石本人抱有幻想，他真誠地希望國家獨立、振興，驅逐倭寇，建國復興。當選為國民參政員後，傅斯年更以天下為己任，常在陪都的集會場合指點江山，激揚文字，對黨國大事發表宏論，而且口無遮攔，言辭犀利。一日，他與老友程滄波論及國民政府的幾大院長。論考試院的副院長孫科，說：「猶吾君之子也。」論監察院長于右任，說，乃是「老黨人且是讀書人」。論考試院長戴季陶，說：「阿彌陀佛。」論到行政院長孔祥熙，傅斯年突然高聲作義憤狀：「他憑哪一點？」

早在一九三七年七月十二日，傅斯年就直接致書蔣介石，揭露孔祥熙的種種劣跡和惡行，尤其是縱容夫人、兒子，勾結不法商人，大發國難之財的樁樁件件，切中要害。傅希望蔣介石以黨國大業為重，棄用孔祥熙，遠離這種小人。蔣介石自身也是「投鼠忌器」，有苦難言，自然沒有理會。

一九四〇年八月十四日，傅斯年致信遠在美國的老師胡適，詳述自己倒孔的六條理由，他指出，孔氏「貪贓枉法，有錢愈要錢，縱容其親黨無惡不作，有此人當局，政府決無希望」，「一旦國家到了更危急的階段，不定出何岔子」。因而，為「愛惜介公，不容不反對他」。傅斯年向老師表白：「我一讀書人，既不能上陣，則讀聖賢所學何事哉？我於此事，行之至今，自分無慚於前賢典型，大難不在後來參政會中，而在最初之一人批逆鱗也。若說（倒孔）有無效力，誠然可慚，然非絕無影響……至少可以說，他以前是個 taboo（禁忌），無人敢指名，今則成一溺桶，人人加以觸侮耳」。

傅斯年的嘴可真夠損的，直接把孔祥熙比作了尿桶。

蔣介石聽說傅斯年參政會上大出風頭，鋒芒直指孔祥熙，心中有些微微不快。儘管他也主張徹查美金公債舞弊之案，但他只是想在內部悄悄進行，若鬧得滿城風雨，世人盡知，一來姻親的面子過不去，二來黨國的信譽也會大打折扣。蔣介石擺下一桌豐盛的酒席，請傅斯年赴宴，試圖做些說和與安撫工作。

席間，蔣介石謂傅斯年曰：

「孟真先生你信任我嗎？」

「對委員長我是絕對信任。」傅斯年認真地回答，一副忠臣謀士的莊嚴樣子。

蔣介石輕輕一咳，說，「你既然信任我，那麼，就應該信任我所用的人。」言下之意，對孔祥熙你應手下留情，口下留德，切莫窮追猛打，必欲置至死地。

傅斯年聽罷恍然大悟，原來這是一場「鴻門宴」呀！他朗聲回答說：「委員長我是信任的。至於說因為信任你也就該信任你所用的人，那麼，砍掉我的腦袋，我也不能這樣說！」說這話時，傅斯年頗有些激動，臉漲成了醬紫色。現場的陪客無不大驚失色。蔣介石竟不失風度，沈默了一會兒，什麼也沒說，微微一笑，繞過了這個話題。

傅斯年自此聲名大振。他在參政會上的慷慨陳詞，往往是社會各界關注的焦點。有許多民眾趕往參政會旁聽，就是為了看傅斯年一眼，聽聽他轟鳴的「炮聲」。還有素不相識的人打聽：「傅先生今天發言不？」

七月二十日，本屆國民參政會閉幕，傅斯年「唱了最精彩的壓軸戲」。他向大會主席團提交了一份書面報告，交由副秘書長雷震在會上宣讀。報告的內容有三點：「一、國庫局舞弊證據已有一部分蒐集在手，已以之呈交主席團。二、請法院提出公訴，傅自願為證人，並已得提供證據之友人之同意，願同為證人。三、傅願絕對負法律責任，如無其事，亦願受反坐之罪。」傅斯年的報告令全場激動、興奮。他的好朋友、北大同學羅家倫為傅斯年捏了一把汗，會後問他說話何以如此肯定，傅斯年淡然一笑，說：「我若沒有根據，哪能說這話。」

一九四五年七月八日，滯留海外達十三個月之久的孔祥熙回到了重慶。此時，距蔣介石電召「速回」也一個半月以上了。

陳佈雷向蔣介石急報，「大炮」傅斯年不管不顧，已經在國民參政會上捅出了美金公債舞弊之事。聽說孔祥熙已回重慶，七月十一日，蔣介石緊急召見了他。會面時，蔣介石將公債舞弊的事實、人證、物證，以及調查經過，一一告訴了孔祥熙，囑咐他好自為之，端正態度，認真查處，藉以自保並維護政府信譽。不料孔祥熙強辭奪理，避重就輕，百般狡辯，「不肯全部承認」，蔣介石心中惱怒，直喊「可歎」！

第二天，蔣介石不得不抽暇親自審讀陳賡雅、傅斯年等人揭發舞弊之事的提案，準備駁斥孔祥熙文過飾非的惡劣態度。在掌握了案情的全部材料後，蔣下定決心，決定「全數追繳，全歸國庫」，他甚至想親自「負責解決」，或「任由參政會要求徹查」。他還在這天的日記中寫下感慨，「此固於政府國際信譽大損，然為革命與黨國計，不能不如此也。」也就是說，自該日始，蔣介石決定公開、嚴厲地處理孔祥熙一夥的美金公債舞弊案。

十三日下午，三天之內，蔣介石第二次召見孔祥熙，查案心情迫切的蔣介石，居然不顧辦案和調查的忌諱，「直將其人證、物證與各種實據」，交由孔祥熙披閱。沒想到，在鐵證面前，孔祥熙仍是堅決否認，甚至賭咒起誓。蔣介石的心悲涼到了極點，他覺得，孔根本就不配做一名「基督徒」。於是，蔣介石動了真怒，板起面孔，「嚴正申戒」了這個共事多年的老戰友、老姻親。遭到連襟的一頓搶白，孔才極不情願地「默認」舞弊貪腐之事。皈依耶穌多年的蔣介石，火冒三丈之後，也自覺不妥，他明白，孔祥熙不像一個「基督徒」，而他自己卻要維護「基督徒」的形象。見孔不再狡辯，蔣的態度也漸趨溫和，並「囑其設法自全」。當然，這一場無名之火仍令蔣介石耿耿於懷，他在日記中寫道：「見庸之，彼總想口辯掩飾為事，而不知此事之證據與事實俱在，決難逃避其責任也。余以如此精誠待彼，為其負責補救，而彼仍一意狡賴，可恥之至！」能惹得蔣介石在日記中痛罵「可恥之至」的人，的確不多。孔祥熙也算是將蔣惹到了極致。

十四日上午，蔣介石三召孔祥熙談話。連續被委員長耳提面命，孔祥熙自知，這次是不能輕易過關了，只好表態，查繳非法所得，嚴肅處理此案。蔣在日記中記載：「彼承認余之證據，並願追繳其無收據之美金公債，全歸國庫也。」

七月十五日是星期天，一周既過，蔣介石例行在日記中反省上周之事，感慨良多：「傅斯年等突提中國銀行美金公債舞弊案，而庸之又不願開誠見告，令人憂憤不置。內外人心陷溺，人慾橫流，道德淪亡，是非倒置，一至於此！」

其實，孔祥熙決不甘心束手就擒，他一刻也沒有停止負隅頑抗。就在蔣介石三番五次詢問、訓斥，傅斯年在參政會上「大開其炮」之時，一天夜裏，孔祥熙審問了國庫局局長呂咸，得知呂膽大包天，公然造假，且手法拙劣，破綻百出的情形後，盛怒之中的孔祥熙甩手給了呂咸兩記耳光。當夜，孔祥熙就令呂咸調來十幾個心腹，連夜作賬，應付審查。孔還將蔣介石交給他閱讀的檢舉材料，直接交給呂咸閱看，以便根據檢舉，編造假賬，堵塞漏洞。蔣介石聞聽後，又是痛心疾首：「彼將余所交閱之審查與控案而反示審查人，其心誠不可問矣！」

美金國債停售之後，剩餘部分已被孔祥熙、呂咸等人低價私分。蔣介石窮追不放，定要收繳入庫；而孔祥熙等人恰如咬住了一塊大肥肉，豈能輕易張口吐出？蔣、孔較勁的焦點就在這裏。孔祥熙上書蔣介石，聲稱國債購買人「無可查考」。他在〈關於美金公債銷售情形之折呈及節略〉中稱：「人民購買均係款債對交，至各戶戶名均係本人自報，按照售債向例，無須詳細記載」。

人慌無智。孔祥熙為自圓其說，竟玩起了這種幼稚的小兒科般的把戲。這也是他的無奈。人不可惡意說謊。說了第一個謊，就要編造第二個謊去圓第一個謊……一謊一謊地編下去，總有被戳穿的那一個。孔祥熙忘記了，最初他向蔣介石解釋，為什麼停售之後仍繼續兌出美金國債，是因為這都是些預售戶和預定戶，照理不能不付給。而在這份報告中，孔又稱買主「無須詳細記載」，故「無可查考」。

蔣介石扼住心中怒火，親自撰文。且連致三函，質問孔祥熙：

> 門市現款購債自可如此辦理，但既稱為認購戶或預售戶，而認購之戶一不繳納分文定金，二不填具認購單據，中央銀行亦不給予准許認購若干之證件，三無確實姓名住址之記錄，則停售之後，各認購戶究竟憑何證據向中央銀行交款取券？行方人員又憑何根據付給其債券？是否僅憑該認購戶口頭申報或人面熟悉，既行付給債券？此種情形，即一普通商號對私人定購些微貨物，亦決無此理，何況政府機關之國家銀行？辦理巨額外匯債票之收付，乃竟如此草率，何能認為合法有效？

堂堂一國元首，被屬下逼得就如此幼稚的問題打「筆墨官司」，也算是國民政府的一大奇聞。既然已經展紙揮毫，蔣介石乾脆一鼓作氣，在信中向孔祥熙質問：停售美金公債的命令公佈之時，美債價格已比發售之初大大高漲，為何仍按最初的低價出售：

> 查認購各戶取券時期皆在三二年十一月二十三日以後至三三年六月一段時間，距三二年十月十五日停售之期少則月餘，多則六七個月。其時美債價格高漲一倍至十餘倍之多，而認購各戶仍按國幣二十元折合美債一元之原價交款取券。以在法理上毫無拘束之認購，此時何得享此意外之特殊利益，而損失國家之寶貴外匯？

蔣介石在信中嚴厲指出：「此一期間，認購各戶所領去一千六百六十萬餘元之美金公債，必須由兄責成經辦人員，負責全數繳還中央銀行，限期嚴密辦妥。」

蔣介石心知肚明，這一千六百六十餘萬元美金公債，正是被孔祥熙、呂咸等人枉法貪墨，這夥蟊賊非吐出來不可。當然，他知道，「庸之對一六六零萬美金公債總不願承認也。」

孔祥熙明白，這麼大一塊到嘴的肥肉，吐出來太可惜了。而且，一旦吐出，貪贓枉法之事便板上釘釘，無可逃脫了。

那幾天的孔祥熙，像熱鍋上的螞蟻，四面楚歌，窮於應付。陳賡雅提案檢舉他有一千一百五十餘萬美金公債去向不明，他便著人編造報告，聲稱分三次解繳入庫。「第一次，三百五十餘萬元，已由國庫局交業務局，其中二百零二萬餘元，係以前認購各戶交款交割，餘款一百四十七萬餘元，係由中央銀行自購」；「第二次，七百六十五萬餘元，由國庫局交業務局」；「第三次，三十五萬五千元，由中央銀行同仁認購，共收債款七百十萬元」。

這樣一份牽強附會，明顯弄虛作假的報告，連孔祥熙都不敢面呈蔣介石。老謀深算的孔祥熙靈機一動，竟讓長女孔令儀代為呈蔣。孔令儀聰明可愛，自幼深得蔣介石宋美齡夫婦喜愛，孔祥熙試圖用親情打動蔣介石。他可真是打錯了算盤，蔣在日記中給他重重地記了一筆：「庸之圖賴如前，此人無可理喻矣！」

那幾日，蔣介石為孔祥熙公債舞弊之事搞得心情極差，苦惱不堪，整夜「為庸之事不勝苦痛憂惶，未得安睡」。

二十二日中午，陳佈雷向蔣介石報告，孔祥熙又生枝節，表示，那些不知去向的公債，恐怕已經落入了外國人之手。蔣介石聽罷，覺得到了此時，孔還不肯承認自己舞弊，編造各種藉口為自己逃脫，深為痛憤。一氣之下，連多年養成習慣的午覺也睡不成了，這天的日記云：「更覺此人之貪劣不可救藥，因之未能午睡。」

事情總要有個了斷。硬著頭皮扛是扛不下去的。七月二十四日，孔祥熙致函蔣介石，為自己和中央銀行國庫局做了全面辯解。

（一）關於認購戶。孔祥熙在信中說，發行美金公債歷時年餘，債券分散各地，不能預計何時到渝，故主管局對於認購各戶只能請其待券到後繳款交割，不能責其預繳價款，或交納一部分定金。後來各地陸續繳到債券，黑市市價雖然略漲，但認購在先，自不應以黑市價漲而不交割，致失國家銀行信用。孔稱：「以今視之，手續誠不無可議，而證以當時情形，實非故意草率可比。」

（二）關於損失國家。孔祥熙說，當初發行美債，原意在於協助民生經濟、生產建設，戰後據以購進機器材料，藏富於民。因此，就整個國家言，並無損失。抗戰中，中國為美方在華人員墊付大量經費，需要美方用外匯歸還，因此，「必須盡力設法壓制外匯黑市之上漲，方屬於國有利」。

（三）關於購戶。孔祥熙說，債券發行本屬無記名交易，向無記錄帳冊，僅記債券面額款項即可。券款交割之後，承購人在此戰時遷徙無常，自難尋找。

（四）關於繳回停售後的餘額債券。孔祥熙說，鈞命雖限期繳回，但據主管陳覆，限於事實，無法奉行。經再三籌慮，反覆研討，都認為「此事處理設有不慎，影響國家信譽過巨」。孔祥熙建議，以「停付凍結」的辦法「秘密取消」。

真是兵來將擋，水來土囤。孔祥熙的這封信函，逐一回應了蔣介石批示和參政員的指控，將他自己及主管部門的責任推得一乾二淨，甚至威脅蔣介石，一旦強行追繳停售後繼續交割的債券，「影響國家信譽過鉅」。

讀了孔祥熙這封拒不認錯、強辭奪理、胡攪蠻纏的狡辯信，蔣介石徹底看清了孔祥熙的真實面目，他下定決心不讓孔祥熙繼續擔任中央銀行總裁了。他甚至自責，「撤孔之舉，猶嫌太晚矣」。

這一天的正午，蔣介石簽發手諭，同意孔祥熙辭去中央銀行總裁之職。同一天，蔣又給孔祥熙發出指示：

> 該行經辦人員辦事顢頇，本應嚴懲。姑念抗戰以來努力金融，苦心維持，不無微勞足錄。茲既將其經辦不合手續之款如數繳還國庫，特予以從寬議處。準將國庫局局

長呂咸、業務局局長郭錦坤免職，以示懲戒為要。

孔祥熙去職之後的七月三十日，蔣介石召見了傅斯年，稱讚傅的揭發「極好」。八月一日，傅斯年致函夫人俞大彩，高興地寫道：「老孔可謂連根拔去（根是中央銀行）。」「老孔這次弄得真狼狽。鬧老孔鬧了八年，不大生效，這次算被我擊中了，國家已如此了，可歎可歎。」

貪官既倒，全民歡歌。司法界挺身而出，要求依法辦案，以律懲處。重慶地方法院向中央銀行發函詢問；最高法院總檢察署發公函向傅斯年索要材料，「以憑參考」。檢察長鄭烈在報紙上發表通告，號召各界揭發腐敗、貪污分子。鄭烈八月二日專函傅斯年，告以「此事以鄙意度之，決可成案，已交本署葉、李檢察官偵辦，弟親自主持」。鄭烈深深敬重傅斯年嫉惡如仇的凜然大義，稱自己「滿腔熱血，不知灑向何地。此事如得公助，巨憝就擒，國法獲申，當泥首雷門以謝也。」拳拳報國懲貪之心，誠可見也。

此時的蔣介石左右為難。他在日記中寫道：「免除孔庸之中央銀行總裁之職，實為公私兼全與政治經濟之成敗最大關鍵也。」所謂「公」，當然是指國民黨及國民政府的執政、掌權；所謂「私」，指的是蔣介石本人與孔祥熙之間，以及與宋靄齡和宋美齡的關係。蔣若想「公私兼全」，自然不可能徹底、公正地處理此案。因而，一方面，蔣介石表示，「免除庸之中央銀行總裁與改組行政院實為內政重大之改革也」。一方面，他又投鼠忌器，難下決斷，「晚檢討中央銀行美債案，處置全案，即令速了，以免夜長夢多，授人口實。」對孔祥熙的貪贓枉法，蔣介石恨由心生，憤之不已：「惟庸之不法失德，令人不能想像也。」

八月十七日，蔣介石約司法部長謝冠生，以及俞鴻鈞、陳其彩會商辦法，令他們「速了」。十天後，陳、俞二人向蔣介石呈上了書面報告。已深得蔣介石心曲的二位大員，將此案的性質輕描淡寫地定性為：「未按通常手續辦理，容有未合」，「亦有未妥」，而且，債券已經追繳，責任人呂咸、郭錦坤免職，此案亦屬處結完畢。蔣介石接到報告後，未有新的指示。各方心領神會，轟動一時的美金公債舞弊案就此畫上句號。「傅大炮」在痛快地轟鳴了一陣之後只好「噤聲」。不久，他又把自己的炮口瞄向了新任行政院長宋子文。大聲疾呼：「這個樣子的宋子文非走不可」。當然，此為後話。

蔣介石從孔祥熙公債舞弊案中接受了許多教訓。首先，行政院長決不可再兼任中央銀行總裁，以至權力膨脹，尾大不掉，為所欲為，失去控制。其二，中央銀行總裁必須是他的心腹之人，須絕對可靠。宋子文接替孔祥熙出任行政院長時，本想安排他的人出任中央銀行總裁，甚至將此做為擔任行政院長的先決條件。蔣介石面召宋子文，毫不客氣地告訴他：「中央銀行總裁人選，非絕對服從余命令，而為余所信任者不可。以此二十年來所得之痛苦經驗，因此不能施展我建軍、建政，而且阻礙我外交政策莫大也。」見蔣介石決心如此之大，宋子文只好作罷。孔祥熙之後，蔣介石任命俞鴻鈞為國家中央銀行總裁。

蔣介石追隨孫中山先生革命多年，本質上他是一個民族主義者。與宋美齡結婚後，又皈依基督教，早晚誦讀聖經，反躬自省，從未間斷。無論外界有多少流言蜚語，從近些年來解密的蔣介石日記、事略稿本等文獻研判，蔣介石的私德是嚴謹的，操守是持正的。自一九三五年倡導「新生活運動」以來，他便堅持做到了不吸煙、不喝酒、不喝茶。張學良西安兵變，囚禁了蔣介石，是一本《聖經》伴他度過孤寂而生死未卜的日子。傳統文化中，蔣介石信奉禮、義、廉、恥四維和忠、孝、仁、愛、信、義、和、平八德。退居臺灣後，他將「八德」嵌進了臺北市的路名。今天，漫步在臺北繁華鬧市，你會時不時地路過忠孝路、仁愛路、信義路、和平路，這是蔣介石弘揚中華傳統美德的良苦用心。

隨著時間的推移，相信會有更多的文獻、檔案昭示於天下，以便讓我們從更多的角度，更豐富的側面研究蔣介石，瞭解蔣介石。

主要參考文獻

《找尋真實的蔣介石》，楊天石著，山西人民出版社，二〇〇八年五月第一版。

《陳寅恪與傅斯年》，岳南著，陝西師範大學出版社，二〇〇八年六月第一版。

《傅斯年與中國文化》，布占祥、馬亮寬著，天津古籍出版社，二〇〇六年三月第一版。

東北劫掠

石鍾揚教授在他的胡適研究專著中指出，胡適晚年說，他到一九四一年才看破社會主義而不再嚮往。最終使胡適放棄「二十多年對新俄的夢想」的，是《雅爾達協定》和戰後蘇聯對中國東北的清洗。

《雅爾達協定》和蘇聯紅軍對東北的大劫掠，其實是前因後果的一件事情。《雅爾達協定》是因，蘇聯「對中國東北的清洗」是果。

時空悠悠。今天的中國人如果說對「雅爾達會議」和《雅爾達協定》通過查閱資料還略知一二的話，那麼對「東北劫掠」就幾乎是聞所未聞，或所知甚少了。

歷史是抹不掉的。無論當事人和當時之人出於何種目的，極力掩蓋和回避某一歷史時期或某一歷史事件，最終都將是無益和徒勞的。真實的歷史，遲早有一天會像吹沙見金一般完整地呈現在人們面前。無論它過去了多少時光，無論它經歷了多麼殘酷和坎坷的磨難……

雅爾達會議及《雅爾達秘密協定》，是人類現代文明史上一個不太光彩的印記。第一次世界大戰後中國外交官陸徵祥所說的「弱國無外交」，在雅爾達會議上再一次得到印證。

一九四五年二月四日至十二日，在克里米亞半島南端的雅爾達小鎮上，蘇美英三國首腦舉行了一次歷史性的會議。史達林、羅斯福、邱吉爾率各自外長和最高軍事將領蒞會。這是一個即將勝利的三大國重新瓜分世界的會議。其時，第二次世界大戰的結局已經明朗，義大利墨索里尼的法西斯統治垮臺了，德國的希特勒窮途末路，苟延殘喘地進行最後的掙扎，中國和亞洲戰場上的日本侵略者遲早要被正義的鐵拳打得粉碎。世界格局需要重新規範，法西斯主義必須永遠剷除，戰爭發起者應該受到應有的懲罰，無辜的國家和人民應該得到賠償……這本是毫無異議的正當之舉。只是這一切，應該在相關各國廣泛參與和充分協商的基礎上進行。

蘇美英三國等不及了，他們越俎代庖，替弱國、小國們作主，在談判桌上重新劃分了各自的勢力範圍和未來世界的全新版圖。

史達林、羅斯福、邱吉爾一致認為，必須根除法西斯制度，消滅德國納粹黨，解除德國的武裝。德國將被分為四個佔領區，蘇聯佔領東部，英國佔領西北部，法國佔領西部，美國佔領西南部。波蘭的邊界應重新勘察、界定，聯合國會議應儘早舉行，等等。

關於遠東戰場和對日作戰，三巨頭各自盤算，各有腹計。英國鞭長莫及，不感興趣，幾乎就是退出了染指遠東的競爭。美國原先的設想，是通過佔領日本而獲得控制亞洲的橋頭堡。但在太平洋上的琉璜島、中途島、塞班島、天寧島等島嶼與日軍的殊死爭奪中，讓美軍士兵大吃苦頭。日本軍隊以武士道精神拚死抵抗，不戰至最後一個人、不戰至最後時刻絕不罷手，許多島嶼上的永久性防禦工事，美軍就是無法攻入其中，負隅頑抗的日本士兵拒不投降，血戰到底，美軍只好以水泥封死洞口，讓這些永久性工事成了日本軍人的墳場。攻佔幾個島嶼尚且如此艱難，進軍日本本土，抵抗可想而知。羅斯福承受不了美軍士兵大量陣亡的壓力，只好將遠東的勢力範圍讓給了蘇聯。

史達林當然不是傻瓜。他開出的條件竟也十分苛刻。蘇聯同意出兵中國東北，與七十萬裝備精良、訓練有素的日本王牌關東軍作戰，但必須滿足他的附帶條件。邱吉爾一向對中國不屑一顧，羅斯福對國民政府大有恨鐵不成鋼之意。史達林的強硬態度，順利地得到了英美的贊同。三大國聯手擬就了雅爾達秘密協議。

蘇美英三國雅爾達協定（摘要）

（一九四五年二月十一日）

蘇、美、英三國領袖同意，在德國投降及歐洲戰爭結束後兩個月或三個月內蘇聯將參加同盟國方面對日作戰，其條件為：

一、外蒙古（蒙古人民共和國）的現狀須予維持。

二、由日本一九〇四年背信棄義所破壞的俄國以前權益須予恢復，即：

（甲）庫頁島南部及鄰近一切島嶼須交還蘇聯。

（乙）大連商業港須國際化，蘇聯在該港的優越權益須予保證，蘇聯之租用旅順港為海軍基地須予恢復。

（丙）對擔任通往大連之出路的中東鐵路和南滿鐵路應設立一蘇中合辦的公司以共同經營之；經諒解，蘇聯的優越權益須予保證而中國須保持在滿洲的全部主權。

三、千島群島須交與蘇聯。

地球就好像一塊香甜無比的大蛋糕，大國首腦們談笑間就你一塊、我一塊地瓜分完畢。當然，這些瓜分協議是極端秘密的，蘇美英三國只是通報了相關國的政府，對世界各國和全世界人民，是斷然沒有吐露半個字的。尤其是對中國的媒體和人民，保密更為嚴格。

《封面中國》的作者李輝寫道：從這一秘密協定條款可以看出，蘇聯得到了它在遠東想要的一切。無疑，在雅爾達會議的桌子旁，最大的贏家是史達林。

從本質上說，史達林秉持了俄羅斯歷代沙皇的帝國思維：擴張和攫取是他們永恆的主題。

美國駐華使館官員大衛斯的回憶坦率而直白：

作為對所要求得到的好處的回報，蘇聯表示「願意」和中國國民政府締結友好聯盟條約。應當特別一提的是，邱吉爾認為，協議是美蘇之間的一種安排，簽字不過是走走形式。

雅爾達協定及其附件是一筆交易，美國人是交易的始作俑者，使俄國人同意了參加對日作戰。為了酬答這種效勞，美國人承擔把帳單交給中國人，由他們向俄國人付賬。始作俑者期望得到的好處就是快些打敗日本和節省美國人的生命。然而，這個包辦的設計在幾方面都是有缺點的。使俄國人參加太平洋戰爭是不必要的。它並不曾加速日本的敗北，也沒有節省美國人的生命。它使華盛頓看來好像是莫斯科在重慶的收款員。而且協定無需使之合法化，至少在全部讓出千島群島上欠思考，這是蘇聯在太平洋勢力的一次擴張。

戰爭的轉機在一夜之間出現了。美國的「曼哈頓計劃」進展順利，可以用於實戰的原子彈被製造了出來。一九四五年八月六日清晨，一架美軍的B－29遠端戰略轟炸機，載著人類歷史上的第一顆原子彈「小男孩」，從塞班島簡陋的機場起飛，向日本本土飛去。上午九時十五分，日本城市廣島上空燃起了一個小太陽般的火球，原子彈巨大的破壞力幾乎將廣島夷為平地，人員傷亡巨大，景象慘不忍睹。八月九日上午十一時三十分，另一顆原子彈「胖男孩」在長崎爆炸，同樣造成人員和財產的極大毀滅與破壞。

日本震驚了。天皇震驚了。天皇立即下令起草停戰詔書，準備接受戰敗的事實，以避免日本人民和財產的更大損失。

精明的史達林知道，對日作戰的最佳時機來到了！八月九日零時，在距第二顆原子彈爆炸不足十二小時之際，匆忙集結的一百五十萬蘇聯軍隊，越過中蘇、中蒙邊界，開進了中國東北地區。七十萬日本關東軍不戰而降，就地繳械。蘇聯紅軍兵不血刃，毫不費力地佔領了東北全境。

戰略家的偉大在於他對局勢的把握精準而獨到。史達林最知道蔣介石需要什麼。他立即派出代表與蔣介石的國民政府談判訂立《中蘇友好同盟條約》。蘇聯的談判代表是外交部長莫洛托夫，中國的談判代表是外交部長宋子文以及繼任外長王世杰。這次談判，讓宋子文非常糾結，一個多月的時間裏，談判數度中斷。蘇聯的條件實在太苛刻了，宋子文不敢再談下去了。他曾多次表示，我不會再回到談判桌前了。在重慶，宋子文對美國駐華大使赫爾利抱怨：「我完全垮了。」他甚至說：「這個擬議中的與蘇聯的協定，對負責這個協定的來說，會是政治上的毀滅。」

史達林一副胸有成竹的樣子，他甚至不去理會中國政府代表的種種解釋、交道，撇下這幫遠道而來的客人，徑直去波茨坦出席德意投降會議了。他只是在一個適當的場合對宋子文說，如果達不成協議，「共軍將進入東北」。回國覆命的宋子文向蔣介石轉述史達林的這句話時，蔣嚇得心驚肉跳，急命宋子文返回莫斯科，盡可能達成一致，簽署協定。當然，史達林手中還有另外一張王牌。他表示，簽署了協議，將是另外一種局面。史達林親口對中國的談判代表承諾，「一切援助都將給予中國國民政府」，而不是給予中國共產黨。這個意思，在《條約》所附的照會中被準確表述為：「蘇聯政府同意予中國以道義上與軍需品及其他物資之援助，此項援助當完全供給中國中央政府，即國民政府。」這讓蔣介石大喜過望。蔣介石知道，沒有了蘇聯的秘密支持，毛澤東領導的中國共產黨的軍隊及其根據地，是無法長久維持的，更失去了與國民黨軍隊抗衡的能力及基礎。這個餌料實在是太誘人了，蔣介石不管不顧誘餌當中包裹的是什麼樣的釣勾，義無反顧地咬了下去。

《中蘇友好同盟條約》附帶條件的第一款便是外蒙古獨立。

言出行隨。既然簽了協議，就得認下這壺酒錢。一九四五年八月二十四日，在協定簽署僅十天之後，蔣介石便在國防最高委員會和國民黨中常會臨時聯席會上特別解釋了外蒙古獨立問題。他說：「外蒙自北京政府時代民國十一年起，事實上已完成其獨立的體制，如今已屆二十五年。當此世運一新之會，正重敦舊好之時，我們必須秉承國民革命的原則，和本黨一貫的方針，用斷然的決心，經和平的程式，承認外蒙之獨立，建立友好的關係，使得這個問題能夠完滿的解決。否則將使中國與外蒙古之間，永無親善之可言，其對於國內安定與世界和平，更將因此而發生重大的影響。」蔣介石的這些承認外蒙古獨立的理由，實在牽強附會。事實已經證明，與外蒙維持不統不獨局面二十五年，反而相對平靜，相安無事。外蒙一旦獨立，邊界問題便接踵而至，矛盾和糾紛層出不窮。

外蒙古政府遂於九月二十一日決定，在十月十日至二十日之間進行是否獨立的公民投票，並同意中國政府派代表參觀投票過程。

公民投票於十月二十日舉行。中華民國政府派內政部次長雷法章率領由蒙藏委員會、軍政部和內政部官員組成的代表團赴外蒙古參觀投票全過程。外蒙古全境共設四千二百五十一個投票點，凡年滿十八歲的公民均有權參加，投票採用公開記名簽字的方法，決定對獨立是

「贊成」還是「反對」。據公佈，在有投票權的四九四九六〇人中，有四八七四〇九人參加了投票，百分之百同意外蒙古獨立。誰都知道，投票只是個形式，尤其是這種「公開記名簽字」的投票方式，更是同兒戲一般。

一個時期以來，一直有這樣一個說法，說是外蒙古獨立是中國共產黨和新中國為討好史達林，或是迫於史達林的壓力而同意。在中華民國出版的地圖上，外蒙古仍然屬於中國領土。這是一種歷史的無知和幼稚。正是蔣介石和中華民國政府，一手促成了外蒙古的獨立。

匆忙集結起來的一百五十萬蘇聯軍隊，既有正規軍，也有地方武裝，甚至還有一些社會混混、無業遊民和刑滿釋放人員。稱他們烏合之眾似乎並不為過。這樣一支成分複雜的軍隊，一旦成為東北新的主人之後，帶給飽經日本軍國主義鐵蹄壓榨的東北人民，不僅僅是解放，也有蹂躪。

張正隆在他的長篇報告文學《雪白血紅》中有過這樣的描寫：

> 買東西不給錢是常事。連全副武裝的八路軍都敢搶，老百姓還在話下？
>
> 最難以忍受的是糟蹋女人。光天化日，在大街上就追，就拉。人們天不黑就關門，有的還把胡同堵死。鳳凰城沒駐蘇軍，不知從哪兒跑去一個，滿大街追女人，把座縣城鬧得雞飛狗跳。駐在當地的冀東部隊，不得不把這個「老大哥」抓起來，送交安東蘇軍衛戍司令部。

……

最慘的是亡了國的日本女人。蘇軍到處，跑不及的就「削髮出家」。當「和尚」也躲不過去，日本人居住區白天晚上都能聽到慘叫聲。實在受不了，有的就主動送去一些，希圖能夠保全多數。有的跑到八路軍駐地，跪地痛哭，請求「八路太君」給予保護。

那一年的冬天，二十一歲的臺北人許長卿到瀋陽火車站送朋友，一轉身就看到這樣驚人的一幕：

瀋陽火車站前有一個很大的廣場，和我們現在的臺北總統府前面的廣場差不多。我要回去時，看見廣場上有一個婦女，手牽兩個孩子，背上再背一個，還有一個比較大的，拿一件草席，共五個人。有七、八個蘇聯士兵把他們圍起來，不顧眾目睽睽之下，先將母親強暴，然後再對小孩施暴。那婦女背上的小孩被解下來，正在嚎啕大哭。蘇聯兵把他們欺負完後，叫他們躺整列，用機關槍掃射打死了他們。

許長卿所見到的，很可能是當時在東北的日本婦孺的遭遇。

無論一支何種性質的軍隊，軍紀嚴明應該是基本素質。鐵的紀律、統一的意志，軍令如山，令行禁止，這是精神，是境界。朗朗日光之中，大庭廣眾之下，公然就脫下褲子，強姦婦孺，簡直是天理不容、禽獸不如。何況被害人只是戰敗國的平民百姓，就是放下武器的戰俘，也應該給予尊重和人道主義的待遇。

東北老百姓忍無可忍，背地裏指斥這些蘇聯士兵：「老毛子」太躁性了！

一九四五年一月，當時二十七歲的索爾尼仁琴是蘇聯紅軍的一名炮兵上尉，他跟隨部隊佔領了德國控制的東普魯士地區。紅軍士兵對德國和普魯士平民的暴行，讓索爾尼仁琴久久不能釋懷，他寫下了一首一千四百行的長詩，記錄他所見到的「普魯士之夜」：

小小女孩躺在床上，
多少人上過她——
一個排？一個連？
小小女孩突然變成女人，
然後女人變成屍體……

龍應台評價，這首詩其實寫得蠻爛的，但是，它的價值在於，索爾尼仁琴是個現場目擊者。

後世研究者應當關注的是，索爾尼仁琴是不是在那個普魯士之夜而後，成為了一個堅定的自由主義者、人權維護者而與蘇聯主流意識形態分道揚鑣了？

中共高級將領在當時的電報和事後的回憶中，對蘇聯紅軍惡劣的軍紀、兵痞作風記錄詳實，嘖有煩言。曾克林說：「在奉天之紅軍士兵生活甚苦，衣裳襤褸不堪，紀律甚壞，強姦事甚多，曾每日將紅軍士兵違犯紀律事實向紅軍政治部彙報……但仍無法維持」。伍修權回憶說：「蘇軍進入我國東北的部隊，有的紀律相當壞。據反映在他們的連隊裏，有部分士兵不是正規軍人，而是一些刑事犯人，……這些人原來不是正路人，來華後又以勝利者自居，不斷酗酒滋事，甚至騷擾群眾，在瀋陽的大街上，時常見到醉酒的紅軍士兵，……後來他們撤出東北回國時，又從工廠的機器設備到日偽人員的高級傢俱等等，都一一拆運帶回蘇聯。」

更有甚者，中共高級將領、松江軍區司令員盧冬生在制止蘇軍士兵的搶劫行徑時，竟被這些士兵殺害。

蔣介石此刻的日子也不好過。《中蘇友好同盟條約》的簽訂，尤其是外蒙古獨立、租借旅順、大連通商、合辦中東鐵路及南滿鐵路等屈辱條件，讓國民黨內的強硬派大為不滿。主持談判的國民政府外交部長王世杰，成了眾矢之的，不斷受到撻伐和聲討。蔣介石心知肚明，不把蘇聯拉過來，他就無法完成「反共救國」的大計，為了根除他的心腹之患——共產黨及其根據地——什麼樣的條件他都會答應。一九四五年九月十八日，在紀念「九一八」事變十四周年的日子裏，蔣介石發表了他對東北同胞的第一次廣播講話，大談中蘇友好，大講中蘇合作。蔣介石說：「由於盟邦蘇聯的軍事援助之下，實現了開羅宣言及波茨坦公告，而我們東北同胞亦由此得到了解放，重返了祖國。最近將來，我們的行政人員及我國的軍隊就要來到東北，與我們隔絕了十四年之久的親愛同胞握手言歡。」

蔣介石描繪了今後建設東北的方針：「第一，我們必須發揮自己的力量，以奠定建設的基礎。第二，我們也要獲得盟邦的援助，以完成建設的全功。」蔣介石特別表示，「至於希望盟邦協助的方面，包括經濟上的援助和技術上的協力而言。尤其是對我盟邦蘇聯業已訂立了三十年友好同盟條約，此後中蘇兩國唇齒相依，守望相助，東北同胞，首先蒙受利益，我東北同胞必須重視這個友誼，真誠相處，以增進兩國的邦交，實現我們國父共同奮鬥的遺教，完成我們建設的大業。」

史達林出兵東北，既有政治方面的考慮，也有經濟方面的盤算。從某種意義上說，經濟利益甚至超越了政治利益。

平心而論，第二次世界大戰期間，蘇聯人民蒙受了巨大損失，家園被毀壞，人民遭塗炭，犧牲的士兵和死難人民的數量，平均到蘇聯每一個家庭一人以上。蘇聯政府及其人民獲得戰爭的賠償是理所當然的。然而，蘇聯好像做得著急了一點，無論是在歐洲還是亞洲，蘇聯佔領軍每到一地，便以戰利品之名大肆接收當地資產。對於機器設備，則悉數拆卸，運回蘇聯。

蘇聯紅軍進佔東北之初，在山海關、大連、瀋陽一帶駐紮重兵，六親不認，既不准八路軍出關，也不准國民黨軍隊入滿。本以為它是以國際慣例，駐軍東北，保一方平安，恢復秩序和經濟，履行佔領軍的責任和義務。事後才明白，原來他們是以此爭取時間，大肆搜羅財富，裝運設備。

其實，國民黨對蘇聯在東北的作為所知甚多。接收大員畢竟是國民政府派出的代表。熊式輝和張嘉璈來到東北後，所見所聞怵目驚心，他們在給蔣介石的報告中，都提到了蘇軍在東北的惡劣行徑。熊式輝報告說，金融業，現鈔均被提走，銀行全部停業；交通業，滿洲里至綏芬河鐵路已改為寬軌，公路、鐵路車輛「均為蘇軍徵發運赴它處」；工業，「重要工廠機械已有多數撤去」；通訊業，電報電話完全停頓。熊式輝的結論是：「照上述情形，經濟方面，前途十分棘手。」張嘉璈在報告中寫道：「工廠機器大宗均被拆遷，即電廠電機亦已部分拆走，交通通訊工具多數拆運，甚至機關傢俱亦多搬走，都市成一空城。」

據事後統計，東北著名的豐滿、撫順、阜新電廠，鞍山、本溪鋼廠及煤炭、機械、化學、水泥工業均受到嚴重破壞。實在無法拆除的大型機器和設備，蘇軍士兵便將其搗毀或炸掉，甚至機器上的皮帶，也用刀跺得寸斷，以徹底報廢。

蘇軍還在東北發行軍用票，用途超出原協議範圍，擴展到民用領域，用以任意購置物資，助長了通貨膨脹。蘇軍撤離後，中央銀行在東北收兌了六至七億元的蘇軍軍用票。這實質上是蘇軍花錢，中國政府買單。此種惡劣行為，實在是欺人太甚！

如果說，從一九〇五年日本人開發本溪煤田開始算起，東北的工業化之路至二戰結束，已經走過了四十年的艱辛歷程，打下了良好的基礎，逐步實現了優勢產業的規模化，蘇軍的大肆掠奪，使東北工業陷入了沒頂之災。

《大公報》著名記者徐盈，在一九四八年三月至五月訪問了本溪、撫順的一些企業，用他細膩的筆觸，記錄工程技術人員和工人們怎樣克服困難，搶修、搶救被蘇軍破壞的設備，因陋就簡，努力恢復生產。

徐盈訪問了本溪煤礦公司總經理，他寫道：

張松齡總經理從三十五年九月（一九四六年九月）到本溪，經過了一年半的風浪後，他這樣說道：「東北的工人真好，他們原本也分不出誰是中央，誰是八路，他們只是要工作；假如說後來有什麼不好，那都是外來人給帶去的，我們自己要負更大責任。一直到我們撤退，他們也沒有阻止我們，大家只是希望一點，看守著一切，誰也不要破壞。」

徐盈在他的通訊〈本溪湖的嗚咽〉中接著寫道：

鋼鐵專家靳樹梁先生在三十五年五月去接收的，一切仍維持原狀，工人留下的有七千人，生產出的煤不夠自己轉動使用。我們的電廠有兩個一萬四千千瓦的機器都被炸毀，小豐滿的水電等不到（到九月份才來），只有先開動了一部二千千瓦的小電機，專為礦坑抽水，使工作恢復前不至於淹沒。

……

本溪湖先後完成的兩個二百噸爐，隨時可以煉鐵，宮原區的五百噸煉鐵爐也隨時可以出鐵。後一區的團礦廠、燒結爐、化工廠、硫磺廠、蘇油廠、煤膏蒸餾水及軋鋼廠各有一部為蘇軍認為是戰利品拆走，後又經過駐軍的破壞，都已殘破不全。南芬選礦區年產百萬噸的設備的損失也很大。雖然有這些損失，據張松齡的看法卻是：「只要我們有了電力，能採煤；利用現有的特殊鋼廠的設備，做一些特殊鋼。上上下下總不愁沒有飯吃。」

在撫順小豐滿發電廠，廠方這樣向他介紹當時的情形：

> 當時小豐滿還有共軍，撫順電廠原有二十八萬五千千瓦的設備，為蘇軍拆去二十一萬千瓦，炸藥及坑木都很缺乏，日本人為供軍需加緊出煤，蘇軍佔領期內更為增產，險象環生。我們只好先修好電機，恢復生產。
>
> 接收之後，產煤每日不過一千噸，供給本廠與員工自用，尚感不足，而當時中日員工共有六萬七千餘人，連同眷屬約二十萬人，經常開支與籌購員工月需三千噸的糧食，以及補充急要的材料，每月需款達數億流通券，且解決蘇軍欠發本礦員工的三月份薪資，實在需款，而產煤情形又如此，經濟奇絀，一籌莫展。
>
> 集中一切力量，努力生產，卒自一千，二千，三千而達到接近四千的時候，五月下旬，發電廠兩部疲勞的發電機，先後發生障礙，產煤驟降，幾至一蹶不振。再到七八月份雨季時期，連天晝夜大雨傾盆，破歷年以來雨水最高量，露天掘和莘夫坑積

水驟漲，雖然各員工不分晝夜搶救，終以水勢過猛，限於水泵能力，以致露天掘主要煤區及莘夫坑，先後淹沒，雖然露天掘不久恢復，產煤甚受影響，實予本礦經濟上以重大打擊。

從徐盈的筆下，我們痛切感受到了那段艱難歲月的辛酸和不易。在大肆掠奪和搶劫這一點上，蘇聯人是完全沒有什麼社會主義的原則和道德的。他們的骨子裏，沙皇的野蠻擴張和貪婪的基因在急速膨脹，被佔領的國家和被奴役的人民飽受創傷！

東北地區遭受蘇軍劫掠最嚴重的城市是遼寧鞍山市。

鞍山市是南滿洲鐵道株式會社（簡稱「滿鐵」）的大本營。經過近半個世紀的慘澹經營，滿鐵不僅掌控著南滿鐵路的運營權，同時開採著礦山，辦著冶鐵廠、煉鋼廠，經營著煤礦和發電廠。滿鐵可謂中國當時最現代的工業基地，因而也是蘇軍最先覬覦的一塊「肥肉」。

一九四五年八月二十六日，蘇軍便迅疾佔領了鞍山全境。從九月下旬到十一月上旬，在短短四十幾天裏，蘇軍監押著數萬名日本戰俘，按照日方工程技術人員提供的技術資料和圖紙，將鞍山鋼鐵企業的機械設備，連同其他一些重要物資，悉數拆卸，全部運走，總數達七萬餘噸。

遭劫後的鞍山，創鉅痛深，瘡痍滿目。

據國民政府資源委員會後來的調查統計，蘇軍在鞍山共劫掠了十四大類、總量達七萬噸的物資、設備。

一是採礦設備。弓長嶺礦山破碎設備的70%，空氣壓縮機的全部，圓錐碎礦機全部，機車全部，貨車車廂的60%，卡車全部；大孤山礦山年產能力七百萬噸的採礦設備全部，德制休來曼電氣採礦機械全部，機車全部，貨車車廂全部。

二是選礦設備。年產八十五萬噸的選礦設備全部，球磨機全部，管磨機50%，磁力選礦機全部，燒結設備全部。

三是粒鐵設備。年產十八萬噸海綿鐵的粒鐵廠全部機械和設備。

四是煉鐵設備。鞍鋼3、4、5、6、7、8號高爐的全部可拆卸部分，包括捲揚機、冷卻設備、裝料車、平衡車、大型捲揚機、天井起重機、除塵器、鑄床起重機、焦碳起重機、熱風爐，拆卸龍門吊六台，鑄鐵機三台。

五是煉焦設備。鞍鋼11號至18號煉焦爐的全部附屬設備和機械；其他煉焦爐附屬設備的45%。

六是洗煤設備。一百五十噸洗煤設備的70%，二百噸洗煤設備的全部。

七是化工設備。苯精煉工廠、萘工廠、硫酸廠、硫胺廠的全部設備。

八是煉鋼設備。年產七十五萬噸的第二煉鋼廠全部機械設備；年產五十八萬噸的第一煉鋼廠45%的機械設備。

九是鐵合金設備。十五噸電爐一座，六噸電爐兩座，以及全部配套機械設備。

十是軋鋼設備。年產五十萬噸的第二初軋廠全套設備；二十萬噸大型廠全部設備；十五萬噸中板廠全部設備；十萬噸第二小型廠全部設備；四萬噸薄板廠全部設備。

十一是動力設備。二點五萬千瓦和一點八萬千瓦發電機組各一套；高壓鍋爐六台，高壓送風機八台。

十二是機床設備。滿鐵所屬企業主要機床的60%。

十三是研究用機械設備。各研究室、實驗室的全部研究用機械設備。

十四是製造和加工機械。日本住友金屬工業會社、久保田鑄鐵管會社全部設備。

所有這些設備，被蘇軍整體轉運到了蘇聯的馬格尼托哥爾斯克、車里雅賓斯克等地的鋼鐵廠和機械加工廠。

鞍山，這個中國最現代化的重工業基地，遭此劫難之後，不要說冶鐵、煉鋼、軋板、無縫鋼管等等，竟然連鐵絲和鐵釘都無法生產。

鋼都變成了廢都！

蘇軍和士兵所作所為和種種劣跡，通過多種渠道，在關內廣為流傳，善良的人們感到憤怒和不解。中國共產黨的中央機關報《解放日報》和在國統區出版的《新華日報》，從維護蘇聯「老大哥」的善良願望出發，開動宣傳機器，不斷頌揚中蘇友好，頌揚蘇聯紅軍為解放東北做出的巨大貢獻和付出的犧牲。一九四五年十月十二日，延安的《解放日報》就在頭版刊發了這樣的報導：〈由東北回家的博愛勞工說紅軍對中國人民親如一家〉。

這種刻意的宣傳，效果有時適得其反。

不久之後發生的「張莘夫事件」，是激起內地人民反蘇浪潮的第一根導火索。

張莘夫是一個愛國工程技術人員，生前擔任國民政府經濟部東北行營工礦處副處長。日本投降後，他負責東北工礦的接收事宜。一九四六年一月初，由於撫順煤礦產量下降，由中蘇共同經營的中東鐵路出現供煤嚴重不足的狀況。擔任中東鐵路中方理事長兼東北行營經濟委員會主任的張嘉璈，與蘇方理事長加爾金商定，由中方派張莘夫前往撫順，接收煤礦，組織生產，迅速提高產量，以確保東北的鐵路商運。

一月十四日，張莘夫帶領技術人員和中東鐵路路警共十五人，乘坐蘇軍提供的專列前往撫順。抵達撫順後，即被蘇軍安排住進撫順煤礦事務所，由四名蘇軍士兵站崗監視。第二天，隨行路警的槍枝即被蘇軍繳去，所有接收人員不得隨意走動。實際上，他們遭到了拘禁，已失去了人身自由。

一月十六日晚八時，蘇方出爾反爾，撕毀了接收協議。蘇軍有關人員在當地員警陪同下來到撫順煤礦事務所，向張莘夫表明撫順煤礦不能由中方接收，仍要置於蘇軍和蘇方的控制之下。他們勸張莘夫速返瀋陽。當晚，張莘夫等八名工程技術人員搭乘蘇軍專列離開撫順回瀋陽。當火車行至距撫順二十五公里的李石寨時，一隊「不明身分的武裝分子」攔下列車，衝進車廂，將張莘夫強行拖下，開槍殺害了。隨行的其他七人也同時遇難。

張莘夫究竟是誰殺害的，南京、延安、莫斯科各有不同說法。無論怎樣，張莘夫的死，激起了全國人民的義憤和抗議。

事情偏偏這麼寸。正當全國人民要求對張莘夫之死查明真相、懲治兇手，保證東北順利接收之際，二月十一日，在雅爾達會議結束一周年之際，蘇美英三國居然公佈了雅爾達會議的秘密協定。此舉一出，世界輿論為之大譁。尤其是中國人民，震驚和錯愕無以復加！這是激起內地人民反蘇浪潮的第二根導火索。

在此之前，中國的老百姓以為蘇聯出兵東北是支援中國抗戰，並由中蘇友好條約界定了兩國關係。但密約的公佈，使人們得知在表面文章之下，還有大國之間的交易，而中國完全處於被動無援、任人宰割的地位，一切都是由大國強加給中國的。這激起了中國人民的強烈不滿，各種批判和抗議之聲不絕於耳。

第一個站出來的是《大公報》和王芸生。二月十三日，《大公報》便刊發了王芸生撰寫的社評〈讀雅爾達秘密協定有感〉。社評說，「前天，莫斯科倫敦華盛頓同時公佈了一個外交檔，乃是去年二月十一日羅丘史（史為史達林）三巨頭在雅爾達會議簽訂的秘密協定。國際間早傳說雅爾達有未經宣佈的秘密，而且是與中國有關的，但是，我們卻不曾知道得如此完備。現在這個秘密宣佈了，人們讀了這個秘密協定，不能無所感慨。」

王芸生發出了兩大感慨。「未經徵得中國的同意，而三巨頭就如此決定了，不啻代為主持，這可見中國是處於受支配受處分的地位。這是我們引為感慨的第一點。」「這秘密協定，還有一段很難看的文字，就是：『蘇聯應該恢復以前俄羅斯帝國的權利。』這些權利就是旅順大連兩港，中東南滿兩路。以前的帝俄與沙皇，是極醜惡極落伍的，經一九一七年的十月大革命，把醜惡而落伍的帝俄連根革掉了命，而產生了燦爛嶄新的蘇聯。帝俄的醜惡，帝俄的罪惡，列寧與史達林兩大革命領袖皆曾無情地指斥過，摘發過。十月革命之後，蘇聯曾經發表過神聖的宣言，聲明廢棄帝俄與中國締造的一切不平等條約。租借旅順大連兩港，建築中東南滿兩路，是一八九六年李鴻章在莫斯科與帝俄政府簽訂的不平等條約。那個條約及由那個條約所獲得的權利，早經蘇聯宣佈廢棄了。蘇聯今日重建需要旅大兩港中東南滿兩路的權利，就重新主張重新要求好了，何必在文字上公言『恢復以前俄羅斯帝國的權利』？豈不難看？這是我們引為感慨的第二點。」

各民主黨派、各界人士，尤其是知識界的反對之聲，一浪接著一浪。傅斯年、王雲五等領銜發出了〈我們對於雅爾達秘密協定的抗議〉。中央大學、西南聯大等校教授簽名發出關於東北問題的宣言。黃炎培、沈鈞儒、張君勱等中間黨派領導人發表對時局的主張，譴責雅爾達秘密協定「實為近代外交史上最失道義的一個記錄」，蘇聯的作為「完全違反對侵略的法西斯國家共同作戰的目的，違反列寧先生與中山先生共同建設的中蘇友愛的新基礎，違反蘇聯多次的對外宣言，尤其是對華放棄帝俄時代不平等條約的宣言，違反大西洋憲章以來各重要文件的精神。……蘇聯乘人之難，提出這種要求，其異於帝俄對中國之行為者何？這種行為，難免造成今後世界戰禍的因素。為中國，為世界，我們不得不提出嚴厲的抗議」；

大國「運用秘密外交，處置第三國之領土與權益，實為舊日帝國主義之慣技」，他們要求：「政府披露中蘇簽訂條約以來，一切有關東北問題的談判經過，並拒絕再作妨害主權的任何協商；政府與蘇聯均應忠實履行中蘇協定，蘇聯應盡速撤退在我東北駐軍，歸還一切工廠設備與資源，不得有超出中蘇條約範圍以外之任何行動或措施。」黃炎培、沈鈞儒、張君勱等人的這個措辭強烈的宣言，居然登載在國民黨的中央機關報《中央日報》上。

在全國一派同仇敵愾、口誅筆伐的抗議浪潮中，有一大政治力量失語甚至噤聲。這就是中國共產黨及其宣傳工具。相同的意識形態，共同的理想追求，讓中國共產黨及其領導人在信仰和國家利益面前左右為難，尷尬難堪。

王芸生似乎言猶未盡，不依不饒，在接下來的十天裏，連續發表了兩篇社評，分析東北局勢，抗議蘇軍的掠奪。二月十八日，王芸生發表了〈東北的陰雲〉：「根據《中蘇友好同盟條約》的附件，進入我東北的蘇聯軍隊應於日本戰敗後的三個月撤退。這由去年九月二日日本簽降之日起，蘇軍應於去年十二月一日以前撤出我國東北。但以後因事勢延宕，曾兩度展期，中蘇雙方所同意的日期，是今年二月一日以前。現在已逾期半個多月，蘇軍尚無撤退徵兆，也不知其理由何在。」王芸生從自由主義知識分子的良知出發，對外族入侵、外軍駐紮，懷有深深的戒心：「現今的中國，是遭逢了九一八事變以來的嚴重國難並經過了八年艱苦抗戰而獲得最後勝利的國家。中國與日本戰，賭國運，拚存亡，為了什麼？是為了日寇佔領了我們的東北，是為了我們要保全東北。既與日本作戰，我們就朝朝暮暮，年年月月，期求盟友共同作戰，以擊潰日寇。中國對日作戰四年之後，獲得美英諸國為盟友；中國對日作戰八年之後，獲得蘇聯為盟友。蘇聯參加對日之戰主要戰場在我東北，中國有自知之明，對盟邦合作，不能只取不予，所以與蘇聯簽訂了《中蘇友好同盟條約》，訂明了彼此的權利與義務，尤其訂明了關於東北方面一切事務的辦法。蘇聯今日參戰，日本明日投降，蘇聯大軍源源進入東北。到今天，時間已有半年。東北是中國的領土，應該由中國收回；我們所付的代價，如外蒙獨立，中長路共管，旅順港共用，大連辟自由港，都已照辦。但蘇軍延遲不撤，中國政府不得順利接收東北，是何緣故？這一點，是世界人民尤其中國人民都要明白知道的。」

王芸生對東北的經濟形勢，表示了深深的擔憂。二月二十二日，他在〈東北的經濟與金融〉中作了這樣的描述和評價：「人人都知道東北的工礦建設甲於全國，經濟部方面的接收人員就在著急，不用說進一步建設，就是現有的工礦，怎樣使之不停頓而繼續開工，就大為發愁。但是他們既到了東北，看了一些工礦，就倏然夢醒，因為機器物件大都搬走了，又何必為復工發愁著急？誰搬的？我們不知道。機器搬了，礦藏還在，總可徐圖建設。其後知道，蘇聯方面對經濟項目提出了要求，對許多重工業認為是戰利品。目前的延不撤兵，或與此不無關係。」「撫順煤礦，最初並未列在戰利品的單子裏，所以我們得經允許派員去考察接收。張莘夫等一行就是為此任務而去，但到撫順後碰了壁，在回瀋陽途中被拖下火車慘殺。」「再談到東北的金融情況，那可說是軍用票的世界。蘇軍入我東北，使用蘇軍總司令部印刷的軍用票。這種軍用票，將來要由中國人收回，所以蘇軍在我東北的軍費是完全由中國負擔的。蘇軍在我東北發行的軍用票有多少呢？蘇方卻未告訴我們。這種軍用票，是目前東北的主要貨幣，沒人曉得發行的數額，使用者不需償還代價，大量地使用出來，大量地流入民間，東北的金融情況可知。……東北原是中國不可分的一部分，東北的金融如此，不僅影響了東北民生，也影響了全國的金融。最近黃金漲價的狂潮，固然有推波助瀾的投機家，而其中主要原因之一，是由於平津黃金源源出關。流入東北的黃金，難保不出口，而民間也不免購藏，一般心理自然信任黃金，而不信任鈔券。平津京滬物價之漲，上海工潮之波動，與黃金潮及東北金融情況都多多少少有直接間接的關係。」

王芸生不停息的「揭露」和「批判」，各黨派和知識界的抗議和宣言，果然激蕩得民怨沸騰。學生們醞釀著上街示威遊行了。二月中旬，先是南京的大中學校的學生們，舉行了相當規模的反蘇大遊行，學生們發表演講，高呼著「反對雅爾達秘密協定！」「為張莘夫烈士復仇！」「我們要防止第二個九一八！」等口號，在南京寒冷的街道上浩浩蕩蕩地走著。

重慶、上海、昆明等地的學生和市民也在籌畫著遊行事宜。國民政府暗自高興和驚喜。這是學生們第一次不是針對政府和國民黨的抗議行為。二十日和二十一日，國民黨黨政小組舉行兩次臨時談話會，分別由陳立夫和吳鐵城主持，決議對學生遊行不能勸止時應儘量避免發生意外，學校當局和教職員應參與其中，嚴防工人參加遊行，遊行之宣傳由吳國楨等負責。遊行當日，黨內負責人坐鎮中央黨部，「以便應付一切」。安排、部署不可謂不細緻、不周全。專制政權對付這樣的大規模群體行為，只能縝密、嚴謹。因為，稍有不慎，擦出火星，都是對現有政權的極大威脅。

吳鐵城、陳立夫在致蔣介石的電報中，清楚地暴露出他們利用青年學生的愛國熱情，達到反共抑共目的的企圖。電報說：重慶學生醞釀遊行，「觀察現勢，勸阻已不可能，因此次運動，為青年民族意識國家觀念之自動自發，學校中反共空氣之濃厚，出於自然，故只能使其減少反蘇成分，及防止不生意外。」

二十二日，以中央大學為主體的大中學校學生及教職員工兩萬多人，舉行了「重慶市各校學生愛國運動遊行大會」，發表〈告全世界人士書〉、〈告全國同胞書〉、〈對蘇聯抗議書〉、〈質中共書〉等文件，要求蘇軍立即撤出東北，蘇聯切實履行中蘇條約，尊重中國領土主權的完整。遊行隊伍還喊出了「擁護政府接收東北」等矛頭直指中共的口號。

意外事件終於發生了。當遊行隊伍經過民生路《新華日報》營業部時，有人煽動蠱惑，眾人一擁而起，搗毀了《新華日報》營業部。營業部一片狼籍，四名工作人員被打傷。中國民主同盟的《民主報》報館，也被遊行的人群一併騷擾、破壞。

學生們在接收東北問題上的反共情緒是有其理由和根據的。中國共產黨與蘇聯共產黨畢竟「同根同宗」，經過中共的暗地疏通，蘇軍默認了中共對東北的調兵遣將，大批中共軍事將領、地方幹部和各類武裝源源不斷從河北、山東等地開進東北各地，而國民黨的接收大員和由美國軍艦運送的國民黨部隊，卻被蘇軍擋在了山海關之外，不得出關半步。這讓蔣介石焦急萬分，也讓不明就裏的學生們怒氣衝衝。

打砸事件發生的當晚，周恩來立即舉行了記者招待會。聰明過人的周副主席在聲明中提出了三個「分開」的原則立場：「第一，應該把愛國與排外分開」；「第二，應該把學生的愛國運動與特工人員有組織有計劃的陰謀活動分開」；「第三個區別，我們還懂得這個陰謀也並不是國民黨和政府所有領袖都知道的，而是其中有一部分人不滿政治協商會議的成果……想挑起共產黨及民主人士的忿怒，好造成更大事件，來撕毀政治協商會議的決議」。

中共與周恩來明白，不能與學生直接對立，不能譴責這種大規模的群眾運動。周恩來特別強調：《新華日報》營業部被砸是「特工人員利用學生遊行的機會，搗毀《新華日報》，這是企圖嫁禍於學生」。周恩來對學生遊行未置一字譴責和不滿之意，相反，還充分讚揚了「學生的愛國運動」。

第二天出版的《新華日報》，對學生的反蘇遊行作了正面報導，主題是「沙磁區萬餘學生，昨日舉行遊行」，副題是「特務暴徒趁機搗毀本報及搗亂《民主報》」。對學生運動的基本態度已經顯現。報導詳細記敘了學生遊行經過的路線，沿途散發〈告全國同胞書〉、〈抗議雅爾達秘密協定宣言〉等宣傳品和呼喊的一些口號。這是《新華日報》第一次對東北局勢和蘇軍駐紮明確表態。報導同時記敘，「遊行隊伍經過本報門市部以後」，「暴徒百餘人利用遊行後的混亂秩序」，搗毀《新華日報》門市部。報導特別提醒的是遊行「之後」，少數暴徒的過激行為，並充分肯定「學生遊行秩序良好」。中共高超的宣傳策略，化解了與學生的矛盾，平穩應對了抗議示威的危機。

後方的學生容易對付，前方戰場的軍事衝突，在輿論方面卻越來越不利於中共及其八路軍。先是中共的部隊在華北重創國民黨軍隊，後又有大批武裝進軍東北，在華北、東北地區，中共掌握了軍事上的主動權。正因為如此，國民黨在政治宣傳上明顯地由被動轉為主動，全國各大報紙也紛紛開始報導中共軍隊大舉進攻國軍的消息，甚至此前站在中共一邊的中間派，也不無異議，表示了他們的擔憂和不滿。蘇聯方面也認為中共在東北、華北問題上的主張和行動，火藥味太重，強調在東北目前只能做，不能說，以免引起美國大規模助蔣內戰。史達林甚至還強硬地要求中共軍隊撤出東北鐵路沿線的城市，避免給國民黨以口實。仍在重慶繼續與國民黨及國民政府談判、磋商的周恩來，明顯地贊同蘇聯大使的意見，他提出：因抗戰初勝，《雙十協定》簽訂未久，人民渴望和平，一般人多幻想政治協商會議能解決問題，故要使人民相信必須經過戰爭才能真正保障和平，非經相當時間體驗不可。周恩來向延安和毛澤東報告：在這種條件下，我在宣傳上只能採取「哀兵」政策，「不僅哀必勝，而且勝亦不喜」，如此，「才能使人民同意我們」。毛澤東覆電表示贊同：「你提出的意見是很對的，應當採取『哀者』態度，應當照顧中間派，不要劍拔弩張。」當然，毛澤東從來不會讓別人左右自己，他指示周恩來：「目前談判方針在不束縛手足」，為使將來好說話，「可以保留伸縮餘地。」

與中共的政治智慧和策略技巧相比，國民黨官員的愚不可及令人訕笑。

杜聿明軍事接管東北之初，聽到不少對蘇軍不利的議論，都認為與蘇聯人打交道非常棘手，很不順遂。帶著這樣的疑慮，杜聿明去長春面見蘇軍駐東北最高統帥馬林諾夫斯基元帥。這位藍眼睛的蘇軍最高指揮官，聽完杜聿明的來意後，滿臉笑意：「我們蘇聯始終要同中國人民友好的，蘇中友好關係，我深信是永久的，因為我們早就有了傑出的孫中山和列寧他們兩人的友誼。……杜將軍帶領中國軍隊接收東北的領土主權，蘇軍很歡迎，你們從海路、陸路來，我們都歡迎。」

杜聿明當即提出，請蘇軍在營口掩護國軍登陸。馬林諾夫斯基元帥不但表示同意，還給杜聿明畫了一幅蘇軍位置圖，寫明了蘇軍營口警備司令的姓名及掩護國軍登陸要旨，送給杜聿明。臨別，這位蘇軍元帥一再表示，歡迎杜將軍早日再來長春，蘇中共同攜手合作，兩國人民過和平生活。

杜聿明對這位馬林諾夫斯基元帥印象極好。他甚至憤憤不平地說：「都說對蘇外交棘手，扯淡！」

可是六天後，當杜聿明帶著馬林諾夫斯基的「聯絡圖」，乘美國軍艦「脫羅爾號」駛進營口港時，卻發現原先駐守的蘇軍早已不知去向，中共已經接管了營口防務，部隊正在進入陣地，準備用槍炮歡迎他。以儒將著稱的杜聿明，此刻也顧不得斯文，咬牙切齒地罵了一句：「這個姓馬的俄國佬！」

反蘇大遊行激怒了蘇聯人。二月二十六日，蘇聯大使向中國外交部提出抗議，認為反蘇遊行責任應由中國政府負責。一周之後，蘇軍在不通知國民黨及國民政府的情況下，突然從瀋陽撤走。蘇軍的撤退完全不等國民黨軍的接防，這為中共部隊大開方便之門。四月十四日，蘇軍自長春撤退；二十五日自哈爾濱撤退。瀋陽、四平一線已被中共部隊佔領，國民政府駐蘇軍軍事代表團和松江、嫩江省及哈爾濱市政府接收人員，竟然被斷了南歸的退路，不得不隨蘇軍撤入蘇聯境內。東北的局面，一瞬間複雜而尖銳。八路軍和國軍各扼要津，各不相讓，一場大戰不可避免了。

蘇聯總共從東北掠走了多少物資和財富，一直沒有準確的統計。各方說法也不完全一致。

一九四七年二月，東北工業會及東北日僑善後聯絡處發表了《蘇軍駐留期間東北工業損失調查報告書》，估計東北工業損失為十二點三六億美元，加上無法確證者，總數不下二十億美元。其中電力損失二點二億美元，鋼鐵損失二點零四億美元，鐵路損失一點九四億美元，機械損失一點五九億美元。

這是蘇軍撤走不久後的調查統計，應該是比較客觀和準確的。

美國國務院的一份調查報告稱：「估計在蘇軍佔領期間，東北工業蒙受損失約達二十億美元。」

中共方面根據有關資料的不完全統計，東北「共損失各類機器四〇二六九件，發電設備一百五十四萬千瓦等，共計折合美金三十五點二八億。其中毀於戰火或失散原因不詳者，折合一點三五億美元，蘇軍拆走者約合一點九億美元，國民黨搬走的約合九十萬美元，中共方面移出的共合一千二百一十五萬美元」。

無論哪一種統計，東北工業的損失程度都是驚人的。中國最完善、最接近當時世界工業水平的東北工業基地，就這樣毀於一旦。在這方面，蘇聯的作為有違同盟國共同作戰的初衷，也找不到任何條約和法理依據，表現了大國強權主義的行徑，是沙皇帝國侵略擴張本性在蘇維埃身上的重演！

一個叫哈特里奇的美國人在他的《第四帝國的崛起》中這樣描寫蘇聯人在德國的作為：「蘇聯死傷了千百萬人，遭受了災難性的破壞和損失。他們期望用最快的速度，各種可能的手段從戰敗國德國那裏取得賠償。他們的指導原則是：『能拿的就拿！』成群結隊的俄國人來到蘇占區，他們在德國俘虜的幫助下，動手把德國的基礎設施搬得精光。可以說，凡是能拆走的都拆走了——管道設備，鐵軌，電話機和交換機，汽車，市內發電站，有軌電車，機床乃至整座工廠——什麼也逃不過俄國人的眼睛。」

德國被劫掠那是「罪有應得」，發動第二次世界大戰的罪魁禍首，理應得到這樣的懲罰。中國不是德國，中國不是日本。我們是同盟國的一翼，我們是戰勝國之一！我們憑什麼遭此劫難？！

無辜的東三省！

悲哀的黑土地！

謝天謝地，「第四帝國」沒有崛起！全世界愛好和平的國家和人民，一定要攜起手來，拒絕和反對任何第四帝國的崛起，以維護世界和平，保障人民權益。

主要參考文獻

《中華民國史》，第三編第五卷，汪朝光著，中華書局，二〇〇〇年九月第一版。
《失去的機會？——抗戰前後國共談判實錄》，楊奎松著，新星出版社，二〇一〇年六月第一版。
《五四三人行——一個時代的路標》，石鍾揚著，陝西人民出版社，二〇一〇年七月第一版。
《一代報人王芸生》，王芝琛著，長江文藝出版社，二〇〇四年九月第一版。
《共和國前夜——一代名記者徐盈戰地文選》，徐盈著，陳正卿，徐東編，中國文聯出版社，二〇一〇年一月第一版。
《雪白血紅》，張正隆著，解放軍出版社，一九八九年八月第一版。
《大江大海一九四九》，龍應台著，臺灣天下雜誌股份有限公司出版，二〇〇九年八月第一版。
《封面中國》，李輝著，東方出版社，二〇〇七年五月第一版。

重慶談判

重慶談判是一齣戲。

這齣戲，可以歸於不同的劇式，或曰喜劇，或曰諧劇，或曰文戲，或曰武戲，就是不能稱之為正劇。

這齣戲場面宏大，人員眾多。導演是美國；兩個主要演員，一個是國民黨，一個是共產黨；民盟等民主黨派是配角，全中國人民是觀眾。

導演信心百倍。他以為他構思的腳本和設計的劇情，真實可信，合乎邏輯，會按照他的意圖精彩地演繹下去。全中國的人民滿懷期待，企盼著這出和平之劇的大幕能順利地徐徐開啟，並圓滿地緩緩落下，給四萬萬五千萬真誠的觀眾以幸福和安康。兩個主要演員卻是各揣腹計，各有主張。他們明白，導演決定不了一切；觀眾再多，也只是看客而已。先照著劇路且演下去，只要兩個主要演員在關鍵的場景中不合作，甚至不默契，這出活劇就無法順利進行。國共雙方心知肚明，只是沒有捅破這層窗戶紙而已。

人們常說，旁觀者清，當局者迷。在重慶談判這出「大劇」當中，倒是真應該倒過來說：旁觀者迷，當局者清。

一九四三年下半年，第二次世界大戰的局勢已經明朗，萬惡的法西斯軸心國必將滅亡，同盟國的人民和軍隊將取得這場正義戰爭的最後勝利。美國總統羅斯福，有暇將他關注的目光轉向中國了。按照美國人的政治原則和務實的思維方式，將意識形態的紛爭擱置一旁，全力要促進和保障的，是如何避免在中國發生大規模的內戰。羅斯福一直對蔣介石的國民黨政府心存疑惑，這一年的十一月二十二日至二十六日的開羅會議上，羅斯福直截了當地告訴蔣介石，你這種政府絕不能代表現代的民主，蔣介石「必須在戰爭還在繼續進行的時候與延安方面握手，組織一個聯合政府」，因為，美國將不會情願陷入在中國發生的任何內戰。

第二年六月，羅斯福專門派遣他的副總統華萊士前來中國，勸說蔣介石用民主政治的方式和平解決國共兩黨衝突，以集中力量抗擊日本。華萊士在與蔣介石的會談中態度明確：「國共之爭，各執一詞，究竟真相如何，非外人所宜置評。」但「西北方面現有武裝精良、戰鬥力充沛之師甚眾，中國政府不以抗日，而以監視共軍；延安方面受封鎖威脅，亦以其武力不用於抗戰，而以對付國軍，同室操戈，相互牽制之兵力達數十萬人，曷勝惋惜！」華萊士指出，「設中央採納其若干建議，並准其參加政府，共同致力於抵抗侵略，革新政治，則延安當會改變其反中央之態度，而與政府團結合作」。華萊士向蔣介石及國民黨轉達了羅斯福的話稱：「國共兩黨，不宜延續內爭，務須促其團結，一致抗日，倘兩黨不能直接商談合作，則可邀一友人從旁促成，吾人願任此一友人。」

看來，這個導演是不請自來的。

在撮合國共和談這件事情上，美國人倒是說幹就幹，果斷迅速。一九四四年九月，羅斯福解除了中緬印戰區史迪威將軍的職務，並同時宣佈撤銷中緬印戰區。這一方面是史迪威與蔣介石激烈矛盾的結果，但很大程度上是羅斯福及美國政府對中國在對日戰爭中的軍事作用已經不重視了。羅斯福心底下的「小九九」似乎已經盤算清楚了，最終解決對日戰爭，依靠不了中國，也不能讓美軍損失慘重。他會設計出一些誘餌，讓蘇聯人去對付這個燙手的山芋。

美國政府特使赫爾利將軍，擔負起了調停國共衝突的重任。赫爾利是幸運的。他與司徒雷登一樣，有幸進入了毛澤東的著作而被億萬中國人反覆誦讀，「赫爾利已經公開宣言不同中國共產黨合作，既然如此，為什麼還要到我們解放區去亂跑呢？」今天，五十歲以上的中國人，大約沒有幾個人會不知道「赫爾利」這個名字。

國共黨史研究專家楊奎松在他的專著中精闢指出：「談判的意義總是隨著條件的變化而變化的。在這裏，談判一方的條件的任何改變都會為自己或對方提供某種重要的機會。問題是哪一方善於把握這樣的機會。」楊奎松特別強調：「並不是所有的談判都是為了解決問題和謀求妥協的，有時候談判的目的甚至只是要製造矛盾，只是為了藉以取消對方的某種資本。利用相互間力量和條件的變化，適時地運用策略手段來改變談判的性質，將自己的被動轉換成對方的被動。」

赫爾利顯然不能理解這些談判技巧和策略。他精力充沛，熱情高漲，穿梭於重慶與西安、延安之間，不知疲倦地斡旋、磋商。一次次曙光乍現，一次次功敗垂成。赫爾利不瞭解中國文化，沒有真正搞懂國共兩黨的鬥爭歷史及爭執的焦點，「赫爾利好像從未明白他試圖拉到一起的兩個黨在根本上是水火不相容的。」美國外交官謝偉思後來說。赫爾利完全是按照美國的法律公式和政治原則在考慮問題，而對於自己正在陷入的那個泥沼地的地理情況卻幾乎是一無所知。其結果便是，他越是使勁地撲騰、掙扎，他自己就陷得越深，最終不能自拔，而把自己搭了進去。

和平的轉機是突然出現的。

一九四五年夏天，那是一個讓人應接不暇的日子。八月六日，美國向日本廣島市投下了第一顆原子彈，升騰起的熾熱無比的蘑菇雲舉世震驚。八月九日，美國又向日本長崎市投下了第二顆原子彈，血肉橫飛，慘不忍睹。八月九日零時，蘇聯紅軍突然越過中蘇、中蒙邊界，向日本關東軍全線出擊，正式介入了對日戰爭。八月十四日，日本天皇決定發表停戰詔書，宣佈停止一切戰爭行動。日本投降了……

也是在八月十四日，蔣介石的國民政府與史達林的蘇維埃政府簽訂了《中蘇友好同盟條約》，史達林承諾：「一切援助都將給予中國國民政府」，而不是給予中國共產黨。這句話在《條約》所附的照會上被正式轉述為：「蘇聯政府同意予中國以道義上與軍需品及其他物資之援助，此項援助當完全供給中國中央政府，即國民政府。」

也還是在這一天，八月十四日，蔣介石不知突然動了哪一根神經，他立即向毛澤東發出了公開邀請，邀其來重慶共同商討「國際國內各種重要問題」。此時的蔣介石可謂躊躇滿志，笑逐顏開。他明白，蘇聯政府的公開承諾意味著，在國內尚無根基、依靠蘇聯秘密支持而存在的中國共產黨，從此將完全失去與國民黨爭奪政權的資本了。談判的天平正在急速向自己傾斜，此時把毛澤東請來，正好迫其修正策略，做出讓步。

蔣介石字斟句酌了他的第一封電報：

倭寇投降，世界永久和平局面可期實現。舉凡國際、國內各種重要問題亟待解決，特請先生克日惠臨陪都，共同商討，事關國家大計，幸勿吝駕。臨電不勝迫切懸盼之至。

中共中央在猝不及防之中接到蔣介石的邀請，立即斷定「請毛往渝，完全是欺騙」。中共以朱德總司令的名義發表六項政治要求，明爭「授降權」，實拒蔣介石。朱德的六項政治要求中提出，被中共包圍的日軍，由中共接受日軍投降，收繳武器資財，被國民黨軍隊包圍的日軍，由國民黨軍隊來受降。此議內涵重大。國民政府一旦同意，無疑是承認了中國共產黨及其軍隊的合法存在和合法地位。老謀深算的蔣介石自然不會入此彀中。

八月二十日，蔣介石二次致電毛澤東，稱授降權事宜是盟軍總部所定，「未便以朱總司令之一電破壞我對盟軍共同之信守」，並再請毛澤東赴渝「共定大計」。

這第二封電報，是蔣介石夜半醒來，反覆思考，推敲了詞句而後擬就的。蔣聲稱：「期待正殷，而行旌遲遲未發，不無歉然。」他鋪陳辭句，再次邀請毛澤東赴渝談判：

抗戰八年，全國同胞日在水深火熱之中，一旦解放，必須有以安輯鼓舞之，未可蹉跎延誤。大戰方告終結，內爭不容再有，深望足下體念國家之艱危，憫懷人民之疾苦，共同戮力，從事建設。如果以建國之功收抗戰之果，甚有賴於先生之惠然一行，共定大計，則收益百惠，豈僅個人而已哉！特再馳電奉邀，務懇惠諾為感。

蔣的電報寫得情辭懇切，似乎不容毛澤東拒絕。

蔣介石不糾纏於具體、枝節問題，反覆邀請毛澤東赴重慶談判，一下子把自己放到了輿論和道義的制高點。這一招，讓中共方面非常被動。

此時，美國駐華軍隊司令魏德邁以及史達林也都相繼來電勸毛澤東接受邀請，坐到談判桌前。史達林的電報甚至聲稱：如果不能實現國內和平，中國就有可能發生毀滅性的災難。

八月二十二日，毛澤東只好覆電蔣介石：「為謀中國團結，遠東和平，鄙人亟願至渝與委員長共商大計，茲先派周恩來將軍前來接洽。」這既是緩兵之計，也是觀望之舉。即待周恩來與蔣會談情況，再作進一步打算。

誰知蔣介石步步緊逼，第二天立即三發邀請電，「惟目前各種重要問題，均待與先生面商，時機迫切，仍盼先生能與恩來先生惠然偕臨，則重要問題方得迅速解決」。在蔣介石三封電報的力邀下，在美蘇兩國政府的壓力下，毛澤東只好同意赴渝。蔣介石的目的達到了。但毛澤東還是想留一手，「鄙人亟願與先生會見，共商和平建國大計。俟飛機到，恩來同志立即赴渝晉謁。弟亦準備隨即赴渝」。後得知赫爾利準備親隨飛機來延安接毛澤東等談判代表，毛澤東遂決定八月二十八日與周恩來同機赴重慶。山城重慶翹首以待，全國人民翹首以待，準備見證這個歷史性的時刻。

就在此刻，遠在美國從事民間外交活動的胡適，八月二十四日發了一封長電給毛澤東，希望共產黨放棄軍隊，以和平姿態參與組建聯合政府。胡適的這一書生之見，讓毛澤東很不愉快。

事情要回溯到一九四五年六、七月間。六月二日，以褚輔成為首的七位國民參政員致電毛澤東、周恩來，希望國共舉行會談，以從速完成團結，召開國民參政會議，組建聯合政府。中共方面嚴詞拒絕，但邀七位參政員訪問延安，實地考察陝甘寧的民主政治。七月一日，除王雲五因病未能成行外，褚輔成、黃炎培、冷遹、傅斯年、左舜生、章伯鈞六參政員，在中共代表王若飛陪同下，乘美國軍用飛機抵達延安。毛澤東與六位參政員多次晤談，並請傅斯年「代問老師胡適好」。胡適將這政治家的策略之語，理解為「感念舊好」之意。聞聽毛澤東要親赴重慶談判，興致遂起，拍發了這封著名的電報：

潤之先生：頃見報載傅孟真兄轉達吾兄問候胡適之之語，感念舊好，不勝馳念。前夜與董必武兄深談，弟懇切陳述鄙見，以為中共領袖諸公今日宜審察世界形勢，愛惜中國前途，努力忘卻過去，瞻望將來，痛下決心，放棄武力，準備為中國建立一個不靠武裝的第二大政黨。公等若能有此決心，則國內十八年糾紛一朝解決，而公等廿餘年之努力皆可不致因內戰而完全銷滅。試看美國開國之初，節福生（傑弗遜）十餘年和平奮鬥，其手創之民主黨遂於第四屆選舉取得政權。又看英國工黨五十年前僅得四萬四千票，而和平奮鬥之結果，今年得千二百萬票，成為絕大多數黨。此兩事皆足供深思。中共今日已成第二大黨，若能持之以耐力毅力，將來和平發展，前途未可限量。萬不可以小不忍而自致毀滅！以上為與董君談話要旨，今託王雪艇兄代為轉告，用供考慮。

胡適，八月廿四

毛澤東對胡適的建議十分不滿，壓根就沒有理睬他。但從此刻起，毛對胡適忌恨在心，久久不能釋懷。多年之後，毛澤東以新中國主席身分接見外國新聞代表團時，不忘揶揄一下他的「胡老師」：「胡適說我是他的學生，純屬吹牛。其實我是邵飄萍的學生。」

毛澤東抵達重慶，是轟動全國的重大新聞事件，各報記者，中外媒體，蜂擁而至機場，爭相報導。最為歡欣鼓舞的是《新華日報》。《新華日報》是中共方面在國統區合法出版的唯一報紙，在國民黨主流輿論的夾縫中艱難生存，不遺餘力地宣傳著中共的主張和延安的聲音。今天「娘家人」來了，《新華日報》自然要在報導方面拔得頭籌，好好表現一番。八月二十九日，《新華日報》在頭版顯著位置刊發了本報記者採寫的通訊〈毛澤東抵達重慶〉：

三點三十七分，一架草綠色的三引擎軍用客機，終於衝破重慶上空濃濃的雲霧，帶著自身震耳欲聾的隆隆巨響，徐徐地降落在警戒森嚴的九龍坡機場跑道上。

候機室大門打開了。跑在最前面的是幾十名中外攝影記者，他們或胸掛照相機，或肩扛攝影機，剎時便圍著機身排開了半圓的陣勢。半圓中密密麻麻地站著美軍憲兵和國民黨憲兵，他們一面維持秩序，喊叫著要人們儘量遠離舷梯，一面橫衝直撞，沒有忘記為自己佔據一個距離機艙最近的位置。

艙門無聲息地打開了。

第一個出現的是毛澤東。他朝周圍的群山打量了一眼，似乎要在這一瞥中熟悉重慶的山山水水。然後他取下頭上戴著的考克禮帽，朝機場上歡迎的人群使勁地揮動著。那有力的揮動，使每一個在場的人都相信，他有著扭轉乾坤的力量。

緊隨著毛澤東走出機艙的是美國大使赫爾利和國民黨代表、政治部長張治中。

張治中把站在舷梯側旁的周至柔介紹給毛澤東。毛澤東微笑著與他握手。

周至柔毫無表情地說：「蔣主席已經預備好了黃山和山洞兩處住所招待毛先生。」

「非常感謝！」毛澤東淡淡地一笑，繼續向歡迎他的人群走去。

赫爾利卻緊緊地挽住毛澤東的胳膊，「既然記者先生們老用鏡頭對著我們，那就讓他們拍個痛快吧！這可能是全世界最喜歡的鏡頭。」他又順勢將周恩來的胳膊也挽住。

攝影記者欣喜若狂，「辟辟啪啪」地一陣拍攝，鎂光燈閃個不停。大約拍了二十多分鐘，記者們才停下來，赫爾利感到很滿意，撫著他的小鬍子朝毛澤東點頭說：「簡直是好萊塢！」

《新華日報》經理熊瑾玎從人群中擠到了毛澤東的身旁。他是湖南人，和毛澤東親切握手後，又用一口地道的湘潭家鄉話互致問候。

「他是誰呀？和毛先生這樣熟？」其他的人真有幾分妒嫉了。

「啊，張表老，你好！」毛澤東不知在什麼時候發現了人群裏的張瀾先生，大概是張瀾那縷漂亮的銀鬚太引人注目了。

「潤之先生，你好！你奔走國事，歡迎你光臨重慶！」張瀾顯然為毛澤東在眾多的人中認出了他而萬分高興。

毛澤東拉住張瀾的手說：「大熱天氣，你還親自到機場來，真是不敢當，不敢當啊！」

周恩來從毛澤東身邊繞過來，也同張瀾握手，互道闊別。

中外記者們卻不那麼彬彬有禮，他們蜂擁到毛澤東身邊，又是遞名片，又是提問題，還有的遠遠就把手伸過來，急著要和毛澤東握手。而各黨派的代表如黃炎培、章伯鈞、左舜生、冷禦秋等人則被擋在人牆之外，根本無法接近毛澤東。他們一個個急得愁眉苦臉，唉聲歎氣。

處境最為難堪的是沈鈞儒，他年紀大，身體小，體力差，夾在人縫裏無法動彈，但又不甘心受此窩囊氣，口裏不停地喊著：「我是沈鈞儒，我是沈鈞儒……」

正在一旁和八路軍辦事處、《新華日報》的同志們握手問候的周恩來，看到這種情景，非常敏捷地把腋下夾著的一個大紙包高高地舉在空中，說：「新聞界的朋友們，我從延安為你們帶來了禮物，請到這兒來拿吧！」

果然，一下子把記者吸引過來了。周恩來看到毛澤東已能和各黨各派代表握手交談，才微笑著打開紙包，向記者一一分發「禮品」，原來是從延安帶來的毛澤東的書面講話。

毛澤東簡短的書面講話說：「本人此次來渝，係應國民政府主席蔣介石先生之邀請，商討團結建國大計。現在抗日戰爭已經勝利結束，中國即將進入和平建設時期，當前時機極為重要。目前最迫切者，為保證國內和平，實施民主政治，鞏固國內團結。國內政治上軍事上所存在的各項迫切問題，應在和平、民主、團結的基礎上加以合理解決，以期實現全國之統一，建設獨立、自由與富強的新中國。希望中國一切抗日政黨及愛國志士團結起來，為實現上述任務而共同奮鬥。本人對於蔣介石先生之邀請，表示謝意。一九四五年八月二十八日」

外國記者們讀畢這份油印的書面講話，飛身跳上汽車，一溜煙地趕進城裏搶發新聞去了。

機場外面停著好幾輛高級轎車。周至柔陪同毛澤東、周恩來、王若飛等人來到轎車前，周至柔指著一輛嶄新的篷車說：「這是蔣主席特別撥給毛先生使用的。」「很感謝！」毛澤東禮貌地回了一句，腳步卻偏偏繞過這輛篷車，而朝著側旁那輛標有「美大使館」字樣的篷車走去。

跟在後面的赫爾利很快明白了是怎麼回事，趕緊上前，敏捷地為毛澤東拉開後座車門。當周恩來和張治中尾隨毛澤東也坐了進來之後，他才拉開前座車門，坐在了司機側旁的位置，汽車慢慢地啟動了。

這篇通訊，詳實而清晰，足見記者的採訪功力。他的觀察是敏銳的，細緻的，詳略得當，取捨有致。當然，文章中的傾向性顯而易見。

《大公報》的女記者子岡，是當年新聞界的一支健筆。那天，她也在現場，她也寫了一篇視角獨特的通訊，刊發在第二天的《大公報》上，題目是〈毛澤東先生到重慶〉。這篇通訊，就發在頭版頭條「毛澤東昨抵渝」的消息旁邊，佔據了一版頂欄的中間位置：

人們有不少接飛機的經驗，然而誰也不能不說昨天九龍坡飛機場迎毛澤東先生是一種新的體驗。沒有口號，沒有鮮花，沒有儀仗隊，幾百個愛好民主自由的人士卻都知道這是維繫中國目前及未來歷史和人民幸福的一個喜訊。這也許可以作為祥和之氣的開始吧。機場上飛機起落無止盡，到三點三十七分，赫爾利大使的專機才盤旋到人們的視線以內，草綠的三引擎巨型機。警衛一面維持秩序，一面也沒有忘了對準了他的快鏡鏡頭。美國記者們像打仗似的，拼著全力來捕捉這一鏡頭，中國攝影記者不多，因此倒強調了國際間關心中國團結的比重。塔斯社社長普金科去年曾參加記者團赴延安，他也在為「老朋友」毛澤東先生留像。昨日下午六時有重慶對莫斯科廣播的節目。普金科看看表，欣慰地笑了。

第一個出現在飛機門口的是周恩來，他的在渝朋友們鼓起掌來，他還是穿那一套淺藍的布制服。到毛澤東、赫爾利、張治中一齊出現的時候，掌聲與歡笑聲齊作，延安來了九個人。毛澤東先生，五十二歲了，灰色通草帽，灰藍色的中山裝，蓄髮，似乎與慣常見過的肖像相似，身材中上，衣服寬大得很，這個在九年前經過四川境的人，今天踏到了抗戰首都的土地了。這裏有邵力子、雷震兩先生，這裏有周至柔將軍，這裏有張瀾先生，這裏有沈鈞儒先生，這裏有郭沫若先生……多少新交故舊，他都以極大的安定來迎接這個非凡的情景。「很感謝」，他幾乎是用陝北口音說這三個字，當記者與他握手時，他仍在重複這三個字，他的手指被紙煙燒得焦黃。當他大踏步走下扶梯的時候，我看到他的鞋底還是新的。無疑的，這是他的新裝。頻繁的開麥拉鏡頭阻攔了他們的去路，張治中部長說：「好了吧」，赫爾利卻與毛澤東、周恩來並肩相立，撫著八字銀鬚說：「這兒是好萊塢！」於是他們作盡姿態被攝入鏡頭，這個全世界喜歡看的鏡頭。張部長在汽車旁力勸：「蔣主席已經預備好黃山及山洞兩處住所招待毛先生，很涼快的。」結果決定毛先生還是暫住化龍橋十八集團軍辦事處，改日去黃山與山洞歇涼。毛、張、赫、周四個人坐了美大使館二八一九號汽車去張公館小憩，蔣主席特別撥出一輛二八二三號的篷車給毛先生使用，也隨著開回曾家岩五十號了。侍從室組長陳希曾忙得滿頭大汗。記者像追看新嫁娘似的追進了張公館，郭沫若夫婦也到了。毛先生寬了外衣，又露出裏面的簇新白綢襯衫，他打碎了一隻蓋碗茶杯，廣漆地板的客廳裏的一切，顯然對他很生疏，他完全像一位來自鄉野的書生。他和郭先生仔細談著蘇聯之行，記者問他關於中蘇盟約的感想時，他說：「昨天還只看到要點，全文來不及看呢。」我以為他下飛機時發表的中英文書面談話甚為原則，因此問他：「你這談話裏沒有提到黨派會議與聯合政府，這次洽談是否仍打算在這兩件事上談起呢？」他指著中文書面談話說：「這一切包括在民主政治裏了。還要看蔣先生的意見怎麼樣。」對於留渝日期，他說不能預料。他翻看重慶報紙時說：「我們在延安也能讀到一些。」他盼望有更多的記者可以到延安等地去。張部長報告蔣主席電話裏說：八時半在山洞官邸邀宴毛、周諸先生，因此張公館趕快備辦過遲的午宴，想讓毛先生等稍事休息後再赴宴，作世界所關心的一個勝利與和平的握手。

幸好有眾多不同黨派、不同背景、不同風格的報紙；幸好沒有發「通稿」。不然，我們不會在不同的報導中，讀出不同的韻致和細節……

對比《新華日報》和《大公報》，我們便不難發現幾處不同的描寫。《新華日報》說，「第一個出現的是毛澤東」；《大公報》說「第一個出現在飛機門口的是周恩來」。《新華日報》說，周至柔介紹「蔣主席已經預備好了黃山和山洞兩處住所招待毛先生」；《大公報》說，是張治中向毛報告「蔣主席已經預備好黃山及山洞兩處住所招待毛先生」。《新華日報》說，赫爾利緊緊地挽住毛澤東的胳膊，「又順勢將周恩來的胳膊也挽住」，讓記者盡情拍照；《大公報》說，「赫爾利與毛澤東、周恩來並肩相立」、「作盡姿態被攝入鏡頭」……當然，這些差異無關宏旨，一來可能是記者記錄有誤，觀察有限。二來也許就是記者的故意。

仔細體味這兩篇報導，《新華日報》和《大公報》落筆的重點是大異其趣、大相逕庭的。

《新華日報》是將毛澤東作為領袖和偉人來描寫的，它極力想向讀者展示的，是毛澤東縱橫捭闔、成竹在胸的氣質和風度。毛澤東揮揮禮帽，「使每一個在場的人都相信，他有著扭轉乾坤的力量」。毛澤東始終是《新華日報》通訊的主角和主線，他與各民主黨派負責人的問候、寒暄，都表現著中共的核心地位和主導作用。擠不到跟前的各黨派領袖，「急得愁眉苦臉，唉聲歎氣」。周恩來只是在通訊的第九段才出現，而且露面得很突兀：赫爾利「又順勢將周恩來的胳膊也挽住」。主次必須分明。毛澤東也只能第一個出現在機艙門口了。

子岡是把毛澤東作為「人」來描寫的。她注重了細節，用細節說話。細節來自於她的敏感，來自於她嚴格的職業訓練。她看到了毛澤東剛上腳的嶄新皮鞋和裏邊簇新的白綢襯衫，「無疑的，這是他的新裝」，她發現了毛澤東打碎了一隻蓋碗茶杯，暗示了陝北土窯洞與重慶張公館的巨大反差，她甚至能注意到毛澤東手指「被紙煙燒得焦黃」。她覺得「他完全像一位來自鄉野的書生」。當然，子岡不會以貌取人，她知道毛澤東的胸襟和抱負。她抓住點滴時間問了毛澤東兩個尖銳問題：對中蘇友好同盟條約的看法；此次國共談判的主要焦點。

你不得不佩服子岡扎實的採訪和傳神的文字，在這篇不長的報導中，她將事實和邏輯組織得緊湊、完整。她在字裏行間，竟還偷閒向我們描繪了毛澤東、周恩來所穿衣服的質地、式樣、顏色，她甚至還記下了毛澤東所乘汽車的號碼，介紹了毛澤東的年齡，延安來的談判人數，她那「身材中上」的精確形容，打破了毛澤東「高大魁武」的神話……

《大公報》似乎對和平談判充滿了強烈的期待。總編輯王芸生親撰了一篇社評〈毛澤東先生來了〉，與子岡的通訊一同刊於《大公報》上：「昨日下午三點多鍾，毛澤東先生到了重慶。毛澤東先生來了！中國人民聽了高興，世界人民聽了高興，無疑問的，大家都認為這是中國的一件大喜事。」社評說：「說來有趣，中國的傳統戲劇，內容演述無窮無盡的離合悲歡，最後結果一定是一幕大團圓。以悲劇始，以喜劇終，這可說中國文學藝術的嗜好。有人以為藝術可以不拘於一格，但中國人有其傳統偏愛，我們寧願如此。現在毛澤東先生來到重慶，他與蔣主席有十九年闊別，經長期內戰，八年抗戰，多少離合悲歡，今於國家大勝之日，一旦重行握手，真是一幕空前的大團圓。認真地演這幕大團圓的喜劇吧，要知道這是中國人民最嗜好的。」「觀眾」的熱情確實高漲。然而，「觀眾們」也過於天真幼稚了。

談判之初，毛澤東、蔣介石禮節性地會面之後，具體框架和協議，便交由周恩來、王若飛、張治中、王世杰等人去磋商和醞釀了。蔣介石制定了國民黨方面的談判原則，即：不拒絕中共提出的談判條件，惟所有談判必須依照以下三原則進行：「（一）不得以現在政府法統之外來談改組政府問題，即其所謂召開黨派會議討論國是，組織聯合政府也。（二）不得分期或局部解決，必須現時整個解決一切問題。（三）歸結於政令軍令之統一，一切問題必須以此為中心也。」有史家曾經揶揄，說是重慶談判蔣介石想要演戲，但是匆忙中沒有準備好臺詞。上述三原則可以看出，蔣介石不但充分準備了臺詞，連「戲路」都規範好了。

若要這齣戲演不下去，只有提出比蔣介石更苛刻的條件。九月二日，毛澤東親自參加了周、張會談，並提出正式建議：

一、在國共兩黨談判有結果時，應召開有各黨派和無黨派人士代表參加的政治會議。

二、在國民大會問題上，如國民黨堅持舊有代表有效，中共將不能與國民黨成立協議。

三、應給人民以一般民主國家人民在平時所享有之自由，現行法令當依此原則予以廢止或修正。

四、應予各黨派以合法地位。

五、應釋放一切政治犯，並列入共同聲明中。

六、應承認解放區及一切收復區內的民選政權。

七、中共軍隊須改編為四十八個師，並在北平成立行營和政治委員會，由中共將領主持，負責指揮魯、蘇、冀、察、熱、綏等地方之軍隊。

毛澤東建議的要害，在保留軍隊的數量。此前幾年的談判中，國民政府允諾中共保留十二個師，此次重慶談判中，毛澤東開口就要「四十八個師」，這讓國民黨方面深感不滿。當天晚上，蔣介石便與毛澤東舉行了首次會談。蔣特別解釋了軍隊問題：「去年張（文白）、王（雪艇）兩氏與中共代表林伯渠在西安商談時，已允予整編為八個師至十個師，嗣後余因顧念事實，後於去年冬國民參政會議上，允予編組為十個至十二個師。現在抗戰結束，全國軍隊均須縮編，情勢已不相同，但余之諾言，仍為有效，不過此十二師之數，乃中央所能允許之最高限度。」

對於解放區問題，蔣介石稱：中共所提解放區，為事實所絕對行不通者。吾人應本著革命者精誠坦白之精神與態度，來解決這一問題。只要中共對於軍令政令之統一能真誠做到，則不僅各縣行政人員中央經過考核可酌予留任，即省行政人員，如主席，中央亦必本「用才惟盡」之旨，延引中共人士參加。

對政治問題，蔣介石提出：擬改組國防最高委員會為政治會議，由各黨各派人士參加，共同參與政治。中央政府之組織與人事，刻因國民大會即將召開，擬暫不變動，一俟國民大會集議，新政府產生之時，各黨派與無黨派人士均可依法參加中央政府。如中共方面現在即欲參加中央政府，中央亦可考慮。

蔣介石居高臨下，惟我獨尊、惟我獨大的態度，深深刺傷了毛澤東。談判陷入了僵局。

各民主黨派和各界人士熱切企盼和談成功、內戰遠避，利用各種機會和場合，撮合國共兩黨達成協定，組建聯合政府，實行民主建國。

九月二十日，在重慶紅岩新村中共中央南方局辦事處，毛澤東於時隔半個月後，第二次會見了《大公報》總編輯王芸生。王芸生反覆強調，希望共產黨方面以團結為重，共同建國，不要把國共聯合的局面丟掉。毛澤東點頭表示贊同。回到報館後，王芸生以《大公報》名義發出邀請，設宴招待中共代表團，毛澤東、周恩來、王若飛等應邀出席。宴會進行中，王芸生向毛澤東提出：「共產黨不要另起爐灶。」毛澤東回答：「不是我們要另起爐灶，而是國民黨灶裏不許我們造飯。」

一絲隱憂，飄上《大公報》諸位心頭。當然，作為政治家的毛澤東，深知鬥爭策略的重要意義。他向王芸生表示：我們對國民黨，只是有所批評，留有餘地，並無另起爐灶之意。

這又給王芸生吃了一顆寬心丸。

在重慶的一天，毛澤東與中間偏右的民主社會黨座談。民社黨領導人蔣勻田向毛澤東提及了「軍隊國家化」的話題，毛澤東毫不猶豫地回答：「老實說，沒有我們這幾十萬條破槍，我們固然不能存在，你們也無人理睬，又怎能將軍隊交給蔣介石先生呢？」蔣勻田又問：「假如有一天我們認為不需要槍桿護衛，如歐美的民主國家一樣，用自由競選的方式取得政權，毛先生，你願意放棄所有的槍桿嗎？」毛澤東機智地回答：「在未答覆你的問題前，先請你答覆我的問題：你相信不相信中國共產黨的政治鬥爭技術，不在任何政黨之下呢？」蔣勻田老實回道：「我確信共產黨的政治鬥爭技術不在任何政黨之下。」毛澤東笑著說：「你既相信這一點，那你已經答覆了所提問題的一半了。你想，假如我能憑政治鬥爭技術以取得政權，我為什麼要負養數十萬大軍的重擔呢？不過還請你注意一點，軍隊國家化固然好，所有特務人員更須國家化。不然，我們前頭走，特工人員在後面跟蹤。這樣的威脅，我們又如何受得了？」說著，毛澤東還站起身來，模仿了特務跟蹤時左右轉頭觀察的動作，舉座皆笑。看來在重慶，毛澤東是每每被特務緊緊盯著的。

談不下去，蔣介石惱羞成怒，他對周恩來說：「盼告訴潤之，要和，就照這個條件和。不然，就請他回延安帶兵來打好了。」

談不下去，王若飛怒拍談判桌，忿忿然痛斥國民黨頻頻用「軍隊國家化」來壓迫共產黨，卻不想現在的所謂國家不過是國民黨一黨的國家；一方面強行削減抗日軍隊，一方面因兵力不足，到處委任偽軍，不如「中央把我黨連部隊都消滅了好了！」

談不下去，赫爾利無法向美國政府交差。他深夜造訪毛澤東，立逼毛答應國民黨的條件並連夜擬定談判公告。毛澤東不為所動，只表示相信可以找到合理的解決辦法，決不會向分裂方向走，對赫爾利的條件拒不接受。赫爾利氣急敗壞，言辭尖利……

奇蹟終於出現了。國共雙方居然在沒有曙光的黑暗中達成了協定。當然，這個協議究竟有多大的約束力，雙方都是心知肚明的。

十月十日，《政府與中共代表會議紀要》正式簽訂，社會各界稱之為「雙十協定」。《新華日報》報導說，國共雙方「在愉快融洽的情緒中」，簽署了這個自有國共談判以來從未有過的和平協定。《紀要》共分十二點。概要如下：

一、關於和平建國的基本方針，一致認為：中國抗日戰爭業已結束，和平建國的新階段，即將開始，必須共同努力。雙方同認蔣主席所倡導之政治民主化、軍隊國家化、及黨派平等合法，為達到和平建國必由之途徑。

二、關於政治民主化問題，一致認為應迅速結束訓政，實施憲政，並應先采必要步驟，由國民政府召開政治協商會議，邀集各黨派代表及社會賢達協商國是，討論和平建國方案及召開國民大會各項問題。

三、關於國民大會問題，中共方面提出：重選國民大會代表，延緩國民大會召開日期及修改國民大會組織法、選舉法和五五憲法草案等三項主張。政府方面表示：國民大會已選出之代表，應為有效，其名額可使之合理的增加和合法的解決，五五憲法草案原曾發動各界研討，貢獻修改意見。雙方未能成立協議。

四、關於人民自由問題，一致認為政府應保證人民享受一切民主國家人民在平時應享受身體、信仰、言論、出版、集會、結社之自由，現行法令當依此原則，分別予以廢止或修正。

五、關於黨派合法問題，中共方面提出：政府應承認國民黨、共產黨及一切黨派的平等合法地位。政府方面表示：各黨派在法律之前平等，本為憲政常軌，今可即行承認。

六、關於特務機關問題，雙方同意政府應嚴禁司法和員警以外機關有拘捕、審訊和處罰人民之權。

七、關於釋放政治犯問題，中共方面提出：除漢奸以外之政治犯，政府應一律釋放。政府方面表示：政府準備自行辦理，中共可將應釋放之人提出名單。

八、關於地方自治問題，雙方同意各地應積極推行地方自治，實行由下而上的普選。

九、關於軍隊國家化問題，中共方面提出：政府應公平合理地整編全國軍隊，確定分期實施計劃，並重劃軍區，確定徵補制度，以謀軍令之統一。在此計劃下，中共願將其所領導的抗日軍隊由現有數目縮編至二十四個師至少二十個師的數目，並表示可迅速將其所領導而散佈在廣東、浙江、蘇南、皖南、皖中、湖南、湖北、河南(豫北不在內)八個地區的抗日軍隊著手復員,並從上述地區逐步撤退應整編的部隊至隴海路以北及蘇北、皖北的解放區集中。政府方面表示,全國整編計劃正在進行,此次提出商談之各項問題,果能全盤解決,則中共所領導的抗日軍隊縮編至二十個師的數目,可以考慮。關於駐地問題,可由中共方面提出方案,討論決定。

十、關於解放區地方政府問題,中共方面提出各解放區暫時現狀不變,留待憲法規定民選省級政府實施後再行解決,並可將此問題提交政治協商會議解決。政府方面則以政令統一必須提前實現,亟盼能商得具體解決方案。

十一、關於奸偽問題,中共方面提出:嚴懲漢奸,解散偽軍。政府方面表示:懲治漢奸要依法行事,解散偽軍亦須妥慎辦理。

十二、關於受降問題,中共方面提出:重劃受降地區,參加受降工作。政府方面表示:參加受降工作,在已接受中央命令之後,自可考慮。

《雙十協定》簽署的第二天,毛澤東乘美國大使的專機離開重慶,回到延安。毛澤東在重慶待了四十三天,這是一場艱苦的談判,這是危機四伏、殺氣盈天、勾心鬥角、智勇雙較的四十三天。回到延安的毛澤東說,這場談判「失了一寸,得了一尺」。他的確是心力交瘁了,竟立即病倒了。

在重慶談判陷入僵局時，許多好心人便勸他早脫險境，張瀾曾多次對他說：「走為上。」周恩來為他寫下了十六個字：晨風加厲白露為霜，伏莽堪虞為國珍重。「伏莽」就是躲在草叢中的士兵。自此，毛澤東清晨再也不外出散步了。毛澤東的毅力和克制力讓蔣介石十分佩服。毛原本菸癮很大，幾乎手不離菸。而在與蔣介石交談的八個小時中，竟然沒抽一枝菸。蔣介石在日記中寫道，這件事讓他「嚇了一跳」。

十月八日晚，在談判協定簽署的前夕，國民黨談判代表張治中舉行了一個盛大的宴會，既是為談判成功祝賀，也是為毛澤東送行。第二天的《大公報》對這次宴會作了詳細報導：

……昨晚張部長又一次大請客，地點在軍委會大禮堂，被邀者推廣到黨政軍文化新聞各界，約達四五百人之眾。許多敏感的報人與各黨派人到得特別早，候到預定的六時半，就紛紛擁入，忙著交談，大家都以為將有極重要的節目出現。

六時三刻，毛澤東、周恩來、王若飛三氏到了，立刻引起全體注意。他們三人也忙著同大家寒暄，會場的空氣好像顯得更溫暖了……

張部長在熱烈的掌聲中結束了他的「忠實的報告」，就請毛澤東先生發表演說。

毛先生從容走近擴音機，首先感謝各方面。他感謝蔣主席的邀請，招待周到；他感謝張部長主持歡迎與歡送會，他感謝各界惠然光臨，說是很不敢當。現在全國人民、各國友人都很關心我們所談的問題。因為我們不僅是談兩黨的問題，而是談與全國人民利害相關的問題。無論軍事與政治問題，都關係到人民的利益。

毛先生講到這裏，特別提到張部長的報告，說是「講得很對」。現在中國與全世界，都打倒法西斯，世界已經一片光明。兩次世界大戰，由上次大戰開始，到這次戰爭結束，整整三十年，最後打倒法西斯，使世界推進到新階段。張部長說我們要統一，統一是好的，不統一不好，我們一定要統一！（鼓掌）困難要用政治方法來解決，不能考慮政治以外的方法。（大鼓掌）

毛先生說：「和為貴」，只有和，才能求得雙方的一致。和是最大多數人的願望。和平、民主、團結、統一、富強，是我們今後的方針，我們要用統一的國家迎接新的局面。「可是困難是有的，」毛先生說到這裏興奮極了，「我們不怕困難！各黨派不怕困難，中國人民不怕困難！」我們要在蔣委員長領導之下，克服困難，建設獨立、自由、民主、統一、富強的新中國！大家一條心，要和平、民主、團結、統一。（鼓掌）毛先生更鄭重聲明：「我們的合作，是長期的合作。困難會打消的。」最後毛先生像咆哮般的大喊：「新中國萬歲！」「蔣委員長萬歲！」

在高度的熱情中，這樣結束了他的演說，申明了他的最後態度。

宴會結束後，張治中徑直來到王芸生桌旁，他向王芸生詢問：你對毛澤東高喊「蔣委員長萬歲！」有何感想？一向思路敏捷、筆走龍蛇的王芸生當即表示，除了「驚訝」之外，一時還真說不出其他的體會。

其實，重慶談判的基礎是相當脆弱的，仔細研究國共兩黨達成的「協定」，不難發現，在一些重大的國是問題上，如整編軍隊、軍隊國家化、聯合政府、國民大會、解放區的廢存、地方自治等，兩黨並未取得一致意見，協議的剛性保障更無從談起。

王芸生算是明眼人之一。十一月中旬，他在《大公報》上連續發表了三篇社評，呼籲和平、團結建國。

首篇社評〈中國政治之路〉發表於十一月二日。王芸生在這篇社評中提出了走政治之路的關鍵：「什麼是今天的中國政治之路呢？說來實無甚稀奇。今天的世界是民主的世界，中國必須成為民主的中國，因此，中國政治之路必須走向民主。中國怎樣走向民主？全國老百姓都需要民主，都願意民主，都盼望民主，而最能使國家盡速走上民主之路的，實繫於中國一二大黨及一二領袖的做法。我們尋常所想的，都是人民的想法。在政治上具有舉足輕重地位的人怎樣想呢？我們總以為，在今天的中國，無論什麼人，都應該向民主方面想，而不必叮叮囑囑於槍桿與地盤的問題。」

王芸生大膽假設：「假如我是蔣主席，我是中國第一大黨中國國民黨的總裁，我是中華民國國民政府的主席，我領導國家抗戰，得到最後勝利。在今天舉國為勝利歡呼之時，我決心把國家引導上民主憲政之路。我立刻宣佈國民黨不再專政，我決定使國民政府結束訓政，還政於民。我邀請一個全國性的會議（如同擬議中的政治協商會議），協商國事。我決定召開國民大會，選舉政府，制頒憲法。我不考慮個人是否能繼續執政，也不計算國民黨是否能得到多數，我不堅持國民大會的舊代表必然有效，我不使關係國家民主前途的國民大會留有可以使人議論之處。我願意重選國民大會代表，以問經過八年大戰以後的民意。我願意重訂國民大會組織法，充實國民大會的職權，務使國民大會成為一個名副其實能夠充分行使民權的國會。我願意把五五憲草徹底修改，務使中華民國憲法是一部嶄新的民主憲法。我主張軍隊國家化，民選政府產生，即改組全國軍隊，不使留有任何黨的形式及任何黨的痕跡。」

王芸生又大膽假設：「假如我是毛先生，我是中國第二大黨中國共產黨的領袖，我曾經領導我的同志參加國家抗戰，建有功勳。我有群眾，我有主張，我對當前國事有發言權。我雖然是中國共產黨的領袖，我經過研究，確知中國尚不能實行共產主義，也不能組織共產社會。我早已經告訴國人，中國革命還是國民革命，應該實行三民主義。我絕沒有打碎國家的形式而組織一種類似蘇維埃政權的野心。今天國家抗戰勝利了，我為國家為人民爭民主，務使國家走上民主的大路。在民主的原則上，我一切爭，一切不讓。我要求國民黨結束訓政，但不必由共產黨專政。我要求重選國民大會代表，我將號召我的同志及人民，與國民黨及其他黨派公開競選，以問全國的民意。我主張修改國民大會組織法，充實國民大會的職權，務使國民大會成為一個能夠充分行使民權的國會。我主張徹底修改五五憲章，務使中華民國憲法成為屬於人民的民主憲法。我爭黨的地位公開，我爭各種基本人權自由。這一切，都是民主的原則，我都必爭，我都不讓。這一切都得到保證，我即宣佈取消邊區政府，我即宣佈改組我黨的軍隊，使之一律國家化。」

書生之見，無以復加。

內戰的陰雲越積越密，中國的上空，雷電交加。十一月十二日，王芸生發表了第二篇社評〈應該問問人民！〉：「任何政黨都要爭政權，但爭政權的手段必不可以靠武力，爭政權的觀念尤其要正確。以武力爭政權，是一種極大的罪惡。以不正確的觀念爭政權，也是一種極大的錯誤。觀念錯誤了，縱使動機是好的，也還是錯誤。爭政權的人，人人自以為我們的辦法比別人的高，我們的政府比別人的好，所以我們應當有資格來統治人民，有資格管理人民。從這種觀念出發，以為我們是國家人民的主人，以為人民該由我們來生聚教訓，以為人民該由我們來管教養衛。兩三千年來中國傳統的政治學說，所謂『有治人者』、『有治於人者』，根本就犯了這種觀念錯誤。因有此錯誤的觀念，士大夫與一些特權階級有意無意之間就接受了『治人』的地位，以自己為主人，以人民為被治者。從此一誤，全盤皆錯。」

王芸生呼籲反過來：「承認人民是主人，承認政權軍權的一切根源來自人民，承認我黨我派我個人只是執行人民意志的公僕，並不是以我的意志來替人民服務，更不是以我來統治人民。除了人民的意志以外，我黨我派我個人沒有意志。大家能有如此正確的認識，則今天的爭議很可以簡單地和平解決。」王芸生再一次談到了軍隊問題：「人民養兵，是為了衛國，不是為了爭地盤。軍隊應該國家化，各黨各派不得私有軍隊，這是一定的道理。」

王芸生和《大公報》對內戰和黨爭的厭惡已經十分明顯了。

十一月二十日，國共雙方已經在戰場上兵戎相見了。王芸生的第三篇社評，大有與中共決裂之勢。此社評題為〈質中共〉。他奉勸中共應該以「政爭」，而不應該以「兵爭」來奪取政權。「希望共產黨為國家人民爭民主，爭憲政，在這方面一切不讓。同時，希望共產黨放下軍隊，為天下政黨不擁軍隊之倡，放下局部特殊政權，以爭全國政權。」

這通中共極其不願聽到的「謬論」，惹得《新華日報》立馬反擊，口誅筆伐，也就不足為奇了。

一山不容二虎，一國不容二主。在國共雙方誰都不想讓步、稱臣的前提下，和談必定沒有結果，聯合政府必定是空中樓閣。所謂的縮編軍隊、軍隊國家化更是無稽之談了。其實，重慶談判自始至終，蔣介石、毛澤東都不抱有任何希望，談歸談，打歸打。談判桌上煞有介事地討價還價，背地裏各戰場上調兵遣將，部署、集結，隨時準備開戰。蔣介石剛剛與毛澤東微笑著握手話別之後，就在日記中惡狠狠地罵道：「共產黨不僅無信義，且無人格，誠禽獸不若矣。」

於是，《政府與中共代表會議紀要》正式公佈的第二天，即十月十四日，蔣介石即發佈了剿共密令，告誡各級軍事將領：對共產黨「若不速予剿除，不僅八年抗戰前功盡失，且必遺害無窮，使中華民族永無復興之望」。因此，「此次剿共為人民幸福之所繫，務本以往抗戰之精神，遵照中正所訂剿共手本，督勵所屬，努力進剿，迅速完成任務，其功於國家者必得膺賜，其遲滯貽誤者必執法以罪」。

精明的中國共產黨人當然不會坐以待斃。《紀要》發佈當天，中共中央便發出指示，稱：由於解放區問題未能在談判中解決，「暫時許多局部的大規模的軍事衝突仍不可避免」，「全國和平建國的局面即不能出現」，故「解放區軍隊一槍一彈均必須保持，這是確定不移的原則」。

在這兩支劍拔弩張的軍隊之間，幾乎不需要任何藉口和理由，內戰之火，一觸即發。

重慶談判期間及之後，因毛澤東〈沁園春‧雪〉一詞而引發的詩詞唱和、讚揚和反對，稱得上一段文壇掌故，有必要記之述之，傳諸後世之人。

柳亞子為一幫閒文人，早年與毛澤東相識。他創建「南社」，一生致力於詩詞研究、創作和普及。他的政治智慧遠不及他的詩詞學養。

重慶談判期間，九月六日，毛澤東在周恩來、王若飛的陪同下，前去拜訪了柳亞子。柳亞子不談民主建國、自由統一等大政方針，而是向毛澤東索要詩詞，以文會友。毛澤東將舊作〈七律‧長征〉抄錄與他，柳亞子歡天喜地。不幾日，柳亞子將自己的和詩書贈毛澤東。毛澤東無以回報，十月七日，遂又將一九三六年二月寫的那首〈沁園春‧雪〉重新抄錄後，送給了柳亞子。

柳亞子讀了〈沁園春‧雪〉後，欣喜若狂，直呼「大作」、「大作」，並興奮地和詞一首，興沖沖送到《新華日報》，要求與毛詞一同發表。而《新華日報》不經請示，是不敢擅自發表毛澤東的詩詞的，可那幾天毛將離渝，諸事繁忙，顧不上這些唱酬之事。柳亞子不願錯過時機，建議先發表他的和詞。十月十一日，也就在毛澤東離開重慶的那一天，《新華日報》登載了柳亞子的詞作〈沁園春・次韻和毛主席詠雪之作〉。原詞未見，和詞先發，這倒讓讀者丈二和尚摸不著頭腦，不明就裏了。

正在《新民報》副刊《西方夜譚》任編輯的吳祖光，得知毛澤東有這樣一首詠雪之詞，便四處收集，多方打探。吳祖光跑了幾處地方，找了黃苗子、王昆侖等人，把三個傳抄本湊起來，得到了一首完整的〈沁園春・雪〉。十一月十四日，吳祖光在《新民報》二版副刊《西方夜譚》上發表了這首詞，題目是〈毛詞・沁園春〉：

北國風光，千里冰封，萬里雪飄。望長城內外，惟餘莽莽；
大河上下，頓失滔滔。山舞銀蛇，原馳蠟象，欲與天公試比高。須晴日，
看紅裝素裹，分外妖嬈。
江山如此多嬌。引無數英雄竟折腰。惜秦皇漢武，略輸文采；
唐宗宋祖，稍遜風騷。一代天驕，成吉思汗，只識彎弓射大雕。俱往矣，
數風流人物，還看今朝。

吳祖光在編發這首〈沁園春〉時，寫了一段按語：「毛潤之氏能詩詞似鮮為人知。客有抄得其〈沁園春‧雪〉一詞者，風調獨絕，文情並茂，而氣魄之大，乃不可及。據毛氏自稱則遊戲之作，殊不足青年法，尤不足為外人道也。」

柳亞子的第一首和詞是：

> 廿載重逢，一闋新詞，意共雲飄。歎青梅酒滯，餘懷惘惘；
> 黃河流濁，舉世滔滔。鄰笛山陽，伯仁由我，拔劍難平塊壘高。傷心甚：
> 哭無雙國士，絕代妖嬈。
> 才華信美多嬌。看千古詞人共折腰。算黃州太守，猶輸氣概；
> 稼軒居士，只解牢騷。更笑胡兒，納蘭容若，豔想禾農著意雕。君與我，
> 要上天下地，把握今朝。

典型的逢迎之作。毛詞列舉帝王，以論高下。柳亞子沒那個氣魄，只好拎出歷代詞章大家以襯毛澤東。最後，還不忘把自己加進去，「君與我」，如何如何云云。

郭沫若當然不甘人後，此時此刻，亦提筆和詞，緊步毛詞後塵。十二月十一日，他發表了〈沁園春‧和毛主席韻〉：

國步艱難，寒暑相推，風雨所飄。念九夷入寇，神州鼎沸；
八年抗戰，血浪天滔。遍野哀鴻，排空鳴鵰，海樣仇深日樣高。和平到，
望肅清敵偽，除解苛嬈。
西方彼美多嬌。振千仞金衣裹細腰。把殘鋼廢鐵，前輸外寇；
飛機大炮，後引中騷。一手遮天，神聖付託，欲把生靈力盡雕。堪笑甚，
學狙公芧賦，四暮三朝。

郭沫若從來是以政治入詩，以政論入詞。他的詩詞，思想大於形象，概念多於情致。大量用典，生僻難懂。尤其為了押韻，不惜顛倒成語、俗語，令讀者尤如咀嚼之時突遇砂粒，實在難受至極。「學狙公芧賦，四暮三朝」，實則就是說養猴之人與猴子約定，早晨四個橡子，晚上三個橡子。猴子不幹。養猴人改口曰：那就早晨三個，晚上四個，猴子大喜。這就是「朝三暮四」成語的由來。郭沫若將它顛倒為「四暮三朝」實在拗口、違意。這是郭沫若的創新，意喻國民黨在談判中出爾反爾，言而無信。

又是王芸生出來唱反調了。他將毛澤東的〈沁園春•雪〉抄錄一份，寄給了傅斯年，並附信一箋，很不以為然。他還找出了自己多年前寫的一篇長文〈我對中國歷史的一種看法〉，自十二月十六日起，在重慶《大公報》分四次連載。緊接著，天津《大公報》與上海《大公報》也分別刊發了這篇數萬言的長文。這在《大公報》公司內，是不多見的。王芸生

在發表這篇文章時，特意寫了個「補識」：「這篇文章，早已寫好。旋以抗戰勝利到來，國內外大事紛紛，遂將此文置於箱底。現在大家情緒起落，國事諸多拂意，因感一個大民族的翻身不是一件小事。中華民族應該翻身了，但卻是從兩千多年專制傳統及一百多年帝國主義侵略之下的大翻身。豈容太撿便宜？要從根算起，尤須廣大人民之起而進步。近見今人述懷之作，還看見『秦皇漢武』、『唐宗宋祖』的比量。因此覺得我這篇斥復古迷信、反帝王思想的文章還值得拿出來與人見面。翻身吧！必兢兢於今，勿戀戀於古，小百姓們起來，向民主進步。」

陳佈雷把這首詞拿給蔣介石看。蔣讀後勃然作色：「我看他毛澤東野心勃勃，想當帝王稱王稱霸，想復古，想倒退。」

國民黨方面開始反擊了。十二月四日，國民黨軍委機關報《和平日報》，刊發了《和平日報》上海分社社長易君左的〈沁園春〉：

國命如絲，葉落花飛，梗斷萍飄。痛紛紛萬象，徒喚負負；
茫茫百感，對此滔滔。殺吏黃巢，坑兵白起，幾見降魔道愈高？明神胄，
忍支離破碎，葬送妖嬈。
黃金堆貯阿嬌。任冶態嬌容學細腰。看大漠孤煙，生擒頡利；

美人香草，死剩「離騷」。一念參差，千秋功罪，青史無私細細雕。才天亮，

又漫漫長夜，更待明朝。

類似易君左這樣的反調和詞，國民黨的報紙大約刊登了二十四首。王若飛將這些詞章收集起來，寄給延安的毛澤東。毛又轉寄民主人士黃齊生，附信一封說：「其中國民黨罵人之作，鴉鳴蟬噪，可以噴飯。」可見毛澤東的自信和輕蔑。

重慶各位，也揮毫上陣，再戰易君左們。柳亞子寫了和詞之二：

大好神州，國父云亡，道統蓬飄。痛患陽不祿，天乎憒憒；

湘江崛起，誓挽滔滔。誰是黃巢，誰為白起？青史他年月旦高。支離甚，

笑龍陽餘孽，九尾妖嬈。

美新詞筆徒嬌，向楚國章華學細腰。記懷寧按拍，曾傳十錯；

子雲投閣，空反《離騷》。謠諑蠓首，花面丫頭任飾雕。誰憐惜，

只赭衣傅粉，坐待明朝。

郭沫若也直斥易君左：

說甚帝王，道甚英雄，皮相輕飄。看古今成敗，片言獄折；
恭寬信敏，無器民滔。豈等沛風，還殊易水，氣度雍容格調高。開生面，
是堂堂大雅，謝絕妖嬈。
傳聲鸚鵡翻嬌。又款擺揚州閒話腰。說紅船滿載，王師大捷；
黃巾再起，蛾賊群騷。歎爾能言，不離飛鳥，朽木之材不可雕。何足道！
縱漫天迷霧，無損晴朝。

捧之者，堆砌錦繡詞章；斥之者，大扣污穢之詞。易君左為湖南漢壽人，三國時漢壽稱龍陽。柳亞子便指易為「龍陽餘孽」。下面一位律章高手聶紺弩則直接開口罵上了：

謬種龍陽，三十年來，人海浮飄。憶問題丘九，昭昭白日；
揚州閒話，江水滔滔。慣駛倒車常騎瞎馬，論出風頭手段高。君左矣，
似無鹽對鏡，自憙妖嬈。
時代不管人嬌。拋糊塗蟲於半路腰。喜流風所被，人民競起；
望塵莫及，豎子牢騷。萬姓生機，千秋大業，豈懼文工曲意雕！凝眸處，
是誰家天下，宇內今朝？

聶紺弩一直自謙他的長短句是「打油詩」，隨心所欲，不受格律限制。從這首〈沁園春〉中，可以看出聶的率性和恣意。

辛亥老人、國民黨元老譚平山夫人孫蓀荃，竟也是個能詩善詞之人，她也和了一首毛澤東的〈沁園春〉：

三楚興師，北進長征，故國旗飄。指扶桑日落，寇降累累；
神州陸起，獨挽滔滔。掃盡倭氛，歸還漢土，保障和平武力高。千秋事，
看江山重整，景物妖嬈。
文壇革命詞嬌。有鋤惡生花筆若腰。譜心聲萬里，直通群眾；
凱歌一闋，上薄風騷。誰是吾仇，唯其民賊，取彼凶頑射作雕！同懷抱，
把乾坤洗滌，解放今朝。

毛澤東提筆回信，孫女士和詞拜受了。

遠在山東戰場的陳毅，號稱「將軍詩人」。他文筆恣肆，詞意遼遠，遣詞奇絕，用筆突兀，堪稱一代律章大家。他在得到毛澤東的〈沁園春•雪〉和柳亞子的和詞後，出人意料地同和二人之詞。陳毅的〈沁園春•和詠雪詞〉實在寫得漂亮，抄錄如下，以饗同好：

兩闋新詞，毛唱柳和，誦之意飄。想豪情蓋世，雄風浩浩；
詩懷如海，怒浪滔滔。政暇論文，文餘問政，妙句拈來著眼高。傾心甚，
看回天身手，絕代風騷。
山河齊魯多嬌。看霽雪初明泰岱腰。正遼東鶴舞，滌瑕蕩垢；
江淮斤運，砌玉浮雕。池凍鋪銀，麥苗露翠，冬盡春來興倍饒。齊歡喜，
待桃紅柳綠，放眼明朝。

胸中有阡壑，才能下筆重千鈞。陳毅於文，身手不凡，沒有幾人可以出其右。

最近幾年，有人考證，〈沁園春‧雪〉不是毛澤東所作，而是出自毛的秘書胡喬木之手。二〇〇九年十一月十日，《中國經濟週刊》記者採訪胡喬木的女兒胡木英時，曾當面問她：有人說〈沁園春‧雪〉是你父親寫的？胡木英回答：「不是。父親沒參加過長征，壯麗景觀沒經歷過，這不是憑想像就能寫出來的，而且按照父親的性格，他不會寫出主席那樣的氣魄。」毛澤東自己曾說，一九三六年初，他率軍渡過黃河，到達華北。二月五日清晨，部隊來到陝西省清澗縣高傑村袁家溝休整。這一帶已飄了幾天的鵝毛大雪，雄渾壯觀的北國雪景激發了毛澤東的詩興。兩天後，毛澤東揮毫疾書，一口氣寫下了〈沁園春‧雪〉。所以胡木英說，胡喬森沒有參加過長征，沒見過這樣壯麗的景觀，故而寫不出來。其實，毛澤東在詞中並不都是寫實的，「長城內外」、「大河上下」、「山舞銀蛇」、「原馳蠟象」，大多

都是想像之筆。文人的奇思妙想，往往比真實的自然景觀更雄渾，更奇絕。因而，說胡喬木沒經歷過長征，故寫不出這樣的詩詞，這藉口多少有些牽強。

關鍵在於全詞的語氣。它更像是一個追隨者、崇拜者對毛澤東的頌揚。作者將毛澤東與中國歷史上著名的賢君明主相比較，比出了高下，比出了優劣，你看，「秦皇漢武，略輸文采」，他們不如毛澤東的飛揚文字，精美華章；「唐宗宋祖，稍遜風騷」，風騷是情致，是學養，唐宗宋祖也比不上毛澤東的深厚積澱；「一代天驕，成吉思汗，只識彎弓射大雕」，那蒙古族的梟雄，只是一赳赳武夫，只會武治，沒有文功。因而，「數風流人物，還看今朝」，還要看今天的毛澤東。

的確，毛澤東的詩詞雄奇偉絕，氣魄宏大，有不少佳作。一九二五年，他三十二歲時的《沁園春‧長沙》也是一篇扛鼎之作。儘管他在那首詞中發出了「問蒼茫大地，誰主沉浮」的詰問，但他也僅僅是「糞土當年萬戶侯」。萬戶侯是什麼？再高的爵位也是「侯」而不是「王」。十一年後，四十三歲的毛澤東再作述懷之作，就直接把自己比作了皇帝，而且是兩千年中華民族歷史上最開明、最著名的帝王，臧否了他們的不足，小看了他們的功業，華夏大地上，該是我毛澤東的時代了。若如此，那毛澤東的確是自視甚高，心胸忒大了。

主要參考文獻

《重慶談判紀實》，中共重慶市黨史工作委員會編，重慶出版社，一九八四年第一版。
《失去的機會——抗戰前後國共談判實錄》，楊奎松著，新星出版社，二〇一〇年六月第一版。
《聯合政府與一黨訓政——一九四四—一九四六年間國共政爭》，鄧野著，社會科學文獻出版社，二〇〇三年十一月第一版。
《一代報人王芸生》，王芝琛著，長江文藝出版社，二〇〇四年九月第一版。
《聶紺弩舊體詩全編》，侯井天句解，詳注，集評，山西人民出版社，二〇〇九年十一月第一版。

沈崇事件

一九四六年十二月二十四日，耶誕節的前一天，俗稱「平安夜」。這一天，對於風雲激蕩的北平，對於時局飄搖的中國，注定是個「不平安」之夜。

晚上八點多鐘，十九歲的北京大學先科班女學生沈崇，從寄居的表姐家走了出去，打算去平安影院看場電影。

沈崇是當年的秋天由上海來讀北京大學先科班的。先讀先科班然後考大學，是一條捷徑，至少是一條較有把握的升學之路。先科班裏，都是本校教師授課，用的是本校的考試教材，復習範圍和考題類型、考試方法，都很容易瞭解和掌握。在資訊不太發達的一九四〇年代，入先科班然後考大學，是一個明智的選擇。沈崇就是在這樣的心理目標和背景下，由上海來到北平。

先科班的學生不是學校的正式註冊生，又要提前一年來校讀書，住宿和生活問題要自己解決，這也是一筆不小的費用。普通人家的孩子是承受不起的。

沈崇當然不是普通人家的孩子，她出身望門，家境顯赫。她的曾祖父是沈葆楨，大清中興時代的名臣和能臣，官居高位，權傾一時。沈葆楨是福建福州人，道光進士，一八五六年初（咸豐五年）任九江知府。曾國藩辦團練時，沈隨曾管理營務，深得曾國藩賞識，一八六一年升任江西巡撫，駐紮江南大營，為打敗太平天國立了大功。後又回福建主持福州船政局，為中國的工業化孜孜以求。一八七四年，被朝廷委派為欽差大臣，全權辦理臺灣等處海防兼理各國事務大臣。第二年，也就是光緒元年，升任兩江總督兼南洋通商大臣。在清廷的中興之臣當中，沈葆楨瞭解世界，眼光遼遠，他與李鴻章一道，是朝廷中力主籌建海軍的官員之一。只可惜，一八七九年，五十九歲的沈葆楨英年早逝，沒有看到中國海軍完全建立的那一天。當然，遺憾中也有安慰。沈的早逝，也讓他避開了一八九四年甲午海戰後北洋水師全軍覆滅的尷尬。

沈崇在北平寄人籬下的日子難免苦悶和無聊。這天晚上，沈崇與表姐打了個招呼，準備外出看場電影散散心。沈崇的表姐住在八面槽胡同，沈崇穿過胡同，來到王府井大街，一路南行，到了東長安街上。此刻，不幸的事件發生了。

美國海軍陸戰隊伍長威廉斯・皮爾遜和下士普利查德在這個無風的冬日的夜晚喝過酒後，正在東長安街上漫無目的地瞎逛。灼熱的酒精在折磨著他們，燥熱的體內，有股壓抑不住的慾火要發洩。就在這時，他們看到了獨自而行的沈崇。這兩個禽獸之兵，似餓虎捕食一般，一左一右架住沈崇，挾持著她向東單廣場走去。沈崇遭此驚嚇，惶恐不已，立即拚命抗爭，大聲呼救。兩個美國兵捂住她的嘴，不讓她喊出聲來，並把她拖到了東單廣場的南牆根，兩人合力將沈崇按倒在地，脫下了她的褲子、襯褲和內褲，普利查德站起身來，距沈崇一米左右，皮爾遜實施了強姦。國民黨第十一戰區長官部汽車修理工孟昭傑路過此地，發現異常，走過來查看究竟，被普利查德趕走了。兩個美國兵拖著沈崇繼續往東走，再次將沈崇按倒試圖姦淫，沈崇拚命反抗，並揮舞著手中的白色內褲求救。皮爾遜的強姦未能實施。接到報告的五名中國軍人趕到現場，站在一旁的普利查德又把他們趕走了。五名中國軍人看到一個中國姑娘倒在地上，一個美國大兵趴在她身上。也許是女孩極度的恐懼，他們沒有聽到女孩子的哭泣聲和求救聲，也沒看到任何掙扎。五個人感到蹊蹺，便趕到警察局報案去了。因為這類事情，員警才是執法主體。

兩個喪心病狂的美國兵，再次拖起沈崇，繞過牆角向南，把她拖到了檢閱台附近。就在檢閱台旁，就在距哈德門大街幾十米的地方，皮爾遜再次強姦了沈崇。這時，中國軍人和員警帶著槍趕來了。沈崇正式向員警控告，美國海軍陸戰隊隊員強姦了她。員警事後作證：

「她告訴我了，因為我問她了。」

一輛憲兵巡邏吉普車把被告和原告帶走。此時，已經是夜裏十一點了。也就是說，皮爾遜和普利查德整整折磨了沈崇三個小時。

最早披露這個駭人事件的是北平的新聞界。強姦案發生的第二天，十二月二十五日，北平的一家民營通訊社亞光社獲悉了這一事件，並在當天下午向北平各報社發了一條新聞。這讓北平警方打算封鎖這一消息的如意算盤落空了。情急之下，北平警察局長湯永咸打電話給國民黨中央通訊社北平分社，讓中央社出面通知各報不要刊發這條新聞。中央社於是據此擬了一個啟事，發往各報：「頃警察局電知本社代為轉達各報，關於今日亞光社所發某大學女生被美兵姦污稿，希望能予緩登。據謂此事已由警局與美方交涉，必有結果。事主方面因顏面關係，要求不予發表，以免該女生自殺心理更形加強。容有結果後，警局當更發專稿，特此轉達。」北平各報沒有理會中央社的「啟事」，十二月二十六日，《世界日報》、《經世日報》、《北平日報》、《新生報》紛紛報導了沈崇被美軍伍長皮爾遜強姦的新聞。張恨水主持的北平《新民報》不但發了消息，還將中央社的「啟事」改成一條新聞一併在報上刊登。北平警察局和中央社慌了手腳，再次嚴令各報噤聲，二十七日，多數報紙只得沈默，但聲稱「未接到通知」的《國民新報》卻繼續報導沈崇事件，並配發了社論《告在平美軍當局》。

外地報紙中，徐鑄成主辦的上海《文匯報》率先刊發了沈崇事件的消息，激起了上海學生和市民的極大憤慨。

《燕京新聞》關於沈崇事件的報導，是所有媒體當中報導得最為詳盡、最有特色的。《燕京新聞》是燕京大學新聞系出版的實習報，抗戰勝利後，《燕京新聞》實際上已為進步學生主持，他們反對內戰，反對獨裁，爭取民主，爭取和平，成為了進步師生表達意願的輿論陣地。沈崇事件既出，《燕京新聞》發揮他們的優勢，來到北京大學，利用各種關係查到了沈崇的入學註冊表，再多方勾連，找到了沈崇的表姐和表姐夫，居然敲開了沈崇寄居的表姐家的大門，並讓沈崇接受了訪問，一篇《沈女士訪問記》，讓沈崇事件中美軍的暴行和中國員警媚外醜態大曝於天下。沈崇談到，員警到場後，先猛搧沈崇一個耳光，喝問：「你究竟賺他幾塊美金？」並侮辱沈崇說，「你只配住在蘇州胡同。」在警察局，沈崇「又聽到難入耳的冷諷熱嘲」。

敏感的天津《大公報》居然注意到了《燕京新聞》的這篇訪問記，迅速予以轉載，讓《燕京新聞》的這篇獨家報導幾十倍地擴大了影響。

當時，北平和天津、上海的報紙不畏強勢，秉筆直書，忠於事實，堅持報導，才將美軍的暴行和沈崇的冤屈昭告於天下。中國勇敢而正直的媒體，再次成為社會正義的代言人。

最先發出怒吼和抗議之聲的是各大學的學生。十二月二十六日下午，北京大學的民主牆上已經「貼滿了紅的綠的抗議宣言」。十二月二十七日下午兩點，北京大學女同學會率先召開了北大女同學抗議大會，抗議美軍的殘暴行徑。當天晚上，北大女同學會主席劉俊英提議召開全校代表會議，討論下一步的行動。在這次會議上，做出了上街示威遊行的決議。清華、燕京大學的進步學生同仇敵愾，聲援北大，表示一致行動，遊行抗議。十二月三十日，北平各主要院校的數千名學生上街遊行，在東單廣場舉行了反美抗暴群眾大會。北大新詩社的一位女同學，朗誦了趕寫的詩歌〈給受難者〉。集會之後，學生到北平行轅請願。

與此同時，南京、上海、天津、杭州、武漢、重慶、廣州等大城市的大中學生也都先後舉行了支持北平學生、抗議美軍暴行的示威遊行。

皮爾遜這種禽獸士兵，只為自己泄慾，糟蹋了中國女學生，任何時候都應該受到嚴厲譴責和法律制裁。可皮爾遜的這次犯罪，真的太不是時候了。它讓國民政府甚至是蔣介石本人左右為難，進退維谷。

其一，美國在華駐軍，已經惹起眾怒。太平洋戰爭爆發後，中美兩國達成協議，美軍駐紮中國，共同抗擊日本侵略者。駐軍日期是這樣確定的：雙方完成共同作戰任務半年後，美軍撤出中國。一九四五年九月三日，日軍向中國投降，美軍在華駐紮日期便截止在一九四六年三月三日。可時間已到時，國民政府以美軍在華作戰任務尚未完成為藉口，要求美軍再延長一年，至一九四七年三月三日。全國各界紛紛表態，反對美軍延長駐紮。美軍部分士兵紀律渙散，行事粗暴，時有鬧特權、打罵人、酗酒滋事、侮辱婦女的事件發生。此次皮爾遜居然強姦中國年輕女學生，令全國人民的反美浪潮聲勢高漲，洶湧澎湃。遊行學生們認為，把美軍趕出中國去，才是徹底解決問題的辦法。

其二，國民政府正在召開制憲大會，制定和通過中華民國憲法，結束訓政時代，走向憲政之路。國民制憲大會可謂一波三折。二戰結束後，制憲問題擺在了全國各政治派別面前。國民黨當政近二十年，國家還沒有一部憲法，於情於理都說不過去。政協會議期間，各派終於達成協定，決定於一九四六年五月五日舉行國民制憲大會。此後不久，從政治和軍事鬥爭的角度考慮，中共和民盟等民主黨派，不斷提出延期召開制憲大會，會議日期一改再改，憲法制定遙遙無期。一九四六年十月十一日，國軍攻佔了張家口，蔣介石以為「共黨主力已被擊潰」，「共黨無可為矣」，隨即宣佈於十一月十二日如期召開制憲大會。中共與國民政府的談判斷斷續續，談談停停，以時間緊迫、無法按時選出國民大會代表為由，迫使國民政府再度延期三天舉行制憲大會。會期臨近，中共與國民政府徹底決裂，動員民盟一起，拒絕參加制憲大會。名為國民制憲大會，除國民黨外，只有青年黨等幾個小黨追隨到會，實則將制憲大會演成了國民黨的獨角戲。十一月十五日，蔣介石忿恨恨地登上制憲大會主席臺，發表他的開幕致詞：「憲法是全國共循的法典，一方面必須有遠大的理想，一方面又必須顧及國家現實的情況，我們的理想就是國父遺留的三民主義和五權憲法，我們國家的現實，就是國家社會自抗戰以來經過長期的演變和進步，惟有理想與現實兼顧的憲法，才是適合國情而完善可行的憲法」。

制憲大會上，吳稚暉代表憲法起草委員會，將張君勱執筆起草的《中華民國憲法》親自交到了蔣介石手中。隨後，到會的一千三百五十五名國民代表開始審議憲法草案。張君勱為著名法學專家，對近代世界民主國家及其政體和國家運作方式了然於心，他的憲法草案體現了當時民主憲政國家的諸多優點和成功經驗，國民代表們爭議不大。倒是在一個枝節問題上，會議陷入了僵局。將來的中華民國，國都定在哪裡呢？此議一出，眾說紛紜。堅持仍在南京者有之；希望遷都北平、更名北京者有之，且各自理由充分，論證翔實。一時居然爭執不下，曠費時日。蔣介石當即立斷，在憲法中回避國都問題，制憲大會便通過了一部有國旗、國徽、國歌，但無國都的獨一無二的憲法。

制憲大會決定，《中國民國憲法》自一九四七年一月一日實施。蔣介石剛剛開完了焦頭爛額的制憲大會，他皮爾遜就在這個節骨眼上霸王硬上弓，強姦女學生，這真是忙中添亂，往蔣介石眼裏揉砂子。剛想消停一下的蔣介石，在毫無準備之間，猛然間接住了一個燙手的山芋。扔，扔不得，嚥，又嚥不下……

在紛繁複雜的社會變革和政治鬥爭中摔打出來的蔣介石，很快便分析了局勢，理順了頭緒，他確定了三條應對之策：一、對共黨擾亂我後方社會，應指明其叛國害民之罪惡；二、中美國交與關係，不能以美兵個人罪行，而妨礙破壞；三、統一我內部之言論行動。

一九四七年一月一日，蔣介石發表了《三十六年元旦告全國同胞廣播詞》，告誡青年不要「對環境過於敏感，對現實過於苛求，對自身缺乏定力」，被「別有作用的政客野心家所煽惑」，流於偏激，「彷徨於煩悶憤慨之中」，「消耗於空洞無當的政治鬥爭之內」。明顯地有勸諭學生、息事寧人之意。

蔣介石是知道沈崇事件的嚴重性的，新年前後，他一直用最大的精力處理此事，這幾乎是他那幾天的主要政務。這一時期的蔣介石檔案及日記，對此有詳盡記錄。

一九四六年十二月三十日，「長公子經國晉謁，公當就北平學潮事有所指示，以其將於明日偕同新疆籍國民大會代表飛平一行也」。

三十一日，「晚宴馬歇爾特使，蓋為其生日賀也。繼對共黨藉美軍污辱北大女生案所激起各地之學潮，研究弭平辦法」。

一九四七年一月一日，蔣介石打電報給北平市長何思源，要求查明此案。一月二日，何思源覆電蔣介石，對向美方抗議、美方答覆、學生遊行諸情況向蔣介石報告。何思源特別提到了中共在沈崇事件中的動作：「又查此事件發生後，奸黨即利用機會，在各大學煽動，作擴大反美運動。當即聯絡黨、團、軍各方面，商討處理辦法，期使事件不致擴大」，「以期打破奸黨陰謀」。

一月二日一整天，蔣介石的所有精力，幾乎全用在處理這一突發事件上了。「接見王世杰、朱家驊兩部長，詰問處理學潮事，蓋北平各校近因美兵姦污北大女生，引起學潮，共黨正借之掀起反美運動，京滬杭各地學生受其蠱惑，日來亦有進行示威之舉，其標語傳單誣衊政府、侮辱美軍及中傷中美感情，正無所不用其極也」。這天上午，蔣介石還專門召見了前北大代理校長、中央研究院歷史語言研究所所長傅斯年，「對此不幸事件有所垂詢」。下午，美駐華大使司徒雷登「謁蔣主席，談話集中於北平美軍強姦女生事件」，司徒雷登在談話中，「因聽聞美軍駐華北陸戰隊當局在從中國方面獲取所謂北平強姦案的有關調查情況時遇到了困難，我親自將此事告訴了委員長，他馬上下令北平地方當局加速調查並使陸戰隊可以即時獲得調查的一切有關情況」。

一月三日，蔣介石「晚課後，接見美國海軍陸戰隊何華德（又譯哈瓦德）司令，何氏蓋應馬歇爾特使電召，來京就北平美兵肇事案有所報告，並晉謁公陳述華北美軍現狀也」。

一月四日上午，蔣介石再次召見外交部長王世杰、教育部長朱家驊，「查詢學潮處理辦法」，這兩個部，一直是國民政府處理沈崇事件的主管部門。外交部無非是與美軍打交道，尋求事件的解決辦法；教育部的主要精力則是放在如何平息學潮，阻止學生示威遊行、消彌沈崇事件的社會影響諸多方面。

中國共產黨是動員社會、發動群眾的行家裏手。沈崇事件甫出，中共高層立即敏感地抓住了這一事件的政治價值。十二月三十一日，中共中央就向國統區各大城市黨的領導人董必武、吳玉章、張友漁、葉劍英、劉曉、方方、林平等發出指示，要求積極回應北平學運，並提出了方針、目的、策略，對運動作了十分明確的指示。中共中央指出：「（一）北平學生因美兵強姦女生事，已造成有力的愛國運動，上海、天津聞亦將響應，望在各大城市（平、津、京、滬、渝、昆、港、蓉、杭等）及海外華僑中發動遊行示威，並堅持下去，不能遊行的地方，亦可進行請願及組織後援會，一面提出目前具體要求，如要求此案及以前歷次懸而未決的慘案徹底解決，要求美國兵犯罪由中國法庭按中國法律公開審判（如華僑在美犯罪一樣）等，一面依據情況聯繫到美軍全部撤離中國，反對美國干涉內政，出賣軍火，進行借款，助長內戰，及廢除中美商約，抵制美貨等口號。」「並達到暴露國民黨之媚外賣國及其國大制憲全係欺騙之目的。」「要儘量推動一般中立分子出面，造成最廣泛的陣容，並利用國民黨所宣佈的元旦起實行憲法人權條文，採取理直氣壯的攻勢，使國民黨不敢壓迫」。「（二）我們在各地學生及婦女中的關係，應儘量利用學生及婦女中通信辦法，向各地推動發展，並推動各界撰文通電，向各方聲援呼籲，務使此運動向孤立美蔣及反對美國殖民化中國之途展開。」

只有中共這樣十分善於利用事端，發動群眾，組織運動的政黨，才會這樣不厭其細、不厭其詳地指示目標、交代策略。實際上，其後運動的發展，完全在中共中央的掌控之中。

最初中共方面的輿論有些偏激，容易授人以柄。一月二日，《新華日報》社論將這場抗議運動定性為「其實質正是反映中國廣大人民愛國主義的統一戰線與國民黨統治集團獨裁賣國政策之間的兩條路線的鬥爭」，社論公開宣稱，要將這一事件引向反美反政府的方向，向國民黨當局公開挑戰。

延安方面迅速察覺了《新華日報》的冒進態度，一月五日，又向各根據地、國統區各大城市黨組織指示方略，「為避免引起國民黨過早警覺」，我們在宣傳上暫時保持冷靜，並告誡：「宣傳中注意用悲憤的口吻，不要用高興的口吻，以取得更廣大的同情。」即不要給人留下利用事件、幸災樂禍的印象。

一月六日，中共中央再次發出指示，指導運動。要點有二：一是要領導運動擴大和深入，「經過學生活動與報章揭露，要將這些宣傳深入到工人、店員、婦女、城市貧民、工商業家、自由職業者乃至華僑中去，引起他們的響應，以擴大這一運動。在陰曆年假中，如能組織學生下鄉宣傳更好。」二是要在組織上加強對運動的領導，「在這次運動中已產生大批新的積極分子，我黨應幫助這些積極分子組織起來，作為核心，才能使運動長期堅持下去。」「應依據實況在學生組織多的學校，加強其政治領導與聯繫，在學生組織少的學校，發展與鞏固其組織，在沒有學生組織的學校，設法建立適應當地當時環境的組織。」既要有

「民族愛國主義口號下」的組織，「又必須有各種與學生日常生活有關的團體作基礎」。「不要怕少數領導分子在運動中暴露」，但要準備二批三批新的領袖來補缺，為運動的深入持久提供組織上的保證。

與國民黨大而無當、籠統概括、空洞說教的要求、指示相比，中共中央的鬥爭策略詳盡而注重實效，指導性、針對性都十分強烈，兩廂分析，高下立判。

中共上下對利用沈崇事件掀起大規模的反對國民黨政府、反對美軍駐紮的群眾運動，欣欣然興奮不已。十二月三十日，北平學生遊行經過軍調部中共代表葉劍英住處時，葉劍英身穿灰布制服，微笑著走到門口觀看，並向學生們招手致意。在軍調部樓前，學生的遊行隊伍經過時，中共代表團新聞發言人黃華，又「適時」地出現在樓上視窗，雙目中充滿著激賞和肯定。北平市長何思源不幹了，接連抗議「中共人員指揮學生遊行」。無奈之下，黃華於一月初幾度向軍調部致送備忘錄，「謂外傳彼指揮學生遊行事，認為『無稽及可笑』，不悉對方如何想出來的」。一月十九日，《新華日報》發表署名文章，再次為中共辯解。文章說，「反動派處心積慮的把這個全國人民自動的反帝怒潮，說成為出於中共的策動」，「是一種誣衊、戴紅帽子」的陰謀伎倆。

其實，學生運動風起雲湧之時，國民黨的情報部門已經在各地撒開羅網，秘密偵查、搜集進步學生和地下共產黨員的行蹤和動向，北平、上海、南京、杭州、廣州、重慶等地，不斷有秘密報告向國民黨情報中心彙集，一大批學生領袖已經暴露。由此看來，中共中央要求各地準備二批三批學生運動領袖以備補缺，的確是先見之明。

不可否認的是，中共成功利用了沈崇事件，組織發動了一場聲勢浩大的學生和群眾運動。史料記載，到一九四七年一月十日，反美運動波及到十四個省二十六個城市，其中十八個城市發生了罷課、遊行，總人數達到五十萬人以上。這場運動，已遠遠超出了沈崇事件本身的意義和範圍，極大地檢閱了中共動員群眾，組織群眾的高超藝術和方法。

《五四三人行》一書的作者，高度評價了五四運動中的學生運動。他認為：五四是中國現代知識分子輝煌的「創世紀」、「成年禮」。準確地說，應該是中國現代青年知識分子，更準確地說，是中國現代青年學生的「創世紀」與「成年禮」。他們從此成為全社會刮目相看而各政黨競相爭奪的新生力量，以至學生運動竟被變成運動學生。

沈崇事件中，「運動學生」已臻完美，甚至可以說運用得爐火純青了。

國民政府方面負責處理沈崇事件的是外交部和教育部。外交部主要是與美國駐華大使館和美國海軍陸戰隊聯繫，以求公正、公平處理美軍士兵強姦中國女學生事件。教育部則是通電各校，指示做好學生的工作，不要發生大規模的罷課、遊行示威和反對政府的抗議行為。

個別學閥頑固地站在政府的立場上，反對學生集會抗議，指責學生聚眾滋事，這種現象的確存在。比如北大訓導長陳雪屏在回答學生代表詢問時，竟說，「該女生不一定是北大學生，同學何必如此鋪張。」又說：「晚上為什麼還要去看電影？看電影為什麼不坐車？」陳雪屏的言外之意是，不是北大的學生，就可以不管不問，不必「鋪張」運動。發生了強姦案，是因為天晚外出，而且還不坐車。這種奇談怪論，立即受到學生的普遍攻詰和反對，陳雪屏嚇得噤聲不出，再也不敢胡說八道了。

教育部長朱家驊夾在政府和學生中間，兩頭為難，兩頭受氣。外交部長王世杰居然向蔣介石告朱家驊的黑狀，說他消極沈案，處置無方。而學生方面則指責朱家驊壓制學生運動，袒護美軍暴行。無奈之下，朱家驊幾次致電各大學校長，懇切期望各校首腦做好工作，平息學運。

一九四六年十二月三十一日，朱家驊致電北大校長胡適、清華校長梅貽琦、北平師院袁院長、北平鐵道管理學院徐院長，稱沈崇一案「係違警刑事案件，自應聽由法律解決。現聞有人假此鼓動風潮，未免太無意識，貽笑中外，應速設法勸阻，並整飭風紀為要」。一月四日，根據蔣介石和行政院的指令，朱家驊又向各地教育主管部門、各大專院校發出通電。在致胡適、梅貽琦的電報中，通報了上海、南京的學生運動，「查係有人鼓動反政府及反美運動」。提請該兩校校長「注意防範，並希設法抗議，有所表示，以正觀聽，並勸導學生嚴守秩序，安心學業」。

一九四六年十二月三十日，出席國大後乘飛機返回北平的胡適，還沒進家門，就遭到了記者的圍堵，要求他發表對沈崇事件的看法。離校一個多月的胡適，還沒有掌握沈崇案件的全部材料，他只是表態說：「這是一個法律問題，希望能夠早日得到合理合法解決。……這是東方特殊的道德問題，國人當然同具憤慨。學生間的開會遊行，亦屬理之常情，但不可罷課，希望能即日恢復，免廢學業。」

胡適是聰明的，他把沈崇事件界定為一個法律問題，小心翼翼地表達了對學生的理解和支持，又按政府的口徑希望學生以學業為重，恢復上課。胡適還特別提到了「東方特殊的道德問題」，這是基於胡適對東西方文化差別的熟稔。中國的傳統觀念中，貞操從來都是一個不容忽視的大問題，所謂「餓死事小，失節事大」。美軍士兵公然強姦中國女學生，是可忍，孰不可忍？於是，群情激憤，起而抗爭。幾個月前，一九四六年九月二十二日晚上，在上海黃浦江外灘，一個駐華美軍士兵將一名叫「臧大咬子」的人力車夫活活打死了。按說人命關天，應該激起更大的抗議浪潮。可上海方面，除了政府出面交涉，媒體表示了克制的義憤之外，沒有發生什麼更大的風潮。女人被欺負，尤其是被外國男人欺負，是很容易激發起民族主義情緒的。

記者問到了美軍撤出中國的問題，胡適回答：「這是一個政治問題，也是一個老口號，在這次事件以前就有了，只要美軍在中國一天，這口號就存在一天。」

一月四日，傅斯年接受記者訪問時，「認為各校學生誤將與政治無關之事件，作為政治事件，此案固屬遺憾之至，但純為法律問題。」「准許美軍留華，完全為中國政府之政策問題，學生倘不滿此項政策，盡可向政府請願。十六個月以前，美軍曾與中國軍隊並肩對共同之敵人作戰。近十個月來，美軍且協助中國政府遣送日俘回國，此種任務尚未終了，中國境內尚有大批日兵，迄未解除武裝。須知中國現尚有另一大陸國之大批軍隊，未得中國政府許可而駐紮境內，中國知識階級對於國際政治應具遠大眼光，並須認識中國不能在國際間孤立云。」

十二月三十一日，清華大學校長梅貽琦在他的日記中記述道，看見清華和燕大的同學步行入城，他表示同情和憤慨。當日上午九時，他在騎河樓清華同學會召集北大各院負責人開會，會上梅貽琦表示，清華燕大二校已決定採取不干涉態度。北大各院負責人同聲回應。陸代校長志韋表明三點意見：（一）不論何國都不應在華駐軍。因為時代已過去，已無必要。（二）此次遊行不應是專對美軍而發。（三）此係小事，但有大意義，惟不應因此引起其他糾紛。

新年前後，身在南京的中央大學校長羅家倫，也在為學潮之事焦慮著。他在一月二日的日記中說：「今日中大學生等遊行，為反對美軍二人在北平姦污女生事。此等事本係個人行為，可以軍法解決乃強做成國際政治問題，蓋與共產黨發動之反美運動連成一片也。可歎，可惋惜。」

開明教授對學生抗議行動的支持，明顯地有別於北京大學、清華大學、燕京大學、中央大學的首腦們。教授們從更為複雜的時代背景下對沈崇事件進行了分析。當然，這些教授大都是自由主義知識分子。

中央大學教授吳世昌在《觀察》上發表文章《論美軍事件》，他指出，「這次因美軍暴行而引起的學生運動，除了抗議暴行，要求道歉，懲凶、賠償保證以外，全國學生第一次喊出美軍撤出中國的呼聲。也有人要求廢止中美商約和中美航空協定，這雖不是全體的意見，但要求美軍撤退是一致的。這個運動截至現在為止，中國官方除通令勸止外，尚未有公開指為受中共策動者。平市長何思源對南京中央日報記者稱，他自己年事已長，若在青年，也將參加。滬市長稱，應付此事，決以民主作風。渝黨政軍聯合會議，決定准許學生遊行，各地學生遊行秩序亦佳。只有聯合社（美聯社）的報導，卻拾了舊中國政府的牙慧，說是受中共策動，以侮辱學生遊行的價值，圖減輕美國輿論的指摘。」吳世昌強調，美軍在戰後仍留駐中國，是沒有法律依據的，沈崇案不是單純的法律問題，而是與美軍駐華相聯繫的政治和外交問題。

清華大學教授吳晗指出：「我們必定認清這不僅是一個單純的法律問題，而是政治問題，它根本是美國的對華政策的問題。我們更應該喚起全中國人民來反對：如像最近政府與美國所定的中美航海條約、中美航空協定，簡直把領海領空全部出賣，美國卻把中國當成獨佔的市場，我們都應加以反對。」

因沈崇事件而爆發的學生運動，令國民政府焦頭爛額，疲於應付。一九四七年一月上旬，第一輪大規模抗議、遊行、罷課風潮過去後，國民政府各部門，包括外交、教育、員警等機構，紛紛總結經驗，獻計獻策，希圖迅速平息學潮，恢復秩序。一月十一日，首都員警廳長韓文煥便呈文教育部建議，除了警憲部門的偵查防範之外，「切盼政府、學校當局及黨團方面注意下述各項設施，以防學潮之再起」。韓文煥的建議包括：

（一）政府須將北平美軍事件調查處理經過從速公開宣佈，並闡明政府立場，及學校青年應持之態度，並嚴切告誡勿再有其他越軌行動。

（二）各學校黨團工作應設法加強，予一般思想純正之青年學生以正確領導，並對反動分子以有力打擊與鎮壓，使其無法抬頭。

（三）教育當局應特別注意選拔各校訓導人員，對學生自治會設法掌握或限制其活動。

（四）對一般思想左傾及行動反常之教職員、學生，學校當局應利用寒假期間設法將其解聘及除名。

（五）學校當局應隨時設法撕毀散貼校內之反政府、反美之宣傳文件，並偵查其幕後主持人，向治安機關報告，並一面鼓勵大多數思想純正之青年，在校內創辦各種壁報刊社等為正面之宣傳，並予以經濟上之補助，使在思想上起領導作用。

（六）學校中之康樂活動，當局應特別注意提倡，對生活之指導，尤須加強並多注意其福利設施，以誘導學生行動入於正軌，得不致為反動分子所利用。

這個韓文煥，看來不是一個頭腦簡單、只會使槍弄棒的行武之徒。國民政府教育部在收到這份報告後，頗為重視，即於十八日將之作為教育部的指示摘要批轉給了南京中央大學、金陵大學等首都各高校。

美軍士兵皮爾遜強姦北大女學生沈崇事件發生後，美國駐華海軍陸戰隊表現了極大的傲慢與不屑。

機械的美國軍方遵循的是《處理在華美軍人員刑事案件條例》。條例第一條規定，美國軍人在中國犯罪，「歸美軍軍事法庭及軍事當局裁判。」第四條第二款規定，美軍人員「經查明確有犯罪行為或嫌疑時，應即將其犯罪事實或嫌疑通知有關之美國軍事當局，並將該人員交該當局辦理。」美軍憲兵正是在這些條例的規定下，當場帶走了犯有強姦罪的皮爾遜，回去調查處理了。

學生們洶湧的抗議浪潮，令美國軍方始料不及，十二月二十八日，駐北平美國海軍陸戰隊第一師第五團司令部不得不發佈公告以平民憤。公告說，兩名對中國女郎強行無禮的美兵已由憲兵扣押，現正與市警當局配合調查，「一俟聯合調查獲有結果，當立即採取適當處置。惟搜集證據自屬需時，無論如何對此事加緊進行，以求作合理之解決」。

一月二日，美國駐華大使司徒雷登專為此事進謁蔣介石，探討解決問題的方式和途徑。一月三日，美國政府特使馬歇爾獲知此事後，「極為重視，乃電令平津美軍司令哈瓦德將軍，飛京報告詳情，哈氏將該案徹查完竣後，定今（三）日晨專機飛京，謁馬帥及司徒大使，面呈一切」。

當然，所有這些，只不過是美方掩人耳目、平息憤怒的表面文章。私下裏，他們從來沒有認真對待過皮爾遜強姦沈崇一案，從來沒有想到如何安撫、賠償受害人，如何懲處肇事者。一月四日，美國國務卿貝爾納斯致電美駐華大使司徒雷登，隻字未提應如何處理案件，如何向受害者、向中國公眾賠償和道歉，而只是考慮如何使反美風潮得到控制，如何保護在華的美國人。該電稱：「國務院關注由近日北平事件引發的洶湧而至的學潮，特別對他們當中普遍存在的反美特徵及可能受到中國左翼團體鼓動的跡象，更為關切。我們對你的報告頗為讚賞，對你處理此事的方式甚為滿意。我們建議你可以考慮採取非正式方式向中國政府指出形勢的嚴峻，並要求中國政府採取一切可行的步驟使事情得到控制。此步驟可包括由政府發佈特別聲明，採取有效措施保護美國人。你還可考慮利用美軍新聞處人員，及美國記者對發生在美國和中國的真實情況做更好的報導。」

美方堅持認為，沈崇事件只是一個藉口，一個導火索，本質是反映了中國民眾和學生對美國對華政策及國民政府的不滿和反對。邁爾說：「領事館堅信，事件不應被估為純粹是學生情緒之宣洩，而應認真對待，看作是當地部分知情民眾對美國政策及國民政府不滿的表現。」司徒雷登說：「一月二日到大使館的示威者當中，部分是民盟成員，毫無疑問共產黨在其中發揮了作用，上海、天津、北平及重慶的總領事致大使館的報告中都提到了這一點。大使館認為，總的來說，示威遊行其實是人們對中國現有的總的政治經濟狀況普遍不滿及不安的表現。對政府的廣泛不滿由於無法公開表達，因而變成了幾乎完全是針對美國。」馬歇爾在事件兩個月左右致國務院的報告書中也認為：「這起事件起了把中國反美情緒聚集於一個焦點的作用……但有跡象表明，示威也是間接針對國民政府的，而且是普遍反對國民黨的不滿情緒的一個信號。……在性質上反政府的成分很可能和反美的成分相等。」而且，「在不久的將來這種情緒就要轉到直接反政府的方向上」。

面對洶湧而至的抗議示威的人群，美國方面不得不有所表示，一月二日晚，美國駐華公使巴特沃斯代表司徒雷登大使在首都南京向示威學生宣讀了事先與馬歇爾商量過的聲明：「關於北平事件，北平陸戰隊當局正進行徹底調查，調查若顯示確有犯罪行為，則當依照美國的軍事慣例，儘快舉行軍法審判。我們正跟進此案，並將按照公正和公平的民主程序儘快處理。我們尚未接到北平方面的進一步報告，現正等候此項調查的全部報告。」

幾天之後，美駐華海軍陸戰隊再次發表公開聲明：「此種控訴，性質極為嚴重，在被告未受審前，必須進行充分之調查，此項調查一如其他法律案件，需要相當之時間，絕非數日內所可告竣。……被告必須獲得公平之審訊。此次事件，絕無政治關係，而僅係普通刑事案件，應遵照合法手續辦理。」

總之，他們知道民憤難平，眾怒難犯，不得不有所收斂。「北平美軍當局為避免美軍與學生發生意外衝突計，已通知於學生遊行時禁止美兵外出，同時根據天津方面各學校可能亦將繼起回應，而津美軍當局亦將採同樣防範之措施」。

美國人的傲慢和無理，在案件的調查和庭審階段，得到了充分暴露。

沈崇被強姦後第二天凌晨兩點半左右，也就是事發三個多小時後，一個中國醫生對沈崇做了醫學檢查。醫生的檢查報告指出：他在沈崇的陰道入口下部中間發現了一小塊新鮮傷痕，只有生殖器進入陰道才能到達那個部位。他認為「正常性交」通常不會產生這樣的傷痕。除了這一小塊傷痕之外，醫生說姑娘的「身體」是正常的，外生殖器沒有可見傷痕，沒有發現精子細胞，而且，「難以確定是不是真的強姦。」這個中國醫生是在什麼背景和壓力下得出這樣的檢查結論，已無人查考，也難以令後人理解。也許是對強姦的定義理解得有所偏差。他可能認為，只有在暴力強迫和被害人完全不自願的情況下，用力量征服的姦淫才是強姦。而一個弱小的女孩子，在人稀月黑之夜，被兩個異國的大兵挾持著，在那一瞬間順從了強姦者的意志，就不應該認為是被強姦。這種邏輯，恐難服人。

然而，美國方面走得更遠。他們居然不接受中國醫生的檢查結果，要求美國醫生再次對沈崇進行身體檢查。一個未婚的女孩子，被美國大兵強姦，還要反反覆覆接受中國醫生、美國醫生的檢查，這其中的羞愧和難堪，的確讓沈崇難以忍受。但為了取證和進行所謂的公正審判，沈崇只好再次屈辱從之。在強姦案發生的第二天下午，一個美國醫生檢查了沈崇的身體。這個美國醫生作證說，在原告的臀部，大腿內側，臉和脖子上都未發現傷痕。原告陰道入口處小的割傷在正常性交時也可能發生。這個醫生在所說事件次日早晨也檢查了被告，即伍長皮爾遜。在被告性器官上沒有發現傷痕。當夜值班的憲兵軍官作證說，被告被從閱兵場帶來時，對被告沒有任何控告。假如有強姦的指控，被告就會被關起來，而不會作為嫌疑人釋放聽候傳訊。原告沈崇在所說的攻擊那天晚上穿的衣服和襯褲都列入了證據。原告陳述她交出衣服以後，衣服被割了幾個小口子，除這些小口之外，這件衣服沒有其他損壞。和衣服一樣，她的襯褲也沒有暴力的痕跡。

這些檢查和證據，顯然是不利於沈崇的，十二月二十八日，美聯社迫不及待地發表報導，為肇事美兵開脫：「被控犯強姦之兩美兵自言係於街上遇該女向其招呼，並云如肯出美金五元即可陪赴旅館，美兵曾云身邊只有三元，但該女仍隨美兵至馬球場……該美兵亦承認曾與該女發生關係，惟堅稱並未使用暴力，據中美醫生檢驗結果，女身上並無傷痕，衣服亦無損毀。」

沈崇案的核心是審判程式和主導。美方對審訊作了異常嚴格的限制。依據《處理在華美軍人員刑事案件條例》，一月十日，美軍事法官會見中方有關官員及中方證人，強行宣佈以下事項：「（甲）此案將由檢察官起訴，依美海軍法規定程式審判，受害人僅以證人身分出庭，其法律顧問依法不得在法庭發言，但其意見當予研究；（乙）公開審理，惟限於法庭席數，旁聽人數須加以限制；（丙）審判終結後，被告罪行不成立部分將公開通知，至既定罪行之判決，須俟較高當局複判後始能公佈」。

沈案既出，出於對美國法律的瞭解和對學生的責任，胡適曾公開表示願意作為監護人之一出庭為沈崇訴訟。教育部長朱家驊深恐胡適聲望太大，再起軒然，急電胡適意圖阻止：「報載兄對美兵案準備出庭作證，未知確否？美方刻正羞憤同深，兄之地位或未便如此。」

一月十七日，沈崇案由美國軍事法庭正式開庭。中方「列席有何市長、胡適校長、左明徹處長（市府外事處）、行轅呂實東秘書、警局外事科長夏昭楹、外交部張述先主任、紀元檢察官」，沈崇的父親沈劭，表姐夫楊正清，法律顧問趙鳳喈、李士彤等。陣容不可謂不顯赫，隊伍不可謂不龐大。但依照美國軍事法庭的有關規定，中方人員在庭審時幾乎沒有發言權，原告、被害人沈崇，僅僅作為證人出庭作證。這種審判的公正性可就大打折扣了。

法庭紀錄顯示，有數名美國憲兵到了中國員警逮捕被告的現場。他們作證說在現場被告用手臂摟住原告，原告顯然是同意的。一個證人作證說被告和原告試圖一同離開跑馬場，另一個證人作證說他認為那個中國姑娘看來「完全放鬆」，不像「受到刺激或者哭過的樣子」，而是「對整個事件表現平靜」。早些時候和被告一同喝過酒的一個海軍陸戰隊員說，被告被酒瓶割傷了手指節，這可能解釋現場發現的手套上的血跡。

法庭紀錄認定，仔細考察舉出的證據後即可發現，原告沒有在當時環境和條件下作出足夠的反抗來支持她對性交不自願的說法。雖然證據顯示一九四六年十二月二十四日晚事件開始時她不是自願跟兩個海軍陸戰隊員走的，但是除了她自己的證詞以外，沒有其他證據證明她哭過或者反抗過。與此相反，其他控方證人作證說，在她和被告呆在一起的那麼長的時間裏，證人既沒聽到她哭叫，也沒看到她掙扎反抗。如果說這些要干預被告和姑娘的證人相信姑娘正在被強姦，而他們無力援救她，是令人難以相信的。同樣令人難以相信的是，事件幾乎長達三個小時，所說的幾次攻擊就發生在交通繁忙行人眾多的街道附近，竟然沒人聽到呼救聲。她並沒在無人援助的情況下被毆打，也一直沒有失去知覺。雖然她宣稱被告幾次扼住她的喉嚨和捂住她的嘴，醫生在次日檢查時在她臉上和脖子上沒有發現傷痕。她作證說她的襯褲是被強力脫下來的，但在當庭展示證據時，卻沒有任何污跡和撕破之處。她的衣服也沒有任何暴力的痕跡。在整個爭執過程中她都沒有脫下她的手套。她的陰道口有輕傷，這種輕傷與自願性交的情況相符合。她爭辯說她做了當時環境條件下她力所能及的反抗，可是除了這點輕傷以外，所有其他事實都不支持她的說法。在員警拘押被告和她兩人時，也沒有見到他們精神歇斯底里和身體筋疲力盡的證據。對於被告違背原告意志和原告性交的說法，本案證據不能消除對此說法的合乎常識的懷疑。

儘管有些異議和懷疑，軍事法庭還是認定了皮爾遜的大部分罪名成立。

一月二十二日，美軍法庭審判長宣佈，威廉斯・皮爾遜應判為強姦已遂罪。檢察官接著宣佈，「本案結束，至刑狀尚俟呈轉華盛頓海軍部長核定後宣佈」。二月一日，美軍法庭宣佈參與強姦案的另一美兵普利查德之幫兇罪名成立。三月三日，美海軍陸戰隊新聞處宣佈，美國海軍陸戰隊第一師司令哈瓦德已核准軍事法庭對皮爾遜的判決，判處皮爾遜徒刑十五年，普利查德處監禁勞役十個月，皮爾遜開除海軍軍籍。但真正的懲凶、道歉、賠償，還得等待美國海軍部的最後裁定。

沈崇案審判之前，何思源就已經給審判的「公正」性定下了基調，他說：「美國乃法治國家，必能依法處理，不稍偏袒。本人相信此案於最近之將來必能得到合理合法之解決。」審判剛結束，列席的北大校長胡適等人即「互相握手，對本案勝訴，至表欣慰」，胡適稱：「足證此案判決極為公正。」當然，迅速發表這些訪談的，是國民黨的《中央日報》，其立場態度，於此可見一斑。教育部長朱家驊據此急電杭州、重慶、昆明、上海等地專科以上高校校長及教育局長，借胡適之口平息學潮：「接北大胡校長子養電，以沈崇被告已等於判決犯強姦罪，足見審判公正，應候美海軍部核定執行。仍希防範有人再藉端鼓動學潮。」

抗戰勝利之後，洋溢在全國人民心頭的「復興」、「建國」的美好願望，很快便煙消雲散了。國內政治如舊，經濟衰退如舊，黨派紛爭如舊，仰外國人鼻息如舊，善良的中國人民幾乎看不到國家的希望和未來，不滿情緒日益表露。客觀地講，沈崇事件引發的大規模學潮，是廣大青年學生和各界人民抗議和遊行的發軔與濫觴。國民政府的教育部，是管理各類學校的主管部門，部長朱家驊便成了學生衝擊的首要人物。朱家驊也算是個書生，對學生既充滿著同情與理解，又急於整飭風紀，強化校規，使學生安心於校園，埋首於課堂。朱家驊的最大失誤，是於社會動盪、時代變革中，對大規模學生運動缺乏起碼的認識和理解，因而在學潮高漲之時迭遭尷尬，顏面盡失。

沈崇事件引爆的學潮平息不久，一九四七年五月，南京的學生們再次爆發了要求增加生活費的大請願、大遊行，這次著名的請願，引發了轟動一時的「五二〇運動」。

五月十五日，南京中央大學、戲劇專科學校、音樂學院的三千多名學生，不滿學校食堂伙食低劣，要求將學生的副食品及生活費增加至每月十萬元，結隊遊行到教育部門前抗議。學生呼喊口號，當街聚集，要求面見教育部領導並答覆學生請求。教育部田次長出面安撫，但他的答覆令學生們十分不滿。衝動的學生衝進教育部大樓，門窗玻璃被擠破、打碎了不少。抗議學生不達目的絕不甘休，點名要見朱家驊部長。他們振臂高呼：「朱家驊出來！朱家驊出來！」無奈之中，朱家驊出面接見。朱家驊解釋，國家財力困難，每個大學生現在每月四萬八千元的生活補助國家已很難負擔，增加到十萬元實不現實。學生群情激憤，大聲詰問沒有錢為何還打內戰？有學生高呼，不要與他廢話，扭到行政院去說理。果然就有學生上前扭住朱家驊，欲拖往行政院再行論理。現場值勤的警官苦苦勸說，才讓學生放了朱家驊，堂堂部長狼狽地退回樓內。

受此一辱，朱家驊也是心氣難平。第二天行政院會議，討論到中央大學、金陵大學等校學生因生活費問題遊行請願及上海等地的學潮問題時，朱家驊主張採取嚴厲手段以制裁。可一周之後，二十三日的教育部部務會議上，朱家驊的態度似又平和了許多：「部長指示，自來學潮蠡起，波及各地，情勢之嚴重、性質之複雜，為近十年來所未見。究其原因，要為青年對現實之煩悶，而肇端於復員措施未能盡合理想有以致之。」關於目前教育維持之困難，朱家驊表示，「奈以國家整個復員工作遭遇種種困難，財政枯竭，致使教育復員費核減過多，加之簽撥稽遲，再受物價影響，復校工作幾為阻滯。」憑心而論，朱家驊說了許多敢講之言。既未簡單歸結為暴徒作亂，也未找客觀原因稱之為奸黨煽動，同情了抗議學生，善待了學生運動。

美國人按照他們的程式和對法律的理解，組建了嚴格意義上的軍事法庭，負責對皮爾遜伍長的審判，審判結束宣讀最初的量刑結果時，審判長不忘加上這樣一句眾所周知的定語：「總軍法官認為，下令審判的機關根據以上陳述和建議採取的司法程式和行動是合法的。」

但是，所有這一切，不過是美國軍方掩人耳目的作秀。

先是三月初即有「不祥「消息傳來，說是在第一批美方軍事人員撤離中國時，皮爾遜已隨同返美。美方給出的解釋是，皮爾遜的駐軍期限已滿，符合撤回條件。

四月八日，沈崇的表姐夫楊正清，作為沈的監護人，致信北平市長何思源，追問道歉和賠償事宜：「東單案已判勝訴多時，美方曾書面答覆貴市府承認四項，而事隔多日，對於道歉賠償迄今尚未履行。懇請貴市府致美總領事備忘錄代為催促。」

至六月中旬，沈崇事件竟來了個一百八十度的大轉彎。「現據美國聯合社六月十七日消息，美國軍事法庭總檢察長宣佈：所控罪狀不能成立，俟由海軍部長核准後該被告即可恢復原職。」

消息傳到國內，最不能接受的便是北京大學校長胡適。作為一校之長，且親自出庭，列席審判，初判之時，面露喜色，握手賀勝，幾個月後，不但不能保護自己的學生、為受害的學生申張正義，他這個堂堂的北大校長，竟也被美國的軍事法庭像猴子一般戲耍了一番，胡適的憤怒可想而知。六月二十日，胡適向報界發表談話：「該美兵罪狀確實，美國為法制國家，希望美海長本法治精神，仍維原判。」同一天，胡適致電司徒雷登，說「這一看來可靠的消息使我震驚，因為它足以激起一場反美的大動亂，我強烈呼籲你認真考慮。」次日，胡適再次致電司徒雷登申明觀點：「你務必使美國政府認識到，美國法官對皮爾遜案件之判決，是中國全國注視之焦點。我斷然駁斥美聯社所謂皮爾遜定罪由於國內遊行示威的結果。請回想十二月三十日的學生遊行示威，軍事法庭一月十七日的開庭和一月二十三日的宣判」。

國民政府外交部長王世杰也是始料未及，他幾次電令中國駐美大使顧維鈞向美方嚴正交涉，維持原判，都被美國方面敷衍了事，不得要領。

八月十一日，美國海軍部長福萊斯特終於正式宣佈，該案證據不足，原判決無效並恢復皮爾遜職務。「海軍部稱，皮爾遜罪證不確鑿，同時似可表明該女郎曾與皮爾遜於交通要道三空地上勾留三小時之久，該女郎於第二日方自謂被奸。而據中美醫生檢查結果，均無任何被蹂躪之徵象。」

八月十四日，外交部致電何思源和胡適，「請迅將美軍事法庭對本案判決書檢寄備用」，何思源和胡適這才恍然大悟，美方根本就沒有將這次審判的任何文件交給中方。中國方面的所有人員，只是作為證人和列席代表出庭的，人家怎麼會將文件副本交給你呢？何思源急忙覆電外交部：「查該案美方在平組織之軍事法庭，當時僅宣告美兵皮爾遜強姦罪成立，據稱須俟核准後始能宣佈所判刑期，嗣以美海軍撤退，該案判決書迄未交到。至該案情形，歷經本府詳報，並由胡校長報告，此外並無其他材料可供參考。」

手足無措的王世杰再次致電駐美大使顧維鈞：「關於沈崇女生案，……國內輿論甚重視此事，倘海部決定釋放，依美國法律，有無補救辦法？」顧維鈞覆電：「經詢，據美外部海參事答稱，皮爾遜案經海軍軍事法庭復審，認為缺乏證據……現皮爾遜已獲釋，恢復原職。又皮爾遜係軍人，一切根據海軍人員管理法規辦理，無褫奪公權辦法，海長之決定不能上訴」。

一切詢問、斡旋、商談的結果可想而知。「軍事法庭」和「海軍部長的最後裁定」成了最好的擋箭牌。無奈之下，八月二十六日，中華民國外交部向美國駐華大使館提出了正式抗議：

「外交部茲向美國大使館致意並聲述，接准大使館本年八月十八日備忘錄，抄送美國海軍部所發表關於宣告美國海軍陸戰隊伍長皮爾遜無罪之聲明。該皮爾遜曾因『強姦罪』被北平美國軍事法庭判罪，中國政府對於推翻該軍事法庭之判決，深感詫異，對於上述聲明所作之解釋，不能認為滿意。」

「查沈女士伴同皮爾遜在操場上約達三小時之久一節，並不能證明沈女士自願逗留該處，反之由當時美國軍事法庭所確認無疑之情勢觀之，沈女士係被美國水兵二人所劫持，其身體正遭受立被傷害之威脅，因之無法抗拒。該操場雖鄰近一交通頻繁之街道，但其面積遼闊，操場上發生之事故，鮮能引起路人之注意。」

「在上述當時情況之下，其缺乏自願同意之條件，至為顯然。實無用任何身體受傷之證據，以供證明之必要。況在事實上中美雙方醫生所供給之證詞中，均不乏此項證據，因沈女士身上已發現有擦傷，而此種擦傷在正常性交時通常不會發生。」

「抑尤有進者，所稱沈女士在事件發生之次日以前並未提出控告一節，並不確實。在劉警士之證詞中明言，當其救援沈女士之時，沈女士即曾向彼報告已被強姦，彼即轉告奧道中尉，而奧道中尉在審訊中亦已承認。」

「鑑於上述情形，外交部不得不代表中國政府，對於美國海軍部長決定撤銷美國軍事法庭對皮爾遜伍長所判之罪刑，提出抗議。茲特略請大使館轉請美國政府採取迅速有效步驟，務使本案獲得公平之解決，合即略達。」

中華民國是一個主權國家，為國民安全計，為國家尊嚴計，它都應該拋卻意識形態觀念，提出自己的正式抗議。王世杰只是做了一個主權獨立國家外交部長應該做的行為。

需要指出的，皮爾遜的被無罪釋放、恢復職務，並沒有在國內再次激起大規模抗議浪潮，學潮也沒有再次洶湧。時間已是一九四七年八月底，和談已經無望，全面內戰即將爆發。共產黨決心在軍事戰場上與國民黨一決高下，逐鹿中原，乃至鏖戰全國，它已經不需要用這樣的事件來挑起大規模的反對蔣介石政權的群眾運動了。只是在香港出版的共產黨刊物《群眾》，在八月二十一日的第一卷第三十期中，發表了一篇評論，將國民政府大罵了一通：「蔣介石政府對於這事，連屁也不敢放一個，反而叫報紙不要評論。美蔣侮辱我中華民族，是到了極點了。」

進入二十一世紀，學者謝泳在研究瞭解密的美國軍方檔案後，對沈崇事件做出了自己的研判和結論，謝泳指出：「對撤銷皮爾遜強姦案判決，當時國內反應非常強烈，但許多研究國際法的學者認為，雖然在道義上這很不公道，但不能說這個案子不合法，因為美國法律是非常嚴格的，也是獨立的。」

這也算是一家之言。

對於沈崇後來的下落，沒有一個確切的說法。她似乎從人們的視野和生活中倏然消失了。二十世紀八十年代中期，傳說沈崇在五臺山出家為尼。有香客和旅遊者看到，常有一女菩薩在寺院內誦經，皓首童顏，慈眉善目，氣質優雅。她手捧經卷，目不旁視，眼問口，口問心，專心誦讀。對於有人的故意搭訕，從不應答，顯得矜持而神秘……

主要參考文獻

《中華民國史、第三編、第五卷》，汪朝光著 中華書局，二〇〇〇年九月第一版。
《困境中的突圍》，左雙文等著，社會科學文獻出版社，二〇〇六年六月第一版。
《二〇〇四年中國最佳講座》，李公明選編，長江文藝出版社，二〇〇五年一月第一版。

呼籲民主

從抗日戰爭進入相持階段，到全面內戰爆發，也就是說，從一九四二年到一九四七年的五年之間，中國共產黨在其主辦的報刊上，大張旗鼓地掀起了一場呼籲民主、爭取自由的輿論攻勢。將這場輿論宣傳之戰，稱為大變局中的新聞事件之一，似乎並不為過。

毛澤東與蔣介石這兩個曠世梟雄爭鬥了幾十年，最終以毛澤東獲勝而結束。這個從湖南湘潭大山裏走出來的純粹農家子弟，進京「趕考」中了「狀元」，喜氣洋洋地登堂入殿，定居中南海，號令八方，統領全中國了。而浙江奉化溪口那戶蔣姓的殷實小康之家，培養出了一位中規中矩、操守嚴謹的民國總統、國民黨總裁和軍事委員會委員長，這個習慣於讓屬下稱他為「委員長」的蔣介石，鬥不過泥腿子出身的毛澤東，最終別離大陸，命懸孤島，鬱鬱寡歡地走完了生命的最後歷程。

毛澤東戰勝蔣介石，共產黨打敗國民黨，有其深刻的歷史和社會原因，但毛澤東善於制定策略，痛擊蔣介石的軟肋，這也是一個不爭的事實。這正是毛澤東與共產黨的看家本領、不二法寶。無論是戰爭年代還是建設時期，毛澤東都曾反覆教育共產黨人：「政策和策略是黨的生命，各級領導同志務必充分注意，萬萬不可粗心大意。」

孫中山在推翻滿清政府、建立中華民國的長期鬥爭和實踐中，確立了「民主、民生、民權」的「三民主義」，在一九二四年召開的國民黨第一次代表大會上，將「三民主義」規定為國民黨建黨建國的基本綱領。孫中山先生逝世後，接過國民黨權柄的蔣介石率軍北伐，統一了中國，實現了民族獨立的總理遺願。但蔣介石認為，中國建立民主國家，條件並不具備，道路仍然遙遠。他秉持了孫中山先生在討袁護法戰爭後，為中國的民主建國之路設定的「三步走」進程，先軍政，後訓政，最後是憲政。蔣介石認為，中國長時間處於軍閥割劇的混亂狀態，必須有一個強有力的軍事政府完成祖國統一，結束割劇局面。北伐便是蔣介石落實孫中山「軍政」思想的集中體現。之後要有一個較長時間的教育、學習、培訓民主意識和民主傳統的階段，此即為「訓政」。完成了這兩個階段後，才能達到真正實施民主制度的「憲政」階段。

國內動盪不安的社會局面，國外日寇入侵、民族危亡的嚴峻形勢，讓蔣介石的民主進程大打折扣，「訓政」長期不能結束，「憲政」之時遙遙無期。國民黨貪戀權棧，「一黨執政」得心應手，讓在野的共產黨忍無可忍，借聯合抗戰期間共產黨逐漸成為合法政黨之機，舉起民主的大纛，向國民黨大肆詰難，向全國民眾廣為宣傳。

民主是什麼？為什麼要實行民主？實行民主的原則與目標？等等，這是共產黨向國民黨大張撻伐的第一攻擊點。毛澤東、劉少奇、周恩來、董必武、徐特立等共產黨高層領導人，不斷發表談話、演講和文章，倡言民主的實質，表明實行民主的堅定立場。在延安出版的

《解放日報》、在重慶出版的《新華日報》，時常發表社論、專論、短評，呼籲民主，抨擊獨裁。

《新華日報》一九四五年二月十二日發表了一篇〈答讀者問〉，最集中地展示了共產黨對民主的強烈追求：現在中國最迫切的問題，是實行民主；有了民主，一切問題都可迎刃而解。這不是一句空話，是敵後解放區的事實證明了的。軍隊能否打仗，頂重要的是看它是否能得到老百姓的幫助。在敵後解放軍有一句流行話：「軍隊是魚，老百姓是水。」魚離了水，是寸步難行的，更不用說和敵人作戰了。要老百姓和軍隊合作，當然得使老百姓享有民主自由。所以，實行民主是最重要的關鍵。沒有民主，便一切都是粉飾的花樣而已。而且，我們還得當心，有人會用好東西去幫壞事情的呵！

一九四二年八月二十九日，《新華日報》在題為〈民主精神〉的社論中指出，各個政黨派別的存在，是有其社會基礎的。已經存在了，就各自代表一種力量（被略一段）。大家在反法西斯侵略的共同目標之下努力，更應該相互尊重、相互信任、相互幫助。這樣，反法西斯侵略的力量就能不斷增強。這是英美當局及一切呼籲民主團結的人士所洞悉和深信不疑的。自然，在共同目標之下，不論黨派間，以至於個人間，都會有關於具體問題的不完全相同的主張和辦法。但是，這些能夠獲得一致的，這裏，主要的就是要靠前所列舉的民主精神了。這裏，就要靠相互間的經常接觸商討、互忍互讓（被略一段）。真能做到這點，就能夠互泯猜嫌，和衷共濟，而不會手足自殘了。全國各黨派能夠融洽的為共同目標奮鬥到底，這是英美的民主精神，也是我國亟應提倡和效法的。

引文中的「被略一段」，也許是今天的眾多讀者不可理喻之處。那是社論在送國民黨新聞宣傳部門審查時，被審查大員刪去的部分。社論需要送審，而送審後被刪去的部分，居然在文章中注明（有的報紙，包括《新華日報》也用過「遵檢」的字樣，表示這裏遵檢刪改），這實在是我們今天的思維方式不能理解的。

《解放日報》那一時期的社論，都是寫得鏗鏘有力，義正辭嚴，充滿著戰鬥的火藥味。一九四三年六月十四日，它專門發表了一篇紀念第二屆聯合國日的社論〈抗戰與民主不可分離〉。

社論說，自美國總統羅斯福去年宣佈以六月十四日為聯合國日以來，到現在已經一年。去年有二十八個國家慶祝這一個節日。紐約曾有五十萬人的空前大遊行。今年聯合國勝利在望，全世界對於這個節日的慶祝，必定更加熱烈，更加盛大。

社論指出，反對法西斯，不僅為了人類的現在，而且也是為了人類的將來。現在所進行著的世界戰爭，就是在法西斯主義的政治原則與民主的政治原則之間的戰爭。在這個戰爭中，自由主義共產主義共同在民主的旗幟下反對法西斯主義。共產主義者贊成最廣大的民主，這是無庸多說的了。而此次世界戰爭爆發後美總統與英首相同擬的大西洋憲章，也規定了人類的四大自由，和免除一切窮困與恐怖。聯合國日發起人羅斯福總統在去年今日的演說中，再一次強調了維護人類四大自由的必要，他說：「信仰人類共有之四大自由，乃吾人與敵人之主要分野。」又說：「人類共有之四大自由，乃人類所需要之要素，正如空氣、日光、麵包與食鹽之不可須臾或離，剝奪人類所有此等自由，則彼等必將無法生存，剝奪其一部分自由，則其另一部分必將枯萎。」我們慶祝聯合國日，就要維護民主。我們慶祝聯合國日，乃是為了擁護民主，為了反對法西斯主義。……不剷滅法西斯主義，不確立民主主義於全世界，即使這次戰爭勝利，還不能奠定人類永久和平。現在與將來不能分離，抗戰與民主不能分離，原因就在於此。

《解放日報》的這篇社論中，滿懷著對民主自由的渴望與讚美。文中談到，「中國共產黨與全國人民一樣，完全贊成在中國實行民主的政治原則」，「我們心中充滿了對民主自由的憧憬」……

《新華日報》在一九四五年七月三日的評論中寫道：「萬里長城和海洋都阻止不了世界潮流，今天已經是人民的世紀，民主的時代了，一個國家不能孤立在民主的大潮流之外，於是中國必須而且必然要實現民主了。」

社論論述說：「曾經有一種看法，以為民主可以等人家給與。以為天下有好心人把民主給人民，於是就有了等待這種『民主』，正如等待二百萬元的頭獎一樣，但是中外古今的歷史都證明了，民主是從人民的爭取和鬥爭中得到的成果，決不是一種可以幸得的禮物。」

社論說，還有一種看法，是把一國的民主可以由國際條件來決定。固然民主潮流普遍於全世界，而一個民主的中國將不僅對中國有好處，也對世界有好處。這種國際形勢是有利於民主在中國的實現。但是世界的民主潮流是由於全世界每一個國家中的人民衛護自己的權利、並抗擊逆流而爭取來的。中國人民假如放棄了自己的責任，專一依靠國際條件來促成中國的民主，這也正和依賴外援來獲取抗戰勝利同樣是不可靠的。

社論又說，此外也有一種看法，是把中國的民主問題當做只是國民黨和共產黨兩黨之間的問題。固然國共兩黨間的關係是目前國內政治生活中的主要的、甚至是核心的問題。但是實現民主是全國人民所共同要求的事，在國共兩黨以外還有許多黨派和無黨派的個人，還有更廣大的人民，他們都反對專制，都要求民主。實現民主是有關廣大人民的事，也必須依靠廣大人民的力量。人民一定要積極起來，主動地參與國內政治生活中的重大問題，反對實現民主的一切障礙，中國才能真正走向民主之路。

中國共產黨人究竟需要什麼樣的民主，換一種說法，是希望實現怎樣的憲政之路呢？周恩來的演講中一語中的，簡潔明瞭：「各方面正在討論這一憲政問題，我們很同意許多方面的意見，我們認為欲實行憲政，必須先實行憲政的先決條件。我們認為最重要的先決條件有三個：一是保障人民的民主自由；二是開放黨禁；三是實行地方自治。人民的自由和權利很多，但目前全國人民最迫切需要的自由，是人身居住的自由，是集會結社的自由，是言論出版的自由。人民的住宅隨時可受非法搜查，人民的身體隨時可被非法逮捕，被秘密刑訊，被秘密處死，或被強迫集訓，人民集會結社的自由被禁止，人民的言論出版受著極端的限制和檢查，這如何能保障人民有討論憲政發表主張的自由呢？孫中山先生曾說過：『現在中國號稱民國，要名符其實，必要這個國家真是以人民為主，要人民都能夠講話的，確是有發言權。這個情形，才是真民國。如果不然，就是假民國。』開放黨禁，就是要承認各抗日黨派在全國的合法地位，合法就是不要把各黨派看做『奸黨』『異黨』，不要限制與禁止他們一切不超出抗日民主範圍的活動，不要時時企圖消滅他們。有了前兩條的民主，地方自治才能真正實行。」

周恩來的這篇慷慨激昂的演講，是一九四四年三月十二日在延安進行的。那天是孫中山先生逝世十九周年，延安各界舉行了紀念大會。周恩來說，我們今天紀念孫中山先生，講到他的遺囑，真是無限感慨。遺囑中說，國民革命的目的，在求中國之自由平等。我們知道，要達到這個目的，就必須對外獨立，對內民主。可是孫先生已經逝世十九年了，這個目的，還沒達到。抗戰本是求民族獨立的，但時間快近七年，全國離反攻的真正準備還遠。民國本是應該實行民主的，但國民黨執政已經十八年了，至今還沒實行民主。這不能不說是國家最大的損失。我黨毛澤東同志老早就說過：「沒有民主，抗日就抗不下去。有了民主，則抗他十年八年，我們也一定會勝利。」這個道理，現在全國人民都瞭解，所以各地人民的憲政運動，都一致嚷出：要實行憲政，就要先給人民以自由；有了民主自由，抗戰的力量就會源源不絕的從人民中間湧現出來，那反攻的準備，才能真正進行。

一九四四年六月十二日，一幫中外記者訪問了延安，採訪了當時的中國共產黨主席毛澤東。毛澤東以他特有的條分縷析的思維邏輯，向中外記者們表述了他對民主的理解和期待。

毛澤東說，中國是有缺點，而且是很大的缺點，這種缺點，一言以蔽之，就是缺乏民主。中國人民非常需要民主，因為只有民主，抗戰才有力量，中國內部關係與對外關係，才能走上軌道，才能取得抗戰的勝利，才能建設一個好的國家，亦只有民主才能使中國在戰後繼續團結。中國缺乏民主，是在座諸位所深知的。只有加上民主，中國才能前進一步。

毛澤東接著分析道，為了打倒共同敵人以及為了建立一個很好的和平的國內關係，及一個很好的和平的國際關係，我們所希望於國民政府、國民黨及一切黨派的，就是從各方面實行民主。全世界都在抗戰中，歐洲已進入決戰階段，遠東決戰亦快要結束了，但是中國缺乏一個為推進戰爭所必需的民主制度。只有民主，抗戰才能夠有力量，這是蘇聯、美國、英國的經驗都證明了的，中國幾十年以來以及抗戰七年以來的經驗，也證明這一點。民主必須是各方面的，是政治上的，軍事上的，經濟上的，文化上的，黨務上的，以及國際關係上的，一切這些，都需要民主。毫無疑問，無論什麼都需要統一，都必須統一，但是，這個統一，應該建築在民主基礎上的。政治需要統一，但是只有建立在言論出版集會結社的自由與民主選舉政府的基礎上面，才是有力的政治。統一在軍事上尤為需要，但是軍事的統一，亦應建築在民主基礎上，在軍官與士兵之間，軍隊與人民之間，各部分軍隊互相之間，如果沒有一種民主生活、民主關係，這種軍隊是不能統一作戰的。經濟民主，就是經濟制度要不是妨礙廣大人民的生產、交換與消費的發展，而是促進其發展的。文化民主，例如教育、學術思想、報紙與藝術等，也只有民主才能促進其發展。黨務民主，就是在政黨的內部關係上與各黨的相互關係上，都應該是一種民主的關係。在國際關係上，各國都應該是民主的國家，並發生民主的相應關係，我們希望外國及外國朋友以民主態度對待我們，我們也應該以民主態度對待外國及外國朋友。我重複說一句，我們很需要統一，但是只有建築在民主基礎上的統一，才是真統一。國內如此，新的國際聯盟亦將是如此。只有民主的統一，才能打倒法西斯，才能建設新中國與新世界。我們贊成大西洋憲章及莫斯科、開羅、德黑蘭會議的決議，就是基於這個觀點的。我們希望於國民政府、國民黨及各黨派、各人民團體的，主要的就是這些。中國共產黨所已做和所要做的，也就是這些。

毛澤東、周恩來對民主的呼籲和期待，深深打動了中國民主同盟的發起人之一、著名愛國民主人士黃炎培。一九四四年初夏，黃先生在復旦大學發表了一次演說，直言「為民主拚命」。他說：「民主是不成問題的，一定要民主，怕的只是假民主。」「我們是為民主而戰，為自由而戰，就一定要民主，要自由。」他指出：「不管別人是不是有誠意實行憲政，我們自己不動，休想別人把憲政的禮物送上門。」黃炎培大聲疾呼：「民族的苦難日益嚴重，希望我們大家以後做人要改革作風。我以前作事也未免有些地方怕困難怕阻礙，今後要說就說，要幹就幹，良心以為該做的便做，認為不當做的便不做，絕對不做。要做民主國家的人民，這是起碼的條件。」

民主，作為政治學意義上的制度設計和觀念形態，是徹頭徹尾的舶來品，應該是沒有異議的。中國幾千年的奴隸和封建專制主義社會，是產生不了民主意識和民主制度的。因而，孫中山先生在《中國革命史》中這樣寫道：「中國古昔有唐虞之揖讓，湯武之革命。其垂為學說者，有所謂天視自我民視、天聽自我民聽；有所謂聞誅一夫紂，未聞弒君；有所謂民為貴、君為輕；此不謂無民權思想矣。然有其思想而無其制度，故以民主國之制，不可不取資歐美。」

共產黨在向國民政府和國民黨爭取民主權利和合法地位的鬥爭，真正做到了「取資歐美」。他們在國民政府和國民黨面前，豎立起了美國這樣一個典型的西方民主國家，對美國的民主制度大唱讚歌，大力頌揚。在美國的國慶日、總統大選和重要的美國國家紀念日之際，《解放日報》、《新華日報》都要發表社論，一為祝賀和紀念，二為闡釋和宣揚，力圖將美國的民主制度普及到全中國的每一個階層和每一名群眾。

此舉讓國民黨有啞巴吃黃蓮之感。一方面，國民政府和國民黨與美國關係密切，正在利用大量的美援支撐著中國正面抗日戰場，美國是他最大的盟友；另一方面，國民黨十分不情願結束訓政而行憲政。他不情願共產黨及各民主黨派合法化、進而加入政府，聯合執政。他最期望的結果是永遠一黨執政，他最讚賞的國體是「一個國家，一個政黨，一個領袖」。共產黨用美國的民主制度映照國民政府和國民黨，這讓後者很不自在。「為了打鬼，借助鍾馗。」在這一點上，共產黨可比國民黨高明得多。

《新華日報》是一九四三年開始發表祝賀美國獨立日（亦即建國日）社論的，連續四年，沒有一年中斷過。

一九四三年七月四日的社論是〈民主頌——獻給美國的獨立紀念日〉。

社論說，每年這一天，世界上每個善良而誠實的人都會感到喜悅和光榮；自從世界上誕生了這個新的國家之後，民主和科學才在自由的新世界裏種下了根基。一百六十七年，每天每夜，從地球最黑暗的角落也可以望到自由神手裏的火炬的光芒——它使一切受難的人感到溫暖，覺得這世界還有希望。

社論的作者也許是過於激動和興奮，竟不顧社論寫作的大忌，將個人的感受寫進了應該客觀和公正的社論之中。社論寫道：從年幼的時候起，我們就覺得美國是個特別可親的國家。我們相信，這該不單因為她沒有強佔過中國的土地，她也沒對中國發動過侵略性的戰爭；更基本地說，中國人對美國的好感，是發源於從美國國民性中發散出來的民主的風度，博大的心懷。

這種溢美和誇讚，足以讓美國人民感到自豪和驕傲。接下來，社論代表中國人民，感謝著「美麥」，感謝著「庚款」，感謝抗戰以來的一切一切的寄贈與援助。更為重要的是，「美國在民主政治上對落後的中國做了一個示範的先驅，教育了中國人學習華盛頓、學習林肯、學習傑弗遜，使我們懂得了建立一個民主自由的中國需要大膽、公正、誠實。」……

社論最後說，我們離得很遠。百十年來，我們之間接觸著的也還不過是我們兩大民族間的極少數極特殊的一部。但，我們堅信，太平洋是不會阻隔我們人民與人民間的交誼的。在患難中，我們的心嚮往著西方。而在不遠的將來，當我們同心協力，消滅了法西斯蒂的暴力之後，為著要在戰爭上建立一個現代化的中國，在科學的領域裏更有待於盟邦的援助。在過去，民主潤澤了我們的心；在今後，科學將會增長我們的力。讓民主與科學成為結合中美兩大民族的紐帶，光榮將永遠屬於公正、誠實的民族與人民。

一九四四年七月四日，《新華日報》的社論是〈美國國慶日——自由民主的偉大鬥爭節日〉。社論說，今天是美國國慶日。一七七六年七月四日，美國人民在華盛頓、傑佛遜等民主主義偉大先驅的領導下，宣佈了民族的獨立。美國的獨立是處於這樣的歷史條件：它不但代表美國的民族利益，而且代表美國的民主利益，代表美國要求自由的多數人民而與美國當時的保皇黨——大地主、大商業、職業宗教家的集團相對立。這樣，領導獨立戰爭的華盛頓就不但完成了民族的任務，同時還完成了政治上、經濟上的民主任務，而被選舉為人類歷史上破天荒第一次的民主共和國的第一個大總統了。同樣，傑佛遜總統，不但是《獨立宣言》的起草者，同時也是消滅大地主法案、思想自由法案、全民教育法案、禁止輸入奴隸和限制奴隸法案的起草者。這個事實，就說明了美國獨立運動的豐富歷史內容，也就說明了美國為什麼成為資本主義世界最典型的民主國；而且直到今天，也與社會主義的蘇聯成為民主世界的雙璧。

社論特別指出，馬克思、思格斯、列寧、史達林，這些社會主義的偉大思想家和行動家，對於美國的戰鬥民主主義及其在世界史上的進步作用，從來都是給予高度的評價的。美國的戰鬥民主主義有其光榮的歷史傳統，美國的獨立不是唾手而得，是在八年的對外戰爭與更長期的對內鬥爭中完成的。列寧說，這是歷史上「最偉大的、真正解放和真正革命的戰爭」之一。

社論指出，美國的戰鬥民主主義不但在十八、十九世紀的獨立戰爭和黑奴解放戰爭中產生了它的偉大代表人物，在二十世紀的反法西斯戰爭中也產生了它的偉大代表人物。毫無疑問的，今天美國以羅斯福總統、華萊士副總統為首的進步政治家和將領，就是這樣的代表人物。盡人皆知，羅斯福總統和華萊士副總統，在國際關係上是竭力主張迅速開闢第二戰場、堅決打擊希特勒和日本軍閥，聯合蘇聯、援助中國，要求中國團結民主，把大西洋憲章的自由民主原則推行於全世界的；在國內關係上是竭力主張改善工人生活、保障工人與士兵權利、反對大資本家的壟斷的。因此，和他們的先驅者一樣，他們也受到國內的反動派、孤立派、頑固派及其國際應聲蟲所攻擊。但是也因此，他們卻得到了美國從開明資產階級直到廣大勞動人民的擁護，得到了共產主義者的合作，得到了全世界的同情。

社論特別強調，今天中國為民族獨立、政治民主和經濟民主的鬥爭，正和一七七六年的美國一樣，中國的戰鬥民主派的已故領袖，就是美國人民所熟悉的孫中山先生，他的著名的口號就是林肯的口號：民有、民治、民享。但是非常可惜的，是國民黨今天的一部分統治人士竟十分厭惡這個口號，如同他們在抗日戰爭的事業上怠工一樣，他們直到美國民主共和國出現的一百六十八年後，還拒絕實行民主制度，並且學著希特勒的腔調，指斥這是已經落伍了的「十八世紀的學說」。他們的民族理論也是希特勒式的，他們否認中國各民族的存在，按照他們的術語，美國不但是英國的一個「宗族」，簡直也可以是德國的一個「宗族」。這些都使中國各階層各民族的團結受到嚴重的妨害。這種情況，使中國的「獨立戰爭」，遇到遠過於美國的困難。美國的獨立戰爭在第八年上勝利了，而今天的中國，雖然得到了美國寶貴的援助，卻由於國民黨當局的反對民主，在抗戰第八年的前夜還失去了幾乎整個河南和大半個湖南，並且更大的危機還在前面。但是我們決不悲觀。民主的美國已經有了它的同伴，孫中山的事業已經有了它的繼承者，這就是中國共產黨和其他民主的勢力。我們共產黨人現在所進行的工作，乃是華盛頓、傑佛遜、林肯等早已在美國進行過了的工作，它一定會得到而且已經得到民主的美國的同情。美國正在大力援助中國的抗日戰爭與民主運動，這是我們所感激的。在慶祝美國國慶的今天，我們相信，與華盛頓、傑佛遜、林肯等過去的工作一樣，與羅斯福、華萊士現在的工作一樣，我們的奮鬥只能得到一個結果——勝利。我們一定能團結中國一切抗日與民主的力量，配合同盟國，驅逐日本帝國主義出中國。

社論最後，滿懷激情地喊道：

七月四日萬歲！民主的美國萬歲！

中國的獨立戰爭和民主運動萬歲！

打倒日本帝國主義！

《新華日報》一九四五年的「七月四日」社論，依舊是延續了一以貫之的頌揚立場。社論說，今天是美國的獨立紀念日，這是一個自由和民主的象徵的日子，這是一個由人民的力量在世界上建立第一個共和國的日子。它的光輝不僅照耀著新大陸和舊大陸，而且照耀著幾個世紀，直到今天，美國還是民主世界中最年青的向上的國家之一。

一九四五年的七月，世界反法西斯戰爭的勝利曙光已經顯現，蘇聯紅軍以摧枯拉朽之勢搗毀了希特勒的老巢柏林，希特勒這個戰爭惡魔，自知罪孽深重，已經畏罪自殺，人民沉浸在接踵而至的喜悅之中，《新華日報》的社論也有了一些喜悅和輕鬆的意味：「七月四日」，這日子代表著一個什麼意義，包含著一種什麼內容，美國人是不會忘記的。對於我們中國人民——一個正在以血肉爭取民族獨立和民主自由的民族——來說，也同樣是值得體驗、值得認識而且學習的。因為不管時代是怎樣的不同，不管情形是怎樣的相異，人類的任何進步事業和改革運動，尤其是人民的解放鬥爭，在它們的發展過程中是有其共通性的，那就是經過艱難困苦的鬥爭，迂回曲折的進展，以底於成功。其中發展的規律差不多總是一樣的。

社論分析了美國獨立戰爭勝利的根本原因和基本規律。社論指出，美國的革命軍不過是些「古怪的農民軍」，然而他們勝利了，打退了殖民政府在數量上和武器上都占絕對優勢的軍隊，理由很簡單，只是在他們是一支要求解放要求獨立的軍隊，是代表美國最大多數的人民利益的。人民的利益是不能違背的，人民的要求是一定要達到的。當時的殖民政府不瞭解這一點，以為這不過是少數人的「叛亂」，是可以用武力撲滅的。當一六七六年柏康領導的第一次反殖民政府的暴動失敗後，總督柏加利向他捉來的俘虜鞠了一躬，譏諷道：「杜魯門先生，我很歡迎你，在半個小時之內，你就要被縊死了。」可是他雖然得意洋洋的縊死了一個俘虜，而曾幾何時，美國人民卻起來縊殺了整個殖民政府。

《新華日報》的這類社論，總是有一個光明的結尾以鼓舞人民的鬥志和勝利的信心。社論最後說，年青的民主的美國，曾經產生過華盛頓、傑弗遜、林肯、威爾遜，也產生過在這一次世界大戰中領導反法西斯戰爭的民主領袖羅斯福。這些偉大的公民們有一個傳統的特點，就是民主，就是為多數的人民爭取自由和民主。美國現在是反法西斯戰爭中聯合國四大主要國之一，擔負了徹底消滅法西斯、消滅侵略、建立世界永久和平安全的重大責任，從美國的革命歷史，從美國人民愛好民主自由的傳統精神，從美國人民的真正利益，我們深信美國將繼續羅斯福的民主政策，不會忽視世界各處，尤其是中國人民的聲音，人民的要求。

一九四五年美國獨立日到來之前，傑出的美國總統羅斯福，在他的第四任美國總統任期剛剛開始不久，積勞成疾，遽然逝世了。《新華日報》的這一篇社論，充滿著期待，希望美國政府支持世界民主自由的鬥爭能夠繼續下去。

一九四五年四月十三日，是美國開國元勳傑弗遜誕辰二百零二年周年紀念日。就是這樣一個不在逢五排十的普通紀念日，《新華日報》也發表了社論，紀念這位美國獨立史上不世之出的偉大先賢。

社論首先歷數了傑弗遜的豐功偉績，諸如起草《獨立宣言》，制定「權利法案」，改善及普及文化教育等等。社論特別談到了傑弗遜強調的人本思想，指出：人有天賦的人權，人的自由與尊嚴不該為不正勢力所侵犯與褻瀆，人民是政府的主人而不是奴隸……這從十八世紀以來，應該早已經是全人類共知公認的常識了。可是，在今天，在二十世紀的五十年代，世界上還有根本不承認人民權利的法西斯蒂，還有企圖用不正暴力來強使人民屈服的暴君魔鬼，還有想用一切醜惡卑劣的方法來箝制人民自由、剝奪人民權利的「法規」、「條例」、「體制」，還有想用「民主」的外衣來掩藏法西斯本體的魔術家和騙子，那麼我們在今天這個民主先鋒的誕生的日子，就格外覺得自己的責任的重大，也就格外覺得傑弗遜先生精神的崇高與偉大了。

社論最後說，傑弗遜的民主精神孕育了兩個世紀以來的美國民主政治，傑弗遜的民主精神也推進和教育了整個人類的歷史行進。在戰爭沒有波及美國的時候，羅斯福總統說過：「吾人歷史上無時不表現美國人民準備作自由人民，且為此權利而奮鬥。」現在，也只有集合全世界愛好自由的人民全體的力量來奮鬥，才能「懷著信心瞻望將來，讓全世界所有各國人民，都可以自由生活，不受暴政摧殘，而憑他們多種多樣的願望和自由的良心而生活」（德黑蘭宣言）。

筆者不厭其煩地引徵這些六十多年前的社論和評論，實在是在重複這些文獻時，有一種難以抑制的欣喜和衝動，如飲瓊漿，如啜甘露。將這些文章收集在一起，真可謂犖犖大觀。

所有的思辨都指向一個鮮明的主題——對美國民主制度的景仰，對民主自由權利的崇拜。

其實，毛澤東在那個時代，已經對美國的民主有過精闢的論述和精彩的比喻。

一九四四年七月，美軍駐華參謀長史迪威將軍的政治顧問謝偉思，陪同美軍觀察組訪問了延安。毛澤東多次與謝偉思等人會談，表明了共產黨的民主政治立場。

毛澤東風趣地說：「每一個在中國的美國士兵都應當成為民主的活廣告。他應當對他遇到的每一個中國人談論民主。美國官員應當對中國官員談論民主。總之，中國人尊重你們美國人民主的理想。」

毛澤東的「過高」要求，著實讓謝偉思為難，他老實承認，美軍是戰鬥部隊，不能做為一支政治宣傳部隊來使用。我們沒有像共產黨政治部那樣一類教育軍隊和指導這種工作的機構。

毛澤東一笑而過。他本來就是一種比喻，他沒有指望美軍士兵都走上街頭宣傳「民主」。他按照他的既定思路向謝偉思發表談話：「中美兩國人民之間存在著相互同情、彼此瞭解和利害相關的緊密聯繫。雙方從根本上來說都是主張民主、尊重個人的；本質上是熱愛和平、不搞侵略和不當帝國主義的。」

毛澤東反覆申明：「我們的經驗證明，中國人民是瞭解民主和需要民主的，並不需要什麼長期體驗、教育或『訓政』。中國農民不是傻瓜，他們是聰明的，象別人一樣關心自己的權利和利益。你們可以在我們的地區裏看到這種不同之處——人民是生氣勃勃、富有興趣和十分友好的。他們具有人類抒發情感和精力的機會，他們已經從沉重的壓迫底下解放出來了。」

毛澤東多次談到了獲得美國援助的急切心情，他認為中美應該合作，而且能夠很好地合作。「美中兩國經濟上可以互相取長補短，雙方將不會發生競爭。中國不具備建設大規模重工業的必要條件，他不希望在高級的特製產品上與美國競爭。而美國為了它的重工業和這一類產品，需要出品市場，它同時還需要為投資尋找出路。」「美國不但是援助中國經濟發展的最合宜的國家，而且也是完全有能力合作的唯一國家。」「美國不必擔心我們不合作。我們應該合作。我們必須得到美國的幫助。所以我們共產黨人認為十分重要的是需要瞭解你們美國人的想法和打算。我們不能貿然反對你們——不能貿然和你們發生任何衝突。」

國民政府及國民黨當局，對於共產黨的民主攻勢，採取了軟磨硬扛的對策。從本意上說，國民黨是不願意在抗戰期間實行普選，組建聯合政府的。國民黨控制的媒介，便以種種理由，論證著中國不能實行民主、或者說不能實行普選的條件和依據。一九四五年十二月二十六日《和平日報》的社論就說道：「共產黨拿『普選』和『不記名投票』來欺騙人民。誰不知道，中國人民有百分之八十連自己的名字都寫不出，他們既不能記自己的名，更不會記共產黨所指派那一群大小官吏的名了。這種政府只能叫做『魔術』政府，不能叫做『民主政府』，共產黨人卻掩耳盜鈴，硬說『魔術』就是『民主』，簡直是對全國人民的一種侮辱。」

《新華日報》奮起反擊，竭力駁斥《和平日報》的謬論。《新華日報》的社論說：「假如將來中國人民個個都能識字了，實行選舉時一定便利得多，這是很明白的。現在中國人民文盲太多，進行選舉時非常麻煩，這也是事實。但是，無論如何，選舉的能否進行和能否進行得好，主要關鍵在於人民有沒有發表意見和反對他人意見的權利，在於人民能不能真正無拘束的擁護某個人和反對某個人，至於選舉的技術問題並不是無法解決的。解放區實行民主選舉的經驗便是明證。」

接下來，《新華日報》介紹了解放區民主選舉的創造性辦法。對於不識字的文盲農民來說，採用往碗裏投豆子的辦法選舉。每個候選人背後一隻碗，選民同意誰，就將自己手中的豆子放入誰的碗中。由於在大庭廣眾之下投豆子選舉，無記名實際變成了有記名。於是改進，將代表候選人的碗置於另一屋中，選民自己進入屋內投豆，只有信得過的監選人一人在屋內管理。這種方法也有不足之處，碗是仰放著的，每個碗中豆子的數量一目了然，一些選民會有從眾心理，不能準確表達自己的意願。於是再改，將碗上蓋一張紙，豆子從碗邊投進去。最後，解放區又發明了更完善的選舉辦法，不同的候選人用不同顏色的豆子表示。紅豆、黃豆、黑豆等等，代表張三、李四、王五等等，選民想選誰，就把代表誰的豆子用紙包好，放進碗裏。多包豆子者作廢。《新華日報》說，「這種方法非常適合農村文盲的無記名投票，在某些地方實行結果很好。」

《新華日報》的另一篇社論，更是從法理上論述了選舉權的本質：「選舉權是一個民主國家的人民所必須享有的最低限度的、起碼的政治權利。民主國家，主權在民；人民是主人翁，官吏是公僕，代議士是人民的代表，好像是監督和管理僕役的管家。如果人民沒有選舉權，不能選舉官吏和代議士，則這個國家決不是民主國家，決不是民治國家了……所謂四個民權，就是在選舉權之外，更加上罷免權、創制權、複決權這三個權。人民同時享有這四個權，才算是徹底的、充分的、有效的民權。但是，假使人民連選舉權都不能享有，那根本談不到民主、民治，而和中山先生的理想，更不知相去幾千萬里了。所以凡是真正的民主國家，就必須讓人民享有選舉權。只要是這個國家的人民，那就除卻『精神缺陷』或『被法院判處褫奪公權』的人們外，一達到成年，都應享有選舉權，不能加以任何性別、種族、信仰、資產、教育程度、社會出身乃至居住年限等限制條件，另一方面，每一個人也只應享有一個選舉權，不能依據任何性別、種族、信仰、資產、教育程度、社會出身乃至居住條件等優越條件，而取得一個以上的選舉權。這就是中山先生所主張的『廢除以資產為標準之階級選舉』，而『實行』的『普通』、『平等』的『普選制』。固然，在過去，甚至現在，有些民主國家的選舉制度，並不是普選制，而是限制選舉制。但從第一次世界大戰以來，世界潮流所趨，很明顯地，是不可阻遏地走向普選制了。特別在我們中國，中山先生老早就已主張普選制。在理論上，一切人民都將享有同等的選舉權，應該是沒有疑問的。」

一九四四年一月十六日，新一年剛剛開始的時候，《新華日報》特別轉發了延安《解放日報》的一篇生動而細膩的通訊，介紹了解放區人民的普選事宜：

競選

街頭的議論界熱鬧起來了，大選在村民們的心裏，好像坡裏黄黄的麥穗一樣，一天一天成熟了。

六月一日婦女會召開了會員大會，討論後提出婦女的候選人。「咱婦女會員要當選村長，張大媽做公事認真、負責任，真正擋上擋下的人才。保證每月開個檢計會，拉一回清單，保證減租交息……。」會員都喊道：「對呀！咱去宣傳，公民小組開會，咱一定要提出來對大夥說說。」

各種團體開會完畢後，競選開始了！大會嚴肅、緊張。上任村長報告一年村政工作並檢討了自己，當他報告檢討完了徵求大家意見的時候，人叢中幾個人自言自語：「你都檢討出來了，咱沒的說了。」

接著討論通過候選人，會場頓時寂靜了。青年李××說：「××前年大掃蕩，他歡迎了鬼子，不夠候選人資格。」張大嫂也說：「我也看見他歡迎鬼子來著，俺娘兒躲在小溝裏，看見他打小白旗，迎著大路走去……。」會場立即應和起來：「對呀！沒有資格。」舉手表決後，選委會從黑板上擦去了××的名字！牆腳兩個老大娘在議論：「活這麼大年紀這才看到村長是自己選呢！」「是呀！這二十一個人是從大夥中用篩子篩出來的，像蘿麵似的，越蘿越細，你看張大媽多能幹呀！咱們的代表。」這時，又有人站起來發言：「我介紹李大嫂做候選人，今年春荒，人家滿鍋清水，還是一天到晚東跑西奔的辦公事。」

二十一個候選人通過了。馬上就要投票。張大娘嚷著：「慢點，你再多念幾遍，我記不得。」大家挑選著對象，一邊挑一邊批評。會場熱鬧極了。監票人李××，最後把票包起來，很重的用指頭蘸上封了包。他對人說：「咱活了這麼一把年紀，第一次嚐嚐民主的味道。」

在開票前，村民們在坡裏互相詢問著：「你投了誰的票啊？」「又不大離兒，還是張大媽幹吧！」

晚飯後，公民們急忙走向會場去，當票開完，被選人各階層人數相等，會場異常靜肅了。

第二天，公民們都說：「一碗水都端的平平的，這些才是當家人呢！」

好在中華民國時期，民間報、同人報、集團報、政黨報、政府報等等，雜陳並存，在符合新聞檢查制度的大前提下，還能各自發出一點聲音。中共倡演的這出「民主」活劇，引來了八方參與，異口同聲。真正形成了一個「熱鬧」的場面。

一九四四年六月二十九日成都出版的《新中國日報》說：「統制思想，以求安於一尊；箝制言論，以便莫敢予毒，這是中國過去專制時代的愚民政策，這是歐洲中古黑暗時代的現象，這是法西斯主義的辦法，這是促使文化倒退、決不適於今日民主世界，尤不適於必須力求進步的中國。」

一九四四年九月二十三日昆明《雲南日報》說：「言論出版的自由，是民主政治的基本條件，沒有言論出版的自由便不可能有真正的民主，不民主便不能團結統一，不能爭取勝利，不能建國，也不能在戰後的世界中享受永久和平的幸福。因此不僅在平時需要言論自由，在戰時更需要言論自由。羅斯福總統把它列為四大自由之首，邱吉爾首相也把它定為七項標準的第一項，正因為他們能這樣地重視它而且好好地名符其實地尊重它，所以才能在現在連打勝仗，並且要在將來建立和平。這一切擺在眼前的事實，正清楚地指出了我們今天應有的要求。」

一九四四年四月二十二日昆明的《正義報》說，「十數年來，因為檢查制度的樹立，使報紙的使命，未能充分達成；而在反映民意這一點，遺憾尤多，近年以來，……言論出版的限制加強，結果出版界的凋零，實為多年所未見；而報紙之所提供於國人的，幾於全國一致、千篇一律」！「我們認為這種現象是應該加以改良的，……一個國家社會的進步，全在文化的提高；而文化的提高，一在普及教育，二在出版事業興盛。我們對於有益可能的出版，如果過於『謹慎』，勢將使出版事業趨於萎縮，而人民的精神食糧也感缺乏；終極的結果，使演成人民的無識和不知。以無識和不知的人民，固不足以言抗戰，更不足以談建國。」

一九四四年六月十五日成都的《華西日報》說：「通訊與言論自由，乃是民主自由的基本要素。若沒有這種自由，則失去說話自由權的個人，必同時失去其他自由，自由既喪失，那就與奴隸無異，不能算是國民。一個國家，如果其所統治的人民沒有起碼的說話自由，則其統治必屬獨裁。而以現時術語稱之，則為法西斯的專制，斷乎不能是民主。所以爭取言論和通訊的自由就是爭取民主的先著。」「人類的命運支配於少數獨裁者之手，則必產生暴力專制、武力侵犯、殘酷戰爭，結果是像這次世界大戰那樣使人類與其文化淹在血海之中。所以要保障永久和平，避免第三次大戰，唯一要緊的把世界的支配權放在人類絕大多數的手中，因此必須使人類絕大多數一律享有民主自由。凡少數支配多數，少數專制、多數失其自由的現象，應該不再存於今後的世界。」「全世界全人類既須悉數進入民主的範圍以內而享受民主的支配之權，那麼，取徑於通訊與言論自由使人人能夠說真話，能夠得真消息，能夠隨時得知世界的真相，絕對必要。所以任何束縛此種自由、不許以真相公告人類世界的現象，都須在取締之列，乃是自然的結論。」

一九四六年一月二十八日，國民政府國防最高委員會，經研究通過，終於廢止了三十八種法令。其中屬於禁止集會結社自由方面的法令十四條。儘管廢止這些法令的決議來得遲了一些，但《新華日報》還是給予了熱情的歡呼和讚賞。

《新華日報》指出，這些廢止的法令，當初對於人民的集會結社加上了極嚴格的特許制度的束縛。社論說：「本來集會結社自由是人民基本權利之一，不能稍加侵犯的。英美民主國家的人民集會結社，是無論性質，地點及參加者的職業性別如何，事前均無須請求員警許可，亦無須報告員警。假如參加集會結社者有違犯普通刑法的行為，則亦按普通刑法治罪；

否則，聽其自便，在所不禁。但是，在我國就與這完全兩樣：『各種人民團體組織之成立，無論下級團體或上級團體，均應先經政府之許可』（《人民團體組織綱領》第四條）。在《人民團體開會規則》第二條也有同樣的規定：『……每次開會應於會期前將開會事由、時間、地點等呈請該主管官署及目的事業主管官署……』。這就是把人民的基本自由交給行政機關控制，人民要集會結社，必須去講求『恩准』，反之，就構成『犯法』行為。」

《新華日報》進一步分析說，過去這些法令，賦予了軍警憲兵及行政機關以任意干涉和解散人民集會結社的權力。「所謂《非常時期取締集會、演說辦法》，就是在民國二十九年為此目的而設的。規定員警可以有權隨時命令一個集會一個人的演說中止。又如《非常時期團體組織綱領》第一條規定：『各種人民團體，除受中國國民黨之指導、政府主管機關之監督外……並受軍事機關之指揮』，同時也有『明令解散』之權。這樣，凡主管官署認為不適合的就可任意加以刁難或解散。」

《新華日報》的欣喜，是真誠地發自內心的。它呼籲道：「集會結社的根本權利，又重新回到人民手裏來了，我們應該好好的運用它，發展它，讓他在整個民主建設事業中，表現出更輝煌的成果來。」

令人遺憾的是，國民政府廢除的這些法令，幾乎還未來得及實行，便被內戰的硝煙驅散了。

一九二六年，四分五裂的中國在動盪和割據中呻吟。國民黨繼承孫中山的遺志，高舉義旗，整軍北伐，從廣州一路打到北京，實現了中華民國真正意義上的統一，結束了辛亥革命以來群龍無首、政出多門的混亂局面。這是國民黨對國家和人民的重大貢獻。

天下甫定，百廢待興，國民黨制定了許多法規條令，以維護社會的穩定、思想的統一，這其中，便有報紙出版、集會結社方面的種種限制。這也是當時的社會環境下，不得已而為之的無奈之舉。

時光演進到一九三三年，「九一八」事變後的中華大地，國際形勢險象環生，民族矛盾日益尖銳，「抗日救亡」成為舉國上下一致的呼聲和強烈要求。國民黨及國民政府，順應這一大趨勢，放寬了對言論的管制，並在這一年的九月一日，國民政府頒佈了《保護新聞工作人員及維護輿論機關》的命令。次年的九月一日，全國新聞工作者一致通過這一天為「記者節」，至此，中華民國的記者們，開始有了自己的節日。

一九四三年，在第十個記者節來臨之際，延安的《解放日報》發表了紀念社論，題為《反對國民黨反動的新聞政策——為紀念第十屆九一記者節而作》。社論將反對的矛頭直指國民政府，它指出：國民黨當局實行新聞統制政策，口口聲聲強調「戰時統制」之必要，又把這種統制描寫成為「三民主義的新聞政策」。誰都知道，今天的中國是在「戰時」，是在抗戰的進程中，而抗戰正是為了打敗日本法西斯侵略者，建立獨立自由幸福的新中國。照國民黨的說法，它的新聞統制，似乎應當符合於抗戰的利益和革命的三民主義原則。然而事實上怎麼樣呢？

社論指出，在後方，共產黨和其他抗日黨派的政治主張橫遭壓抑，不許在報上發表，甚至「抗日民族統一戰線」「團結」「解放」「國共合作」「各階層人民」「少數民族」「三民主義以為今日中國所必需」等，都被認為「謬誤名詞」，都在禁用之列；而頌揚法西斯獨裁的謬論反而受到縱容和包庇，法西斯的新聞「理論家」居然公開無恥地鼓吹「一個黨、一個領袖、一個報紙」的主張。它們對於「異己」的進步報紙，採取各色各樣的限制、吞併和消滅的辦法，如檢查稿件、任意刪削，威脅讀者、阻礙推銷，派遣特務打入報館、逐漸攘奪管理權，最後則強迫收買、勒令封閉。

《解放日報》引述一九三七年國民政府的統計，全國計有報紙一千零三十一家，而到了一九四一年十一月，據國民黨中宣部的資料，大後方報紙獲得核准出版者僅二百七十三家。一九四二年一年當中，被封閉的報紙雜誌竟達五百種之多。

《解放日報》的社論痛斥這種新聞專制：今天國民黨的新聞統制政策，戴上三民主義的帽子，但實際上和革命的三民主義並無任何相同之點，這種反動的新聞統制政策，是和大地主大資產階級政治代表對敵準備妥協、對內厲行獨裁的整個政治方針分離不開的。國民黨反動派為了推行這整個反動的政治方針，就必須統制輿論，壟斷輿論，使輿論界法西斯化、特務化。希特勒說：「利用報紙，可使人民視地獄為天堂。」希魔這種愚民的辦法，正是國民黨反動派的新聞統制政策的藍本。

同是一九四三年九月一日，在國統區重慶出版的《新華日報》，也發表了紀念記者節的社論《記者節談記者風格》。出版環境的不同、受檢方式不同、面對的讀者也不同，《新華日報》的社論就委婉、含蓄了許多。社論說：春秋作而亂臣賊子懼；董狐直筆，趙盾膽寒。這是天地的正氣，也可以說就是代表了輿論的力量。如果我們要為中國記者從自己歷史中尋找優良的傳統，怕首先就應舉出這樣的風格，作為我們記者的圭臬。

《新華日報》的社論說，「為人民喉舌」，這是每一個新聞記者所用以自負的。然而，要真能負得起這樣一個光榮的稱號，就得象董狐那樣，緊握住自己這一管直筆，作真理的信徒、人民的忠僕。一方面，凡是真理要求我們說、要求我們寫的，就決不放棄、決不遲疑的給說出來、寫出來。另一方面，凡不合真實和違反民意的東西，就不管有多大的強力在後面緊迫著或在前面誘惑著，我們也必須有勇氣、有毅力把它抛棄，決不輕著一字。直者，直道而行也；有是有，無是無，白是白，黑是黑，不容有絲毫的假借，也不容有絲毫的含糊。今天，是我們自己的節日，應當是我們的機會來作一次清夜捫心、檢討一下自己一年來的工作，曾否對董狐那枝直筆松過乃至放棄過？是否對得起真理、對得起人民？

《新華日報》帶頭清夜捫心了：過去的一年是六年抗戰中最艱苦的一年，也是我們為抗戰服務的新聞工作者最艱苦的一年。反躬自問，一年來我們對抗戰確也盡了不少的力量，對於抗戰事業既忠既勇的言行，不問其出自前線或後方，都曾為之報導消息、發揚光輝；對於抗戰不利的事實和言論，也曾予以揭發，予以斥責。然而，講到直筆，講到忠於真理、忠於人民，就未免有些汗顏（遵檢一段）。這種風氣的形成，固然在客觀方面有其重大的原因，不能把責任全部推到記者肩上；誠如同月二十九日《新民報》「先得糾正空氣」一文所指出，「在一切問題之先，是『說話』這一件人民的基本權利，要有界限以內的把握」。故要糾正這種風氣，就「還有一種『空氣』，似乎先須引正。」但是，顯然的，不能說記者本身對這種風氣就沒有責任。我們覺得，應當糾正的，怕不只是重外輕內的風氣，怕還有較此更甚而更為新聞記者自己引以內疚的。間嘗省察，養成此種於記者風格尚多未合之處的，除客觀「空氣」外，在記者本身，要有一種應予糾正的觀念，即對於宣傳一詞的瞭解是也。

有心的讀者，在仔細閱讀了這段社論文字之後，會體味到在「遵檢一段」之後，上下文的文意有了隔閡，語氣和引文甚至都中斷了、遊移了。什麼「風氣」的形成？何為「同月二十九日」呢？這一段刪得可真不手軟，真夠大膽的。《新華日報》照「檢後」的樣子原樣刊出，也是另一種無聲的抗議吧！

一九四五年的記者節，適逢日本帝國主義剛剛宣佈無條件投降，中國的授降儀式正在熱烈地籌備之中，全國人民經過八年的艱辛備嘗，終於迎來了最後的勝利，《新華日報》社論《為筆的解放而鬥爭——九一記者節所感》寫得恣肆汪洋，胸臆澎湃，一洩千里。不妨全文照登如下，以饗讀者：

在抗戰勝利中紀念「記者節」，每個新聞從業員都感到一點光榮，但是在光榮背後，對於戴著重重枷鎖而奮鬥過來的新聞記者，每個人也都有一份悲憤和羞慚。悲憤的是我們「文章報國」的志願和力量，在這長期的神聖抗戰中因為這種不合理制度而打了一個七折八扣，有消息不能報導，有意見不能發表，每天做應聲蟲，發公式稿，替人圓謊，代人受罪，在老百姓中間造成了「報紙上的話靠不住」的印象，圓謊八年，把中國新聞事業的聲譽和地位作踐無餘；而使我們羞慚的是在這麼長的年月中，中國新聞記者竟默認了這種不合理的制度，不僅不能用集體的力量來打碎這種銬在手上的鏈子，掙脫縛在喉間的繩索，居然有不少自稱新聞記者的人為這種制度辯護，用國情不同之類的話來替這種制度開脫，甚至有人由新聞記者搖身一變而為檢查官，用剪刀和紅墨水來強姦人民的公意。在前方諱敗為勝，要直到兵臨城下的時候才讓老百姓從空氣中傳來的槍炮聲音知道戰事的真相；在後方粉飾太平，歌功頌德，政治外交的大事可不必說，指摘一點兵役糧政上的缺點，也就是「暴露黑暗」、「沮喪信心」、「妨礙抗戰」，結果是「別有用心」，罪名層出不已。在爭自由民主的神聖抗戰中，檢稿、扣報、罰令停刊，唆使流氓特務毆傷報童，陰謀放火，這算是「合法」行為；而在中小城市，那麼逮捕記者、封閉報館，更是家常便飯。歐美報章報導抨擊中國檢查制度的文章，不絕於書，而我們卻受之坦然，怡然自稱我們是爭自由的「民主」強國！

戰爭結束了，英美可不必說，連法西斯的阿根廷、戰敗了的日本都已經取消檢查制度了，大家說阿根廷和日本在偽裝民主，而我們呢，好像連這一點偽裝的勇氣也沒有，「即將」取消、「決定」取消，話也聽得很久了，實施何日？好像這個「國情不同」的地方，對於這把扣緊人民咽喉的枷鎖還不勝其眷戀之情，惋惜之念。今天是什麼日子？不是束縛人民言論自由的法西斯虐政業已打倒、四大自由列為憲草？不是戈培爾已經在播音機前面死掉了？

今天，應該是中國新聞記者起來洗刷羞辱的時候了。在今年的九一記者節還要寫〈為筆的解放而鬥爭〉的文章，應該已經是一個天大的諷刺了。

極力打破國民黨的一黨專制，竭盡全力進入政府之中合法執政，是那一個時期共產黨的一個很高的努力目標。為此，共產黨從理論到實踐上都進行了艱苦的探索和扎實的準備。

理論的探索是充分的，輿論的攻勢一浪高過一浪，矛頭直指國民黨的獨裁與專制。

中國共產黨的主要領導人之一劉少奇，在《解放日報》撰文，抨擊國民黨的一黨專政。他認為「一黨專政反民主」，共產黨絕不像國民黨那樣搞「黨天下」。劉少奇說，抗日各階級聯合的抗日民主政權，是抗日民族統一戰線的最高形式。它只有在平等原則上，採用完全的民主制度，才能組織成功。這也是領導中國抗戰革命到最後勝利的最好的最有力的形式。沒有這種政權的建立，沒有抗日統一戰線的大大鞏固和擴大，不實行民主政治，抗日戰爭是不能勝利的。

劉少奇特別論述了抗日民主政權的基本性質：這個政權保障一切抗日人民的民主權利，

如人民的言論、集會、結社、出版、居住、營業、思想的自由。任何人只要沒有勾結敵寇和漢奸的行為，沒有破壞與反對抗日軍隊的行動，沒有違犯政府法令的行為，不論他是屬於何黨何派，屬於哪一階級、階層，政府一律保護。一切黨派只要抗日、不反對民主，一律有合法的地位。

劉少奇駁斥了別有用心的人對共產黨的攻擊和誹謗。劉少奇指出：有人說，共產黨要奪取政權，要建立共產黨的「一黨專政」。這是一種惡意的造謠與誣衊。共產黨反對國民黨的「一黨專政」，但並不要建立共產黨的「一黨專政」。共產黨和八路軍、新四軍作為民主的勢力，願意為大多數人民、為老百姓服務，為抗日各階級聯合的民主政權而奮鬥。這種政權，不是一黨一派一人所得而私的。……共產黨並不願意包辦政府，這也是包辦不了的。……只有大多數人民都積極起來參政，積極擔負政府的工作，並積極為國家民族的利益與大多數人民的利益而努力的時候，抗日民主政權才能鞏固與發展，帝國主義與封建勢力的壓迫才能推翻，中國的獨立自主與人民的民主自由才能實現。

共產黨在陝甘寧邊區民主政權的實踐中，創造性地發明了「三三制」的管理體制，即在一級政府之中，共產黨員只占三分之一，其他黨派和無黨派人士占三分之二。這是毛澤東充分肯定並大力推崇的一種「聯合政府」的模式。他希望這種政府組織形式能夠在國民政府這種最高政府形式中實行。一九四五年十二月七日的《解放日報》，發表專論介紹這種「三三制」的政權組合，稱它是「一黨專政的天敵」。

《解放日報》的文章說，「老百姓在解放區做了主人，就是說，解放區實行了民主。解放區實行了哪些民主呢？解放區實行的民主有好幾方面，比如今天要說的『三三制』，就是政治上實行民主的一種辦法，一種制度，用這種辦法、這種制度，好讓各階級、各黨派大家都有機會來參加政府，管理國事」。

文章說，「要知道什麼叫三三制政策，我們看一看解放區的老大哥——陝甘寧邊區政府的情形，就可以明白個大概了。陝甘寧邊區政府完全是由陝甘寧邊區的老百姓民主選舉出來的。主席是林伯渠，大家稱他林主席，林主席本來是老同盟會員，革命幾十年，現在是中國共產黨中央委員；副主席是李鼎銘，大家稱他李副主席，李副主席曾經服務教育界好多年，精通國醫，是陝北的公正紳士，不是共產黨員。邊區政府的廳長，比如教育廳長柳湜，是救國會派人士，比如教育廳副廳長霍連果，還有建設廳副廳長霍子樂，都是地方名流，也都不是共產黨員。政府委員會，十八個人中間，只有六個人是共產黨員」。

這就是「三三制」的基本雛形。

「共產黨員與其他黨派、無黨派的人在一起辦事，互相商量問題，實行民主合作，共同建設邊區，大家一樣，在政府中間有平等的地位和權利，不管你是不是共產黨員，只要你所提出的意見在討論的時候，得到多數人的同意，那就能夠實行。比如，在一九四二年冬季開始，陝甘寧實行『精簡政策』，最初提出這個政策的，還是非共產黨員李副主席」。

文章指出：「解放區為什麼採取三三制呢？道理很簡單，因為共產黨主張實行新民主主義的政治，要廣大人民及愛國黨派、民主人士都來管理政權。中國人口很多，共產黨員占一小部分，為了要使黨外的廣大人民都有他們的代表來共同管理國事，所以中國共產黨在解放區的政權機關裏，自己約束人數，不超過三分之一。」

文章強調，「中國共產黨反對一黨專政，反對象國民黨那樣，由一個黨的少數人來包辦政府，主張各黨派、各階級都有代表參加的聯合政府，中國共產黨和全體人民，現在都在努力實現全國範圍內的聯合政府。現在，全國範圍內的聯合政府還沒有實現，只有解放區實行了三三制政府，這就是地方性的聯合政府」。

《新華日報》呼應《解放日報》的文章，發表社論稱：一黨獨裁，遍地是災！社論說，打開我國的地圖，睜開眼睛一看，國民黨一黨專政下的地區，哪裡沒有災荒？單就報紙上發表的材料來看，可以看出災荒是異常嚴重的。如湖南、河南、安徽、廣東、廣西、江蘇、湖北、江西、四川，以及陝、甘、青、滇等省，真是遍地是災，尤其是湖南等地，實在是慘不忍聞。

因一黨專政而罔聞民意，我行我素，進而搞得天怨人怒，災荒遍地，《新華日報》的社論自有它說得過去的邏輯關係。

中華文化的基因當中，先天缺乏民主的因數。當年黃炎培訪問延安時，欣喜之餘仍有一絲殷憂。他坦率地對毛澤東說：「我生六十多年，耳聞的不說，所親眼看到的，真所謂『其興也勃焉，其亡也忽焉』。一人、一家、一團體、一地方乃至一國，不少單位都沒有能跳出這週期率的支配力。大凡初時聚精會神，沒有一事不用心，沒有一人不賣力，也許那時艱難困苦，只有從萬死中覓取一生。繼而環境漸漸好轉了，精神也漸漸放下了。有的因為歷史長期，自然地惰性發作，由少數演為多數，到風氣養成，雖有大力，無法扭轉，並且無法補救。也有因為區域一步步擴大了，它的擴大，有的出於自然發展；有的為功業欲驅使，強求發展，到幹部人才漸漸竭蹶，艱於應付的時候，環境倒越加複雜起來了，控制力不免薄弱了。一部歷史『政怠宦成』的也有，『人亡政息』的也有，『求榮取辱』的也有。總之，沒有能跳出這個週期率。中共諸君從過去到現在，我略略瞭解了的，就是希望找出一條新路，來跳出這個週期率的支配。」

毛澤東十分樂意面對這種挑戰性的問題。他也乾脆地回答：「我們已經找到了新路，我們能跳出這週期率。這條新路，就是民主。只有讓人民來監督政府，政府才不敢鬆懈；只有人人起來負責，才不會人亡政息。」

其實，黃炎培當年提出的命題，時至今日，我們仍在探索和破解之中。毛澤東所說的「新路」，仍在我們的前方遙不可及。

在毛澤東的政治智慧和鬥爭策略中，民主只是手段，而不是目的。他揮起「民主」這個「撒手鐗」，是點向了國民黨「一黨專制」的死穴和軟肋，為共產黨的合法地位和合法鬥爭爭取更大的空間，為有朝一日的取而代之積蓄力量，製造轉機。毛澤東在親筆修改的《解放日報》社論中就明確斥責國民黨「抱著自大與武斷之精神，企圖以國民黨一黨一派之私利，超越於民族利益之上，而強迫他人服從之」。因而，毛澤東鄭重指出：「必須徹底改變現在國民政府執行的軍事、政治、經濟、文化等項政策，必須徹底改組政府與統帥部，把那些投降派、失敗主義者、專制主義者與法西斯分子趕出去，由真正能代表人民利益的人去掌握政令軍令，使其能代表全國各方面的力量及人民的意志。必如此，方能真正挽救目前的危機及爭取抗日勝利。」

在民主的「手段」下，目的指向鮮明地亮了出來。誰能「代表全國各方面的力量及人民的意志」呢？結論不言自明。

蔣介石被共產黨的鬥爭策略搞得焦頭爛額。他對共產黨高舉「民主」、「自由」大旗，倡言開放黨禁，反對「一黨專制」恨得咬牙切齒，可又不能公開指責和反對，只好在日記裏破口大罵，以洩私憤和心頭之怨。蔣介石謂共產黨為「變相之漢奸」，羅列了十數條「中共罪惡」：「借民主之美名，而施階級獨裁之陰謀」，「借民選之名義，以行其擁兵作亂，割據地盤，怒辱民眾，破壞統一之實」，「勾結敵軍，通同漢奸，傾害國本，顛覆政府，以組織聯合政府為過渡手段，而達到其多數控制，成立第四國際專政之目的」，且「必使中國非依照其主張受其完全控制，而成為純一共黨之中國，終不甘其心」。蔣介石發狠道：「非從嚴懲此害國禍民，勾敵構亂之第一罪魁禍首，實無以折服軍民，澄清國本也。」

耐人尋味的是，一九四七年我國的全面內戰爆發之後，《解放日報》、《新華日報》等對美國的頌揚戛然而止，對民主的呼籲也銷聲匿跡了。

兩年後，一個人類歷史上從未有過的政體——中華人民共和國誕生了……

主要參考文獻

《歷史的先聲——半個世紀前的莊嚴承諾》，笑蜀編，汕頭大學出版社，一九九九年九月第一版。
《延安歸來》，黃炎培著，重慶國訊書店出版，一九四五年初版（影印本）。

長春之圍

一九四八年三月十五日，林彪指揮的東北人民解放軍，終於完成了對長春的合圍。有心人甚至可以看到，林彪臉上的忿恨之色，稍微有所緩解。

守衛長春的是全部美式裝備的國民黨新一軍、新六軍，以及當年遠征緬北、戰功赫赫的六十軍，共約十萬人左右。長春城內的百姓大約五十萬人。圍困長春的是東北野戰軍及民主聯軍等地方武裝，也是十萬人左右。

林彪給圍城部隊下達的死命令是：「不給敵人一粒糧食一根草，把長春蔣匪軍困死在城裏。」

合圍之初，長春市東郊的大房身機場還在國軍的控制之中。陸路不通，空中救援。國民黨的軍用飛機不時降落機場，空運來武器彈藥及生活給養。

林彪命令部隊不惜任何代價向大房身機場靠近，打斷國軍的空中補給線。五月中旬，解放軍的遠端炮火已能擊中飛機跑道，一架美式運輸機甚至已經被炮火摧毀。五月二十四日，解放軍基本控制了大房身機場。六天後，林彪斬釘截鐵的命令傳達到了圍困長春的所有部隊：

一、使用獨立師以營為單位，接近長春周圍及近郊，堵塞一切大小道路，主陣地上構築工事，主力部隊切實控制城外機場。
二、以遠射程火力，控制城內自由馬路及新皇宮機場。
三、嚴禁糧食、燃料進敵區。
四、嚴禁城內百姓出城。
五、控制適當預備隊，溝通各站聯絡網，以便及時擊退和消滅出擊我分散圍困部隊之敵。
六、城南、城東歸六縱，城北、城西歸一縱，炮兵由炮司派歸五、六縱指揮。
七、兩個月來幾個獨立師圍困長春成績不大，未看成是嚴重戰鬥任務，無周密計劃和部署，應該改正。要使長春成為死城。

從這一天起，長春真的「死」了。

林彪對長春的切齒之恨、切膚之痛，從何而來呢？

事情得從整整兩年前的一九四六年春夏說起。

第二次世界大戰接近尾聲之時，大國們又開始辛勞地謀劃未來世界的格局了。萬眾矚目的雅爾達會議，實質上是美國、英國、蘇聯重新劃分勢力範圍的一次大博弈、大交易。美國在太平洋海島的爭奪戰中，對日軍寸土必爭、血戰到底的武士道精神心有餘悸，從自身的安全計，不願再與日軍士兵正面接觸，便將解決滿洲國七十萬日本關東軍的任務推給了蘇聯。史達林自知這是一塊難啃的骨頭，但從東北經濟、戰略長遠利益考慮，毅然點頭允諾。一九四五年八月六日，美國向日本廣島投下了第一顆原子彈，天皇及日本政府大為震驚，立即醞釀停戰投降。八月九日零時，一百五十萬蘇聯紅軍越過中蘇、中蒙邊界，對日宣戰。七十萬關東軍幾乎沒有抵抗便舉旗繳械，不戰而降。蘇聯軍隊幾日之內，兵不血刃地佔領了整個東北。

毛澤東敏感地意識到東北地區對中國革命和戰爭的重要戰略地位，他立即利用中國共產黨及他本人與蘇聯共產黨及史達林的盟友關係，迅速向東北調遣軍隊。八月十一日，八路軍總司令一天之內連發七道命令，令東北軍原呂正操部、原東北軍張學思部、原東北軍萬毅部、八路軍李運昌部由現駐紮地急速向遼寧、吉林進發。九月至十一月，短短三個月，中共各部隊便有十一萬人馬抵達東北。

國民黨軍則行動遲緩。十月才有部隊到達秦皇島。在美國軍艦、飛機的幫助下，駐在廣州的新一軍、新六軍及六十軍，直到一九四六年暮春才抵達遼寧瀋陽。

面對洶洶而至的國民黨軍隊，毛澤東決心在四平與國軍主力決一死戰。他電令林彪，「死守四平，寸土必爭」。四月二十八日，毛澤東再次致電前線：「堅守四平的指戰員、政工人員們：為和平民主，你們堅守四平，甚為英勇，特傳令嘉獎。望你們再接再厲，堅守到最後勝利，把四平變成『馬德里』。」

遠在河北西柏坡的毛澤東意氣風發，信心十足，他設想著，四平一戰，定會像西班牙內戰共和軍死守馬德里一樣，蜚聲國際，一舉扭轉戰局。

林彪回電表決心：「我守軍決戰至最後一人。」

東北民主聯軍十四個師十萬之眾，以四平為中心，構築了一條東西蜿蜒百里的防禦工事，嚴陣以待，準備迎擊步步北上的國民黨軍隊。

此役，中共方面稱之為「四平保衛戰」，國民黨方面名之為「四平街會戰」。戰鬥異常慘烈。中共方面完全低估了全部美式裝備的國民黨新一軍、新六軍的戰鬥力和機動性。

杜聿明指揮國軍各部於五月十四日分三路向四平大舉進攻，很快便突破週邊，進逼市區。五月十八日，林彪率殘部退出四平，向北潰敗。國軍尾隨北上，追著林彪部隊的屁股打，五月二十三日便佔領了長春。林彪各部亂了建制，潰退如潮，根本無法組織起有效的阻擊，一路越過松花江，直奔哈爾濱而去。此時，國民黨新一軍孫立人率麾下各部乘勝北上，先頭部隊也已渡過松花江，距哈爾濱不足百里之遙。

林彪深感大勢已去。似這等敗退下去，失去哈爾濱、齊齊哈爾只是時間問題。他致電中央，「準備游擊放棄哈爾濱」。

毛澤東考慮了兩天，無奈覆電林彪，接受了這個痛苦的現實：「同意你們作放棄哈爾濱之準備，採取運動戰與游擊戰方針，實行中央去年十二月對東北工作指示，作長期打算，為在中小城市及廣大鄉村建立根據地而鬥爭。對於分散與孤立之敵據點，應在可能條件下取之。目前軍隊應爭取休整，恢復疲勞，提高士氣。」

當國軍孫立人部成功渡江，踏上松花江北岸時，哈爾濱以南一馬平川，無險可據。哈爾濱城內東北局機關，已是緊張地打包裝車，準備隨時棄城而去。就在此刻，戰局風雲突變，林彪峰迴路轉了。

深算老謀的周恩來在南京的談判桌上開闢了「第二戰場」。他力促美國調停，國共停戰談判。美國政府特使馬歇爾回國述職，五月十三日剛剛返回中國，國民黨便發動了對四平的進攻，這讓馬歇爾大為惱火，顏面全無。他不管雙方戰局如何，以停戰促和平為第一要件，嚴促蔣介石停止進攻，就地停火。在拖延了幾天之後，蔣介石於六月二日下達了停火令。一來是無法完全不顧馬歇爾的調停；二來蔣介石也過於自信，以為經四平一戰，林彪各部已元氣大傷，不可能東山再起。

停戰令令孫立人沮喪不已。大軍渡江，劍指滿北，哈爾濱唾手可得，可一紙命令，全速北進的部隊緊急剎車，掉頭返回陶賴昭待命。林彪所部終於有了喘息之機。而國民黨軍隊卻永遠失去了再次越過松花江的機會。

蔣介石事後回憶：「激戰一星期，林彪所率匪部號稱三十萬大軍，被我國軍總指揮杜聿明部徹底擊敗，傷亡過半，其他殘部潰不成軍，分途向中東鐵路、哈爾濱綏芬河一帶崩潰。杜總指揮即於五月二十三日由四平街進佔長春，並令其所部以哈爾濱為目標，沿長春鐵路線向北追擊，勢如破竹，匪軍毫無抵抗行動。此一剿共戰役，可說是繼二十三年（一九三四）在贛南五次圍剿之後，又是最大一次決定性的勝利。而其共匪當時潰敗的情況，及其狼狽的程度，實與其在贛南突圍逃竄的慘狀，只有過之而無不及。」

蔣介石一著失誤，滿盤皆輸。命運的天平上，常常有這種戲劇性的天地翻覆。

國民黨高級將領、人稱「小諸葛」的白崇禧也是東北戰役的指揮者和親歷者之一。白崇禧之子白先勇，在其撰寫的傳記作品《仰不愧天——白崇禧將軍傳》中，也有一段中肯之語：「毛澤東命令林彪死守四平，犯了嚴重的軍事錯誤，差點輸掉整個東北，但蔣中正下令國軍停止追擊，犯下更嚴重的錯誤，把東北徹底失去了。很可能，國共內戰的勝負，在一九四六年六月初，已經決定。」

最終的事實是，林彪所部經過休養生息，整軍建軍，逐步擴展為擁有百萬之眾的中國人民解放軍東北野戰軍。並在失去長春整整兩年之後，鐵桶般死死圍困了長春守軍。

兩年了。鬱結在林彪胸中的那口惡氣，在一九四八年初夏的東北曠野上，終於被他吐了出去……

長春被徹底地困死了。圍住的是城堡，圍不住的是親情、是思念。守城的國民黨官兵，依然提筆展紙，給遠在家鄉的情人、妻子、父母雙親寫下一封封傾訴衷腸的信函。他們不知道這些信是否真的能送到收信人手中，他們也不知道長春及他們自己未來的命運如何。他們只是寫，執著地寫，深情地寫，然後裝入信封，貼足郵票，送到軍郵站或長春郵政局。長春收復之後，人民解放軍在郵局的倉庫裏，甚至在飛機的機艙內，收繳了一包又一包這種沒有寄出的家信。這些信是永遠寄不出去了。在時代的大變革、社會的大動盪中，寄信人和收信人都如斷線的紙鳶，不知飄零到了社會的哪一個角落。這些已經泛黃的家信，卻是那個時代人們情感的真實記錄。

芬妹賢妻：

前幾天我聽到有飛機要降落長春，我曾經寄信一封，至今飛機還不能降落，因為八路匪在長春市外時常用炮兵擾亂，所以不便降落，僅能空投。接到您五月七號和六月六號來信，內中各情我已知道，相片我已收到，雲峰長大了，好像很瘦，照來的相片口開著，實在不美觀，以後請您注意他的起居飲食，同時叫他口要閉起來。雲霞好像很乖，身體有點健壯，我心真歡喜極了。

芬妹，您的像太苦惱了，同時也蒼老許多，望您隨事看淡點，不緊要的悶事和悶話不要放在心上，說去說來都是為了父親和兒女，不然的話到昆明回浙江去免得受那悶氣。芬妹保重點吧。我還在他鄉，真是遠水不濟近渴，又有什麼辦法呢，還是望您忍耐下去吧。

家中生活比東北低一百倍，現在長春豬肉合國幣三百萬元一斤，白菜也要三百萬元國幣一斤。現我們軍隊吃高粱米，我回長春到現在吃了一次豬肉和兩次白米飯。芬妹，我們這樣苦的生活，是因為共匪的破壞交通和到處擾亂，所以使軍隊人民苦不堪言。我們雲南算太平了，吃食算便宜了，請趙隊長代滙之款三萬元法通券折合國幣三百四十五萬元，此款去歲十一月就發至昆明縣寄家中，為什麼沒有收到，真奇怪，我已去信詢問趙隊長，現在我於最近準備寄一部分款接濟家中，待寄出後，我即寄信回家。我們四、五、六月餉尚未發清，大約最近可以領下。父親好好孝養，兒女好好照料，您的身體也要好好保重。

您寄來的黑髮我收為紀念，這是我永遠的髮妻，不會使我忘去的，新雲是父親義女，她有了終身歸宿，我非常安慰，您要隨時招呼地，客氣點。

再會吧。祝您愉快，並祝父親安好。

夫：尹輔臣

一九四八年六月二十八日

此信寫得文字通順，條理清晰，充滿著對兒女的愛，對妻子的情，對父親的孝，對家庭的惦念，稱妻子為「賢妻」和「您」，這在那個時代也是不多見的，有點相敬如賓，舉案齊眉的遺風，讀來令人感動。這做丈夫的，大約是個讀了幾年書的國軍下級軍官。

夫妻之情，分別得越久，思念就越真切。夢裏寄相思，紙上訴離愁。下面這封家書，是多情丈夫的肺腑之言：

張氏妹妹：

時代的輪子逐漸向前演進著，人生的浪花亦同樣的起伏不平，生死病老，別離相聚，人世的多變，你可猜測呢？而又任何人能免呢？唉！追溯既往，我倆的綺情同舞同飛的甜蜜怎能不引起我現在的痛心啊！孤寂的一個人為國家為民族為個人事業而拋開可愛的你，真令我思之斷腸夢之斷魂！別開你不是很久了嗎？算來已數載之長，軍事的束身，時間的限制有時忽略了給妹妹去信，這一點想你會原諒的吧？

你在故鄉除奉侍雙親外，其他也沒有你等的工作吧？唉！我們在這生途上，都是一朵美豔的花蕾，在這極寶貴的時代，一刻也不肯把它輕易的放過，但現在關山相阻，家鄉千里只是望故里而興歎，想嬌妻而痛泣夢中，然而皆空非實何以自慰呢？夜守空帷，孤寂之情你不言，我已自知矣，你那婀娜之姿，花容之貌，想為我之思掛已有些蒼黃了吧？

妹妹，我真對不起你，只留下你孤單單的是何等的無聊寂愁啊？妹妹你不要傷情，因別離而致你於冷落而落淚，被悲哀剝削去你的花媚的月貌，你要保重啊！我從戎異域是有目標有偉大的堅毅志力，而創造我們未來的光明前途和幸福之家園。現在我們別離之苦正是奠定我們永久的甜蜜，望妹妹放寬胸襟而懷遠志以助我而自慰，在這天涯海角裏，在夜深的時候，明月高照，它為我做伴，這些有形無情的東西可開我襟懷，不過增加些許愁情罷了，我期待我們相聚的日子較你尤切，但是形勢是不許我們的，忍耐著吧，大業完成後，我們既可以缺月重圓，共起居同娛樂，不是比現在有價值的多嗎？

保重吧！我們的綿綿情語，不是用筆墨自可形容的，唉！繾綣之意更書難盡，等待著吧！機會馬上就可以輪到相聚的日子，既在目前何苦於關山相隔千里之阻呢？我在這裏一切事情稱意進行，勿為我念，我不再往下說了，再見吧！祝你精神愉悅。

夫：培軍

一九四八年六月十八日

這種情真意切的纏綿情話，大約是不會讓別人代為宣讀的。也就是說，通信的這小倆口，都受到良好的教育，都有不錯的文化水平。

這死城中的情書，無論是當時或是現在，若真能送到當事人的手中，該激起怎樣洶湧的感情波瀾啊！

一切只好交給歷史去想像了。

「父母在，不遠遊」，老夫子的訓誨，在時局動盪之時，便成了一句無用的叮囑。長春城中被圍的國軍士兵，也在經受著忠孝不能兩全的煎熬。

雙親大人膝下：

接二弟來信，敬悉祖母安康，福體健泰，闔家清吉，深覺快慰。尤有慰者，二弟已完婚，三四兩弟又得複學，此實吾家之慶幸。二弟完婚，從此大人又了了一番心事，膝前又多一侍奉之人，不僅大人可稍慰於心，就是兒亦感無限欣快，祖母諒亦歡喜。

男每思因急圖個人事業，背井離鄉已十餘年，不孝之罪大矣，更上一層樓因命途多劫，累受波折，使十年奔波仍無大成就，不僅使大人們失望，並且使親友族人失望。三四兩弟又得復學，足證二位大人對兒等弟兄撫育之苦心，男為長兒，當負領導群弟之責，互相勸勉，努力學習，艱苦奮鬥，雖不敢有振家聲與門第之奢望，但總不會使大人們失望，如妍方不負大人養育子女之心血，亦可慰祖父於九泉。三四兩弟從茲復學後，務懇嚴加督促進學，勿使荒廢學業，更不可再使中途輟學，今後兩弟在學用費，男當儘量設法接濟，以減家庭負擔。昨（六月二十四日）已由長春電匯國幣貳億柒仟陸佰萬元至昆明玉溪街與茂號，請趙文蔚先生收轉，同時並先電稟大人，請收電後火速到昆明與茂號認取。因款數較多，不能直滙縣城，因此只好滙到昆明託該號代轉，如果這次能順利收到，則今後男有餘款便可隨時滙回，並且今後匯款由該號收轉，是否可靠，均請詳細賜示，刻尚有一部份待滙中，請速來信示知，以便繼續滙回。款數雖多，但以現在物價高漲，想亦無補於事，錢是天天貶值，絕不能將現款存留，最好到昆明取款時，就順便辦一些貨回來做點生意，但不可再向迤南去了，因為裏面匪太多，最好在城裏買一棟房子開商號或沿河街亦可，能夠設法在昆明開一個米店更好，如果願意這樣做，還需要若干本錢，請速亟示，男即設法滙回，總之，如何處置，大人可自便，只是不要存留現款。

祖母及二位大人均年邁，用錢不可過於節省，應該多用幾個錢，不必留給兒等，兒等只要多讀幾年書，長大成人，生活便可獨立自謀。男現歸心亦切，惟目前軍長過於依重，他是一位道德人，很愛護部下，故不敢稍萌辭意，免負其愛護栽培之心。現在工作繁重，除任輸送營長外並兼代人事課長職，為國家做事，只要能力所及，當不辭勞怨，何況更是在一個賢明厚道的長官領導下呢。

長春乃至整個東北，都已混亂不堪，國軍僅固守長春，瀋陽及錦州等三大據點，而且都是在共匪圍攻下，長春被圍已久，民間食糧很困難，雖飛機每天可投下十餘萬斤，但四五十萬軍民怎能分食。因此，大米每斤已到三百餘萬元，豬肉一百八十萬元一斤，很多老百姓連樹皮草根都沒有吃的，餓死和吊死的每天都有，好在大軍已源源出關，不久當可解圍，

李崢先已脫險歸回，我們常在一塊玩，他可能送南京受訓，如果他能回家，一定託他到我家裏一趟，將男一切情形面稟。婚事已在籌畫中，短期可完成，請釋念，家

中情形及地方近況請順示知。夏日炎炎，敬祈珍重是幸，肅此敬叩福安，祖母叔嬸等統叩安。

男：秉義再拜
六月二十五日

這個叫「秉義」的國軍營長，對長春的未來充滿著希望。他以為，只要國民黨軍隊源源不斷地從關內出動，長春的解困便指日可待。不知道這個運輸營長在長春城破之時命運如何。

也有人是把家書當訣別信來寫的，一封封地寫，一封封地寄，記下相思，記下愛戀，記下生平所願，記下對親人的祝福和囑託……

芳：

……生活是這樣地壓迫著人們，窮人將樹葉吃光了，街頭上的乞丐日益增多……我因為國難時艱，人的生死是不能預算的，但在我個人是抱著必死的信念，所以環境驅使著我，我不得不將我剩下的幾張照片寄給你，給你做為一個永遠的紀念……我很感謝你對我用心的真誠，你說死也甘心情願地等著我，這話將我的平日不靈的心竟感動了，我太慚愧，甚至感動得為你而流淚……我不敢隨便的將你拋棄，我的心永遠的印上了你對我的赤誠的烙印痕，至死也不會忘記你……

我已感到的是我還能夠為社會國家服務，一直讓我咽下最後一口氣方罷。這是我最後的希望……我的人生觀裏絕對沒有苛刻的要求，是淡泊的，是平靜而正直的。脫下了軍衣，是一個良善的國民，盡我做國民的義務。

耕手啟

六月一日九時第五十二號

「耕」在長春戰場上寫下的前五十一封情書，我不知道是否都已經寄出，他那個叫「芳」的女朋友是否都已經收到。戰亂年代，用情如此專一，如此執著，在炮火紛飛的間隙，堅持寫下了五十多封信，寄給遠方的心上人。「耕」也算得上一個有情男兒。可以肯定的是，從第五十二封信開始，「耕」的情書是插翅也飛不出長春城了。真想知道這對生死戀人後來的遭際如何。「耕」活著走出長春了嗎？他們有情人終成眷屬了嗎？他們執手相攜，走過了命運多舛、動盪不息的漫漫人生路了嗎？

愛情，是人類本性中最為閃光的一個字眼。她不會因生活的艱辛而摧折，也不會遭時代的狂風驟雨而枯萎。真正的情愛，似石板下的樹芽、霜寒下的野草，頑強地伸展著、堅守著，總會沖決一切羈絆，迎接那美好的明天。

戰爭在繼續，生活也在繼續。動盪不安的社會生活中開出的愛情之花，更令人心動，值得回味。國民黨新一軍少尉軍官尹仕進，隨軍駐紮長春。一九四七年九月的金秋時節，經介紹人李玉蓉女士引見，他結識了長春姑娘滿煥新。滿煥新當時在長春六馬路三十八號裕民牙院工作。尹仕進幹練精明，透著南方人的清秀和敏捷。滿煥新四方臉盤，沉靜安穩，顯示著北方姑娘的純樸和執著。這兩人一見鍾情。小夥子尹仕進更是百分之百的滿意。儘管都在長春，一是羞澀難為情，二是部隊有紀律，兩人戀愛之初，見面的機會並不是很多。尹仕進便用筆和紙發動了強大的攻勢，一封接一封地給姑娘寫信，表達對姑娘的良好印象，暢談美好理想，表示要為事業、為愛情，不怕吃苦，不懈努力，不斷追求。滿煥新被尹仕進的大膽表白征服了，沉浸在了戀愛的幸福之中。

不久，尹仕進調防瀋陽，南下遼寧。通信成了他們唯一寄託思念的方式。尹仕進的言語越來越熱烈，越來越動情。他還給滿煥新寄來他的單人照片，並在照片背面寫贈言：「我們要在艱苦中，共同努力，相互的諒解，相互的勉勵，邁向人生理想的道路去——尋求快樂與光明。」愛情之火一旦點燃，姑娘的羞澀和拘謹便會隨之一掃而光。滿煥新也去照了相，並幸福甜美地給尹仕進回信：「現在長春市外禁止通行，待開放後，我便約同您師眷屬乘火車去瀋……我的照片取出來了，寄給您三枚，還罰我嗎？這次您無論怎樣的罰我是決不敢說『不』的。照片這麼晚才寄來，的確是該罰的，並且我還要求您加重的罰她的懶吧！我在此是絕對樂意服從的，靜等受罰，不！靜候佳音！」嬌嗔、撩撥，一個戀愛中的幸福姑娘躍然紙上。當然，滿煥新還是知書達禮，蠻有分寸的。她給尹仕進的信中，都尊稱他為「您」，透著一種仰視和依賴。

尹仕進也不是一個莽撞之人。他心細、負責，表現得很成熟。他與滿煥新傾心相戀，共同籌畫著美好的未來，並進行著物質上的準備。同時，他還一再叮囑滿煥新，婚姻大事，不可自作主張，一定要徵求長輩的意見。滿煥新自幼喪母，父親再婚後，家庭矛盾重重。長大自立的滿煥新，一直住在姐姐家。聞聽女兒的婚事，父親表示只要她與姐姐看準了，就可以。並親手寫下了字條，尹仕進這才放下心來。

戰爭摧毀了一切。尹仕進、滿煥新熱戀中的通信戛然而止。這枝愛戀的花朵停止了生長，結局不得而知。是開花結果，修成正道了呢？還是被命運的辣手無情折斷，從此天各一方或陰陽相隔？兩茫茫，費思量。有論者指出，無論是新中國時期還是民國時代，愛情觀竟是如此地相似，即都以事業為重，談愛情，必談事業，而且都是言真意切，激蕩著一種清新健康、奮發向上的豪邁情懷。

其實，這不僅僅是愛情觀使然。是年輕的生命對生活、對未來的嚮往與追求。中國醇厚的中華文明濡染著年輕的生命修齊治平、報國報家……

城門失火，殃及池魚。長春內外，兩軍對壘，彈飛鏑鳴，劍拔弩張，最倒楣的要算是城中的百姓了。貧苦之人倒還好說，他們本來就窮得叮噹響，上無片瓦，下無立錐之地，吃了上頓沒下頓，掙扎在社會的最底層，戰亂，既沒讓他們失去什麼，也沒讓他們得到什麼……有點家產的大戶人家可就不一樣了，土地房產如何處置，細軟首飾哪裡藏匿，子彈、炮彈往哪裡飛，未來世道如何生存……

坐落在長春市西四街道一三三號的董家大院，就是這一帶無人不知、無人不曉的大戶人家。

董家家資雄厚，交遊甚廣。抗戰勝利前後，這個大戶人家的掌門人叫董昆吾。董昆吾也是懷著一腔熱血入關抗日的。國民黨進軍東北時，董昆吾已是新一軍的一位少將軍官，一九四七年底，董隨新一軍進駐瀋陽，紮營在瀋陽皇姑屯大街八號的正華公司。他給家裏寫信說：「我現在進行建軍，人數甚多，只要官家給糧，終能成功。故再有半月，結果如何，即可知曉。」看來，東北戰爭進行期間，國、共雙方都在不停地招募新兵，擴建軍隊，以補充慘烈戰鬥造成的部隊減員。「當兵吃糧」，是千百年來中國底層百姓亙古不變的追求。豎起招兵旗，自有吃糧人。董昆吾說，「只要官家給糧，終能成功」，就是這個道理。

董家的大奶奶，也是一個不平凡的女性。她受過良好的教育，有過一段令人羡慕的職業生涯。這在那個時代，卻是不多見的。大奶奶在娘家時叫王岐瑞，一九〇三年（光緒二十九年）十二月二十日出生於長春。王岐瑞的娘家大約是一個開明家庭，他們讓這個家中女孩從小接受的是現代教育。一九二〇年七月，不滿十七歲的王岐瑞畢業於吉林女子師範學校。同年八月，便在長春區立一校四年級任教師。兩年後，轉入長春縣立高等小學任教。工作六年之後，一九二六年八月，王岐瑞考入北京國立女子師範大學深造。北伐之前，北京城裏此起彼伏的學生運動，走馬燈似的軍閥執政，都沒有影響到王岐瑞的學習。一九三一年七月，她順利畢業。一年後，她南下上海，擔任了上海市高等學校校長。任職滿五年之際，一九三七年八月，全面抗戰爆發，辭職回到長春。無法考據王岐瑞自長春入北京，自北京（後改名北平）南下上海，是否與丈夫董昆吾的職業生涯有關。可以肯定的是，自嫁到董家後，王岐瑞便隨了夫家的姓，叫董王岐瑞。

董王岐瑞一共為董家生了五個孩子，三男兩女，那是民間約定俗成的最佳生育結構。長子名建成，乳名長生，中國大學畢業，在北平市的冀熱察綏貨物稅局總局就職。其妻桂馥為護士，在北平西城北溝沿大後倉二十五號，開辦了一家中華助產醫院，收入頗豐。有一女兒。董王岐瑞四十出頭就當了奶奶，可見這董家也是一個人丁興旺的大家族。

次子建中，乳名新生，在北平讀大學，即將畢業。

三子建國，乳名申生。聰慧伶俐，崇拜兩個哥哥，嚮往離家闖世界的獨立生活。長春被圍之前來到北平，先入華北中學學習，曾在全班名列第一。在從軍志向的鼓舞下，考入北平中央軍校，成為第十七期學員。

長女梅芳，次女梅芬，都在長春的小學讀書。

董王岐瑞掌管著這樣一個大家族，對內相夫教子，對外兼顧著董家的房產、地租，裏裏外外安排得井然有序。

最讓董王岐瑞氣不平的，是丈夫董昆吾娶了個二奶奶。這小女子年輕漂亮，清新可人，名叫清芳，住在董家外宅、朝陽路上的一幢房子裏。董昆吾與清芳已生了一個女兒，圍城之前清芳居然又懷孕了。

一九四八年的春天來得很遲。熬過了嚴冬的長春人，懵懂未醒之時，長春城已被林彪指揮的東北野戰軍圍了個水泄不通。董王岐瑞沒有太多的準備。就是有心準備，這兵慌馬亂的年代，青黃不接的時節，她到哪兒去備下一大家子半年之久的吃食、物用啊！丈夫在瀋陽，三個兒子在北平，家裏還住著大小九口，包括管家、五弟夫婦、清芳母女等等，董王岐瑞不斷打發兩個管家傅宗喜、任鴻儒，或去城裏收繳房租，或去郊縣催收租糧。董家房產眾多，有租戶三十餘家，可遭此變故，誰家還能按時交得出房租呢？在長春這個「死城」之中，日常用品，尤其是糧食蔬菜，有價無市，錢再多又有何用呢？地裏的莊稼剛剛下種，還是青苗呢，哪有租可收。再後來，圍城日迫，管家連城也出不去了，佃農的租糧是徹底指望不上了。

董王岐瑞是個明白人。她知道，長春是萬不能待下去了，不是被戰燹兵火打死，就是被可怕的饑荒餓死。她打算先去瀋陽投奔丈夫，再去北平安身立命。

董王岐瑞託本家董丕動購買離開長春的飛機票。這大約要破費董家的很大一筆家產。董丕動沒能幫上忙，這讓董王岐瑞非常生氣，寫信向丈夫訴苦。沒想到董昆吾回信批評了她：「凡事依靠自己，並要修養，耐煩忍辱，故忍耐為成功之母，絕非謊言。目前，瀋市多數人吃米糠、豆渣生活，故咱苟能生存度命，即是幸運。至於地位、金錢、榮辱計較者，是為最愚，且是做夢。故你來信所說各節，毫無修養見解，仍是以前鄉人幼稚愚頑腦筋，太不進步，亦不明了時勢……」董昆吾的批評如此不留情面，如此嚴厲，可知平日也是一個家教甚嚴之人。

也許平時通信之時，董王岐瑞常常流露出對二奶奶清芳的不滿和妒意，董昆吾回信時，有意煞煞這大奶奶的霸氣，每封信的抬頭都是「岐瑞、清芳」，讓她倆同時展讀，不分上下。他告誡兩位奶奶：「二人要切實聯繫，親密相處，如同骨肉姊妹一樣，否則仍如從前仇視，絕非人類應有之道。」

這一年，董王岐瑞已然四十五歲。她知道，自己已經人老珠黃，與年輕的二奶奶相比，毫無競爭之力。她明白，從今往後，丈夫是指望不上了，她只有依靠兒子，安排好自己的後半生生活。她給兒子寫信，詳細交代她對今後生活的安排，投資、置業的打算：「吾極力預備將家遷移北平，無奈道路不好走，長四外竟被共軍所圍，機構亦被占……。等共軍開放時，吾必由陸路到瀋轉平，吾到平後預備在東城買十幾間房，開旅社，王振國（管家）亦隨吾去平，幫咱開旅社，玉蘭（振國妻）亦來平入助產學校，畢業可助桂馥開醫院。以後咱家女人均作生意，以謀生活。因都是吾所生，女人在家作生意，男人在外作事，大家和氣生財，豈不快樂？」

兒子不敢違拗母親的意見，回信只是勸慰母親保重身體：「大人在長多多保重身體，多吃點肉類雞子等，不要特別儉省。人生第一就是保護身體，並問二個小妹身體活潑、康泰，時時注意小心……」兒子的體貼，讓董王岐瑞大為寬心。

一九四八年六月，圍城已三月之久，長春糧價暴漲。董王岐瑞向兒子驚呼，高粱米每斤三十五萬元，大豆每斤二十多萬元，青菜每斤四五萬元。董家僅預備了兩個月的糧食。董王岐瑞「恐糧食危險之極」，每日只吃一頓飯。由此及彼，她千叮嚀萬囑咐北平的兒子們省吃儉用：「千萬儉省過日子，吾給你們彙錢千萬不許零花，如數給吾存金，預備買房用。」她鼓勵二兒、三兒努力讀書，立志將來留學美國，回國即是「偉人」。她對丈夫失望至極，她告誡兒子：「以後你父與小妻到平，萬不可留家住，令其住外邊。」

董王岐瑞一門心思要轉移了長春的資產，在北平置業開買賣，養家糊口過日子。她生怕兒子們亂花亂用，一再強調：「六月十號匯款六億多元，取齊如數存金，等吾到平必與你們算賬，你給吾零花，吾必罵你們，並向你們要金子，你們三人吾所來信告你們事，你們千萬照辦，以免我在家著急，千萬見信不許零花吾匯款。」董王岐瑞的確是個強悍的母親，她對在北平要買的房子，地點、幾間都有詳盡的要求，要兒子們留心打聽。她甚至將未來所開旅店的名字都想好了，叫「中華旅社」。

這天南地北的一大家子人，在長春城破、瀋陽解放、北平和平起義之後，命運到底如何？「中華旅社」只能是董王岐瑞永遠的期待了……

一九四六年至一九四八年，長春出現過兩次結婚熱潮。這是背景、氣氛、環境完全不同的兩次婚潮。

一九四六年五月二十三日，國民黨新一軍和新六軍開進長春，正式接管了這座東北重鎮。九個多月來，長春人民在驚懼、動盪、戰火中苦熬苦撐。日本投降後，蘇聯紅軍席捲而至；紅軍剛剛退走，東北聯軍又殺進城內。打下四平後，國軍一路北上，東北聯軍退過松花江，向東北局根據地哈爾濱集結。長春人連夜在主要街道上樹起了凱旋門，紮起了勝利坊，大書「歡迎國軍」。「九一八」事變十五年來，他們盼中央、想中央，今天終於盼來了代表政府形象的中央正規軍。長春寬廣、筆直的大街上，全部美式裝備的國軍雄糾糾氣昂昂地走過，街道兩旁站滿了歡呼的群眾，場面煞是熱鬧。

八年抗戰，出生入死，國民黨的中下級軍官大都沒有結婚，如今駐紮在繁華熱鬧的長春大都市，也該安居樂業，享受勝利之果了。長春市民，當了十幾年亡國奴，一經解放，也是歡天喜地，吐氣揚眉。於是，全城喜慶的鞭炮聲不絕於耳，各酒樓飯店大擺婚筵。日本人撤走後留下的空房子，大都貼上了大紅喜字。許多還在讀書的女學生，甚至是高中生，便也急匆匆地當上了新娘。軍裝筆挺、皮鞋鋥亮的國民黨年輕軍官，轉瞬間便與年輕漂亮的太太成雙成對，招搖過市，令不少市民羨慕不已。王牌軍三十八師的年輕軍官，訓練有素，闊步昂首，軍容風紀也好，最受長春姑娘的青睞。

結婚的太多，紮堆成夥，就辦集體婚禮，一來壯聲勢，二來圖方便。集體婚禮，地方辦，軍隊也辦，甚至地方與軍隊合辦。在長春被圍期間大量沒有寄出的照片中，就有一張「長春市第二屆新生活集團結婚」的合影，幾十對新人，簇擁在證婚人旁，照下了這張難忘的合影。國民黨新六軍也在軍部舉行了「集團結婚典禮」，新娘都是白紗巾白花白裙白鞋，新郎則是一身筆挺的戎裝，大沿帽威嚴地翹著，意氣風發。婚禮的儀式沒有記載，可新郎新娘合照與今天並無二致。或者兩人合照，或者伴郎伴娘陪伴左右，扯婚紗的童男童女立於身前，新娘都著婚紗，手捧花束，新郎除軍裝外，還有穿西裝的，穿燕尾服的，甚至還有硬殼黑色禮帽、白手套等等。那優雅、那喜悅、那幸福，穿過一個甲子的時空，直直地抵達我們的面前，忍不住也以當時當地的禮俗，衷心地祝他們幸福美滿，白頭偕老。

一九四八年夏天長春城湧現的第二次結婚熱潮，嚴格意義上說，是一股「臨時夫妻熱」，是「賣身求食潮」，是在極度恐懼下的自我贖賣，是醉生夢死中的無奈掙扎，或者是迴光返照前的瘋狂一搏。

何以致此，圍城所致。一座死城，飛鳥不出，粒米不進，軍民幾十萬，米珠薪桂，無以果腹，誰不是「有奶便是娘」呢？

一九四八年七月十六日星期五。國民黨新一軍少尉指導員胡長庚，在日記中記下了這一天長春的物價：

黃金每錢價：二千六百萬元整；
大米每斤：一百一十萬元；
高粱米每斤：九十萬元；
白麵每斤：二百五十萬元；
豬肉每斤：一百七十萬元；
雞蛋每斤：三十五萬元；
白糖每斤：一千八百萬元；

牛奶每斤：二十萬元。

四天前，胡長庚外出洗澡、理髮一次，共計花費了三十五萬元。半個月前，胡長庚領到了四、五、六三個月的全部薪餉，總計是六百三十五萬四千元。平均每月二百一十一萬八千元。也就是說，胡長庚一個月的薪餉，還買不到一斤白麵，只能買一斤多大米或兩斤多高粱米或一斤多一點豬肉。當然，他是軍事人員，吃飯是不必自己掏錢的，至少不用市價購買。

如此令人咋舌的物價，如此高啟的生活指數，結婚便成了擺脫困境、絕處逢生的有效手段。新一軍的國民黨官兵在家信中就這樣寫道：「在兵荒馬亂的東北，只要有高粱米吃，結婚是特別容易，尤其是學校的女學生，你可以任意選擇，並且她們也無任何選擇，條件主要是問問你每月的收入和多少高粱米而已。」

這波困境中的結婚潮，造就了許多畸型婚姻。他們不是因感情而走到一起的。在他們的婚姻字典中，有金錢，有大米，在物質，有利益，有利用，有交易，就是沒有愛情。兵團司令部政訓處處長楊天庭，奔六十歲的人了，竟然搞了個十七歲的少女。國民黨六十軍的一個連長，三十多歲，隨軍轉戰南北，已經在江西省、吉林市娶了兩個妻子，駐紮長春之後，又找了第三個夫人。這女孩也是十七歲，還在高中讀書。一九四八年五月二十日，兩人照訂婚紀念照片時，連長一身戎裝，坐在一張圓凳上，女孩子羞澀地站在連長側後，左手輕輕地搭在連長的左肩上。這連長拿著這第三次婚姻也太不當回事了，照訂婚照片時，左手食指和中指之間，竟然還夾著一支未抽完的香煙。一副毫不在乎的兵痞之態。這女孩子委身於他，實在是太可惜了。

長春之圍，愈困愈久，愈困愈深。林彪的決心十分清晰，只要不許一兵一卒、一草一糧運進長春，長春守敵早晚就有餓死、困死的那一天。到那時，攻取這個滿北重鎮，豈不易如反掌？

國民黨高層最初對長春情形還相當樂觀。陸路不通走空中；機場被佔領後，改用空投。可降落傘飄忽不定，稍一悠忽，竟落到了東北野戰軍的陣地上，讓共軍撿了大便宜。於是改為直接空投，為求準確，低空飛行。圍城部隊又調來了高射炮，密集的火網嚇得運輸飛機迅速爬升。國民黨空軍的公子哥們顧不得這許多了，在五、六千米的空中，便將武器彈藥、糧食給養掀下飛機，掉頭返航了。幾百斤的包裹，毫無目標，從天而降，砸塌房屋，砸死路人的事時有發生。這也總比沒有強。每空投（準確說是「空扔」）一次，長春的大米價格就會下調五千元左右。可共軍的幾發炮彈打進市區，糧價又會反彈一萬五千元。

政府和部隊要求空投的物資「涓滴歸公」，可餓紅了眼的人們，哪管哪顧，誰搶到是誰的。國民黨的基層部隊，聽說今日要空投，甚至提前支鍋燒水，派出士兵四處搜羅，搶回空投的大米，立即下鍋煮飯，飽餐一頓。等糾察隊找上門來時，不但生米煮成了熟飯，而且已經吃進了肚裏，你能把他們怎麼辦呢？

長春被圍之初，國民黨的守城部隊嚴禁人員外出，怕是混入間諜，向共軍透露長春的城防秘密。物資日蹙，糧食短缺，維持日益艱難，為避免軍民爭食，守城部隊決定放開卡子，允許百姓出城，但明確規定，只許出，不許進。過國軍的出城卡子自便，能否入共軍的卡子，便聽天由命了。

林彪立即向圍城部隊下達了死命令，不許一人一卒走出長春城中。於是，在國共兩軍交戰的中間地帶，那幾公里寬的莊稼地和荒原上，啼饑號寒的窮苦百姓像沒頭的蒼蠅一樣，在兩道封鎖線間來回奔波。國軍守城士兵說，出了卡子，就不能回去。東北野戰軍的圍城部隊說，我們接到命令，不允許你們離開長春。

婦孺老弱，蓬頭垢面，臉黃肌瘦，向解放軍戰士訴說著生活的悲慘和艱辛，齊刷刷地給戰士們跪下了。人心都是肉長的，這些戰士，也都是苦出身，對生活的饑寒交迫感同身受，可軍令在身，不敢違抗。戰士們流著淚，也給老鄉們跪下了。他們哽咽著說，你們回去吧！不讓你們過去是上面的命令，不敢違抗，請原諒！

有些百姓，甚至連爬回去的力氣都沒有了，便在這開闊地上蜷縮成一團，奄奄一息，坐以待斃。

國民黨的下級軍官們，對解放軍的「絕情」，也是十分不理解，他們議論紛紛：「一定是八路軍怕太多南下的人中有化裝的接應北上援軍的部隊」。「八路軍也太把國軍的實力和組織情形估價太高了」。更多的人覺得：「不放走求生路的老百姓，要活活餓死他們嗎？難道八路軍從此就不爭取民眾了嗎？確實叫人百思不得其解。」

軍官們的眷屬和部隊中的女職員，還是有辦法逃離這險惡之地的。國民黨六十軍副官處長張維鵬，將妻子、女兒喬裝打扮，混在難民中送到了城外。張維鵬長舒一口氣，跑到長春最有名的「三六九」飯館，喝了個昏天黑地，醉得一塌糊塗。這也是張維鵬幸運，圍城部隊還有惻隱之心，執行命令還不是十分堅決。有的卡子的解放軍戰士甚至對國民黨逃兵握手相送，祝賀他逃離戰爭的深淵呢！等到糧食、給養比槍炮彈藥更珍貴、更短缺的時候，長春城中，就是一隻鳥也飛不出去了。

當然也有例外，胡長庚在日記中寫道：「阮雲麗、張兵琦今天飛走了，還是女人有辦法，長得好看一點就有乾爹、乾老子幫忙。」「部隊一天不如一天，兵弱、腐化、鬆弛、吃空缺、賭錢，影響所及，風靡一時。我連情事亦有惡化之象徵。不管吧，責任問題；管吧，費力不討好，人家能不能聽你的仍屬疑問。」「他媽的，這個世界真混蛋，還是聽其自然吧。」

是的，混蛋的世界在每時每刻中展示著苦難和罪惡。一九四八年九月九日，林彪給毛澤東的報告中說：

> 我之對策主要禁止通行，第一線上五十米設一哨兵，並有鐵絲網壕溝，嚴密結合部，消滅間隙，不讓難民出來，出來者勸阻回去。此法初期有效，但後來饑餓情況愈來愈嚴重，饑民變乘夜或於白晝大批蜂擁而出，經我趕回後，群集於敵我警戒線之中間地帶，由此餓斃者甚多，僅城東八里堡一帶，死亡即約兩千。八月初經我部分

放出，三天內共收兩萬餘，但城內難民，立即又被疏散出數萬，這一真空地帶又被塞滿。此時市內高粱價由七百萬跌為五百萬，經再度封鎖又回漲，很快升至一千萬。故在封鎖鬥爭中，必須採取基本禁止出入，已經出來者可酌量分批陸續放出，但不可作一次與大量放出，使敵不能於短期內達成迅速疏散。如全不放出，則餓死者太多，影響亦不好。

……不讓饑民出城，已經出來者要堵回去，這對饑民對部隊戰士，都是很費解釋的。饑民們對我會表不滿，怨言特多說：「八路見死不救」。他們成群跪在我哨兵面前央求放行，有的將嬰兒小孩丟下就跑，有的持繩在我崗哨前上吊。戰士見此慘狀心腸頓軟，有陪同饑民跪下一道哭的，說是「上級命令我也無法」。更有將難民偷放過去的。經糾正後，又發現了另一偏向，即打罵捆綁以致開槍射擊難民，致引起死亡（打死打傷者尚無統計）。

讀著這份報告，作家張正隆感歎：「比之草民百姓的命運，人世間的一切苦難都黯然失色了！」

宋占林就是長春二道河子生人。他們一家有父母，弟兄四個，四個妯娌，三個孩子。宋占林說：「我們兄弟身強力壯，我和大哥是木匠，二哥是銅匠，在貧民區中算中上等人家。就這樣，十三口之家也死了四口，父親叫流彈打死了，孩子全餓死了。」

那真是一段不堪回首的日子。宋占林記得，「死人最多的是洪熙街和二道河子。洪熙街什麼樣子沒見到，二道河子十室九空。開頭還弄口棺材，接著是大櫃、炕席什麼的。後來就那麼往外拖。也沒人幫忙了，都死，誰幫誰？拖不動了，就算到地方了。有人拖不動了，坐那兒就動不了了，也死那兒了。最後也沒人拖了。炕上，地下，門口，路邊，都是。有的白花花剩副骨架，有的正爛著，剛死的還象個好人。大夏天，那綠豆蠅啊，那蛆啊，那味兒呀。後來聽城外人說，一颳風，十里、八里外都薰得頭痛。

「舊曆八月初，我臨出哨卡走到現在膠合板廠那兒，想喝點水。一家門窗全開著，進去一看，十多口人全死了，炕上地下，橫躺豎臥。炕上有的還枕著枕頭，女的摟著孩子，像睡著了似的。牆上一隻掛鐘，還『嘀滴答嗒』走著。」

于祺元退休前是《長春地方誌》的編撰委員。圍城那一年他剛好十六歲，每天步行穿過地質宮的一片野地到學校去上課。野地裏長滿了很高的雜草。夏天來了，他開始聞到了氣味。出於好奇，于祺元追蹤著這氣味走到了草叢深處，撥開雜草看去，很多屍體正在腐爛中。有一天，也是在這片草地上，于祺元看到有什麼東西在草地上動著。走到近前，他看到了令他一生中難以磨滅的場景：那是被丟棄的一個赤裸裸的嬰兒。由於饑餓，由於滿地樹根草窠，嬰兒的腸子已經被拉出了體外，長長的一根，嬰兒還沒有死，像蟲子一樣在地上微弱地蠕動。他已經沒有了哭的力氣，只是頑強地向前爬著，爬著……

「什麼母愛呀，」于祺元悲憤地說著，「人到了極限的時候，是沒有這種東西的。眼淚都沒有了。」

于祺元出生在滿洲國建國那年，父親入宮事偽，一家人倒也衣食無虞。長春大圍困，讓他第一次見到了人間地獄的模樣：

「圍城開始時，大家都還有些存糧，但是誰也沒想到要存那麼久啊，沒想到要半年，所以原來的存糧很快就吃光了。城裏的人，殺了貓狗老鼠之後，殺馬來吃。馬吃光了，把柏油路瀝青給刨掉，設法種地，八月種下去，也來不及等收成啊。吃樹皮、吃草，我是吃過酒麴的，造酒用的曲，一塊一塊就像磚似的。酒麴也沒了，就吃酒糟，幹醬似的，紅紅的。」

來訪者小心翼翼地問他：「那麼——人，吃人嗎？」

于祺元乾脆地回答：「那還用說嗎？」

六十軍首先扛不住了。

這支部隊不是蔣介石的嫡系。它的前身是雲南的地方武裝，武昌首義後，傾向革命，支持民主，曾參加過討袁護國的進步戰爭。「七七」事變後，國難當頭，全民抗戰，滇軍的六個旅約四萬人組建成一個軍，納入到國民革命軍序列，命名為陸軍第六十軍。六十軍的雲南子弟兵們，唱著自己的軍歌轉戰湘鄂贛一帶，「我們來自雲南起義偉大的地方，走過了崇山峻嶺，開到抗日的戰場。弟兄們用血肉爭取民族的解放，發揚我們護國靖國的榮光。不能任敵人橫行在我們國土！不能任敵機在我們的領空翺翔！雲南是六十軍的故鄉，六十軍是保衛中華的武裝」。這的確是一支血性的勁旅，台兒莊禦敵，中條山大戰，都留下了六十軍官兵浴血疆場的矯健身影。

駐守長春，嫡庶分明。由新一軍三十八師整編而成的新七軍，全部美式裝備，甚至連軍裝都由美方供給，士兵們武器精良，神氣十足。新七軍連以上軍官都配有吉普車，軍師長除吉普車外，還有一輛時髦舒適的小轎車。六十軍總共才有一輛小轎車，三輛吉普車，四輛快要報廢的大卡車，其他物資，如武器、馬匹、彈藥、被服等也被大大折扣。六十軍士兵的軍裝也是七湊八拼，不但樣式不一，顏色也不一樣。驕傲的新七軍經常罵六十軍是「花子兵」、「膿包官」，這讓六十軍的將士們十分不滿。挨到一九四八年十月的時候，六十軍士兵已瀕臨絕境，連麩子摻豆餅都難以維持，許多人靠挖野菜、喝稀粥活命，而新七軍還有大米吃。六十軍軍長曾澤生明白，再這樣下去，只有死路一條了。

十月中旬開始，曾澤生開始謀劃起義投誠之事。十月十四日，曾澤生派出兩名代表，帶著他與六十軍二十一師師長隴耀、一八二師師長白肇學的聯名信，潛入解放軍陣地聯絡起義事宜。十六日，派出正式代表與解放軍商談具體步驟。十七日，六十軍正式宣告起義，與解放軍交換了防務，第二天便拉出長春赴九台整訓去了。

曾澤生行事縝密、迅速，打了新七軍一個措手不及。六十軍與新七軍以當時長春縱貫南北的中正大街（現人民大街）為界，分東西兩個防區。新七軍負責西部防務，六十軍負責東部防務。六十軍起義出城，解放軍接管了東部防務。十月十七日一大早，新七軍猛然發現，僅隔一條馬路，路東邊竟然是解放軍的槍口。首當其衝的新七軍六十一師二團像炸了的馬蜂窩，立即亂做一團。上校團長姚鳳翔說：「整個防禦體系已一劈兩半了，槍口朝著自己的屁股，既不能再守，也無法再逃。」姚鳳翔也是個識時務之人，知道大勢已去，為避免更大的傷亡，遂派出代表與解放軍談判。新七軍軍部認可了姚鳳翔的舉措。軍部會議決定，「引導全軍投降」。

十月十九日，新七軍放下武器，停止抵抗，長春和平解放！

林彪「兵不血刃」拿下長春的戰略意圖，在圍城半年之後成為現實。

城破之時，最初進城的解放軍幹部、戰士，一看那情形就震驚了。許多人淚流滿面：咱們是為窮人打天下的，餓死這麼多人有幾個富人？有國民黨嗎？不都是窮人嗎！

圍城半年，長春究竟死了多少人？官方一直沒有準確的統計。國民黨長春市長尚傳道在被捕後的回憶錄中寫道：「根據人民政府進城後確實統計，由於國民黨『殺民』政策餓、病而死的長春市民共達十二萬人。」十月二十四日，南京《中央日報》在一篇〈長春國軍防守經過〉的通訊中寫道：「據最低的估計，長春四周匪軍前線野地裏，從六月末到十月初，四個月中，前後堆積男女老少屍骨不下十五萬具。」

解放軍是另一種統計方法。勝利者宣稱，長春解放之時，城裏還有居民十七萬人。圍城之初，有統計說長春市民是五十萬人。當然，減少的三十三萬人不都是餓死的，化做難民，逃出城外的也不在少數。

二〇〇六年六月四日，吉林省的《新文化報》上刊發了這樣一篇報導：

本報訊：「每一鍬下去，都會挖掘出泛黃的屍骨。挖了四天，怎麼也有幾千具！」二日清晨，很多市民圍在長春市綠園區青龍路附近一處正在挖掘的下水道工地，親眼目睹大量屍骨被挖出來……

國共內戰期間，長春並未經過慘烈的戰鬥。

一九四六年四月十八日，東北民主聯軍進佔長春。那是蘇聯紅軍撤走後留下的空城，並無國民黨主力部隊，幾乎沒有發生攻城戰鬥。五月二十三日，國民黨打下四平後一路北上，奔襲長春，林彪棄城而去，長春還是未有交火。

一九四八年三月至十月，東北野戰軍圍困長春半年之久，最後「兵不血刃」，和平入城。這幾千具屍骨，只能是當時圍城時餓斃的長春百姓。

龍應台在寫作《大江大海一九四九》時，專程赴長春實地採訪，搜集史料。她說：「我百思不解的是，這麼大規模的戰爭暴力，為什麼長春圍城不像南京大屠殺一樣有無數發表的學術報告、廣為流傳的口述歷史、一年一度的媒體報導、大大小小紀念碑的豎立、龐大宏偉的紀念館的落成，以及各方政治領袖的不斷獻花、小學生列隊的敬禮、鎂光燈下的市民默哀或紀念鐘聲的年年敲響？」

這種典型的龍應臺式的發問，只有龍應台自己能回答。

只是，穿越六十年遙遠時空的那令人傷痛的戰爭音符，至今還在撩撥著我們中華民族脆弱的神經。

我們難道不能為這些戰爭的死難者們立一塊紀念碑嗎？

張正隆說：「那碑文是現成的。」

至於怎樣「現成」，他沒有說。

我想，是應該盡可能地在光亮的石板上莊重地刻下死難者的姓名吧？！

主要參考文獻

《一九四八·長春　未能寄出的家信與照片》，張志強、王放主編，山東畫報出版社，二〇〇三年八月第一版。

《雪白血紅》，張正隆著，解放軍出版社，一九八九年八月第一版。

《中華民國史》，第三編第五卷，汪朝光著，中華書局，二〇〇九年九月第一版。

《一九四八：天地玄黃》，錢理群著，中華書局，二〇〇八年十二月第一版。

《溫故》第十一輯，劉瑞林主編，廣西師範大學出版社，二〇〇八年四月第一版。

《溫故》第十二輯，劉瑞林主編，廣西師範大學出版社，二〇〇八年八月第一版。

《大江大海一九四九》，龍應台著，天下雜誌股份有限公司，二〇〇九年十月第三版。

上海「打虎」

俗話說：百無一用是書生。

當然，俗話未必就是真理。

書生之「用」，分用在什麼地方。尚有良知的公共知識分子，哪裡是實現理想和主張的最佳場所呢？梁啟超說，書房即是戰場，戰士要死在戰場上，學者要死在講堂上。陳獨秀放言，青年知識分子要立志「出了研究室就入監獄，出了監獄就入研究室」。他認為「這才是人生最高尚優美的生活」。

倘毫無行政管理經驗的學者，非要擠進官場，從政當官，管理社會事務，以書生之見面對紛繁複雜的社會現象，那幾乎可以肯定的是，非把事情搞砸了不可。從這個意義上講，「百無一用是書生」是有一定道理的。

一九四八年，正是一介書生的迂腐之見，促使蔣介石政府實行貨幣改革，使日漸紺蹙的國民經濟一朝崩潰，江河日下。國民黨政府的徹底垮臺，與這次貨幣改革有著極重大的關聯。

王雲五，中國近代史上的一個傳奇人物。早年，他投身辛亥革命，武昌首義後，曾任南京臨時政府總統府秘書，與張季鸞一起，服務在孫中山身邊。一九二一年，三十三歲時，王雲五加入了商務印書館，任編譯所所長、商務印書館總經理。依靠著自己的勤勉和智慧，王雲五發明了四角號碼檢字法，創立了中外圖書統一分類法，主編了《萬有文庫》叢書的出版，成就斐然，名噪一時。商務印書館由此成為中國民族文化事業的翹楚和典範。《萬有文庫》啟蒙和教育了一批又一批中國年輕知識分子。更重要的是，王雲五作為社會賢達，使全國人民認識了這位經營有方、管理有效的實業家和實幹家。

抗日戰爭勝利之後，國民政府機緣際會，一下子擁有了巨額財富。這筆財富包括：九億美元的資本儲備；四百一十萬兩黃金；出售敵偽產業所獲的一點二萬億法幣；聯總的救濟物資三點七二億美元；美國的經濟援助十七點零五億美元。這筆錢，如果使用得當，戰後的中國經濟和復興建國一定會是另外一個樣子。

歷史沒有給予中國人民這樣一個千載難逢的機會。國共兩黨爭執不下，中間黨派左右搖擺，中國一步步滑向內戰的深淵。國民黨窮兵黷武，軍費開支直線上升，最初那點可觀的財富，都裝進槍膛裏打了出去。

王雲五是抗戰勝利後國民政府的第三任財政部長。短短三年，三屆內閣，三任財長，可見這是個不招人喜歡的職位。一九四七年二月的黃金搶購風潮，讓行政院長宋子文灰溜溜地下了台；隨即組建的張群內閣，橫徵暴斂，無物不捐，無業不稅，也在全國人民的一片噓聲當中敗走「麥城」。當時的《大公報》刊登讀者文章尖銳指出：「現在每一個人，無論衣、食、住、行等物質方面的生活，簡直是無一不捐，無一無稅。現在大家都說，中華民國『萬稅』，我想即便沒有『萬稅』，至少『千稅』是有的。」

嚴重通貨膨脹的直接惡果便是物價飛漲。報紙報導說，一九四八年八月上半月上海的生活指數，與抗戰勝利初期相比，食物上漲三百九十萬倍，住房上漲七十七萬倍，衣著上漲六百五十二萬倍，比七月下半月平均上漲了90%。上海的《大公報》曾發出這樣的驚呼：「大餅油條，每件十萬！」

行憲國大之後，翁文灝受命組閣。蔣介石授意翁文灝邀請王雲五出任財政部長。蔣對翁說：「此席須由與金融界無關係而能大公無私者來擔任。」蔣介石的本意，是想讓王雲五在籌措財政資金方面大刀闊斧地幹一場。

躊躇滿志的王雲五，萬萬沒有想到他接手的竟是這樣一個爛攤子。一九四八年上半年，財政實際支出高達三百四十萬億元，而同時期的賦稅收入僅為五十萬億元，也就是說，賦稅收入占支出的比例僅為14.7%。這無米之炊如何做得？

王雲五向立法院訴苦：「士兵約有四百萬人，文武職員一百一十多萬，計中央文職人員三十三萬，地方十一萬餘人，武職人員六十餘萬。」這總計五百一十多萬人的開支該是一個多麼巨大的天文數字。而由於物價的飛漲，預算已等同兒戲，毫無依據可言。一九四八年下半年的預算，王雲五報告說：「包括普通及特別預算兩個部門，合共不過九百萬億法幣，但七八兩月執行結果，除了徵糧部分之外，已經開支二億六千一百餘萬金圓，折合法幣已達八百萬億元，加上軍糧部分，實不止此數。」半年的預算，兩個月用完，這財政部長如何當得？

美援是另一根救命稻草。一九四八年四月，美國國會通過了《援華法》，至六月最後核定為經濟援助二點七五億美元，特別贈款一點二五億美元。參議員康納利說：「對整個中國來說，這點援助就象給街角乞丐的一個小錢。」

王雲五百般無奈，只好動了幣改的念頭。

其實，在幣制改革問題上，王雲五與蔣介石「心有靈犀一點通」。此前的一九四七年六月，蔣介石便向中央銀行總裁張嘉璈徵詢過有關幣改的意見。張嘉璈堅決反對。他向蔣介石力陳了三點不宜幣改的理由：一、無現金準備，而以新紙易舊紙，千萬不可施行。二、用金本位，或金匯兌本位辦法，至少須有三億美元借款作為準備。三、若改用銀本位，至少須有價值五億美元之生銀貸款。

王雲五走馬上任財政部長的第二天，就孜孜於幣改方案的研究。資訊靈光的張嘉璈立馬得到了秉報。他在日記中不無憂慮地寫道：「微聞王部長為主張取消法幣改發新幣之人。深望新內閣對於此舉慎重考慮。」

局外之人的張嘉璈是「站著說話不腰疼」，被逼上梁山的王雲五，不實行幣改，他能憑空變出資金，以支撐龐大的軍費開支和日常用度嗎？

「幣改」是王雲五惟一的「僥倖」，也可以說，是他逃過經濟危機、財政危機的惟一選擇。

王雲五的幣制改革方案，說來十分簡單。這一方案，廢除已經極度貶值的法幣（法定貨幣），採用金本位制，發行中華金圓，釘緊美元，十足流通。不兌現黃金；黃金外幣一律收歸國有；存放在國外的外匯資產必須登記，轉入國家指定銀行；嚴格控制工資和物價，增收節支，平衡國家預算和國際收支。

此方案以「絕密文件」上報蔣介石。七月二十六日，蔣介石偕夫人宋美齡到浙江莫干山避暑，考慮對時局的重大決策。三天之後，蔣便痛下決斷。蔣介石的日記這樣寫道：「今日對於剿匪方略之修正，與幣制改革、經濟管制之措，皆能作一大體之擬定，此為半年來所未能決定之問題，而山居三日，居然整理就緒，足徵靜處冥思之效大矣。」

二十九日，蔣介石在莫干山上緊急召見行政院長翁文灝、外交部長王世杰、財政部長王雲五、財政部次長徐伯園、中央銀行總裁俞鴻鈞、美援運用委員會委員嚴家淦，決定實行幣改，以金圓券代法幣，強制推行金本位制。

時間緊迫，中央銀行甚至沒有印刷新鈔的時間和設備。俞鴻鈞決定，拿出抗戰初期在美國印鈔公司訂印的二十億元分別印有孫中山、蔣介石和林森像的鈔票，以應急需。這批鈔票，藏在四川大山深處的山洞之中。動用了汽車、飛機，極其秘密地運至中央銀行各省分行，作為第一批金圓券上市。惟一遺憾的是，這批面額大小十分合適的鈔票，居然連「金圓券」三字都沒有。

為避免立法院無謂掣肘和人多嘴雜洩露秘密，蔣介石決定在立法院休會期間通過這一幣改方案。八月十九日下午三時，蔣介石親自主持了國民黨中央政治會議討論幣改方案，在作了些許修改後，獲得通過。隨後，翁文灝於下午六時召開行政院會議，內閣在爭吵、論證了四個小時後，也通過了這個不能不通過的改革方案。當天夜裏，蔣介石即發佈了總統命令：

茲依動員戡亂臨時條款之規定，經行政院會議之決議，頒佈財政經濟緊急處分令，其要旨如左：

一、自即日起以金圓為本位幣，十足準備發行金圓券，限期收兑已發行之法幣及東北流通券。

二、限期收兑人民所有黃金白銀銀幣及外國幣券，逾期任何人不得持有。

三、限期登記管理本國人民存放國外之外匯資產，違者予以制裁。

四、整理財政並加強管制經濟，以穩定物價，平衡國家總預算及國際收支。

基於上開要旨，特制定（一）金圓券發行辦法；（二）人民所有金銀外幣處理辦法；（三）中華民國人民存放國外外匯資產登記管理辦法；（四）整理財政及加強管制經濟辦法；與本令同時公佈。各該辦法視同本令之一部分，並授權行政院對於各該辦法須佈必要之規程或補充辦法，以利本令之實施，此令。

《中央日報》配合蔣介石的總統令，刊發社論，力陳改革幣制事關大局，全國上下要戮力同心，共度難關：

社會改革，就是為了多數人的利益，而抑制少數人的特權。我們切盼政府以堅毅的努力，制止少數人以過去借國庫發行，以為囤積來博取暴利的手段，向金圓券頭上打算，要知道改革幣制譬如割去發炎的盲腸，割得好則身體從此康強，割得不好，則同歸於盡。

王雲五雄心勃勃，期待一舉成功。他的圖上推演無懈可擊：以新幣金圓為本位幣，每圓含金量為純金0.22217公分，金圓券是代表金圓的不兌換紙幣，不打折扣，十足流通使用。與法幣之比為一比三百萬圓，與美元之比為四比一。王雲五指出：「本緊急處分令包括四種辦法，以改革幣制為出發點，以穩定物價、安定民生為目的，而以控制金銀外匯、平衡國家歲出入預算及平衡國際收支為主要措施。」王雲五進一步申述了他的幣改理由：「政府就當前局勢深思熟慮，認為法幣之發行，最近雖急遽增加，然以美金比值，只需要五六千萬美元已足收回其全部。我國國庫目前所有黃金、白銀與外匯，雖未必甚豐，然以之應付此舉，實綽有餘裕。況且國家其他資產可供發行準備者尤多，在理法幣不應如是貶值，惟是由於平時發行之未採公開制度，發行準備亦未確定，人民之信心既失，與其強就原有法幣恢復其信用，事倍而功半，何如根本改革，自始即確定充分準備，建立公開發行之基礎，並嚴格限制發行數額，以昭信於國人。」按照王雲五的測算，發行九億金圓券，便可實現上述目標。

一向對國民黨的各項政策頗有微詞的美國駐華大使司徒雷登，這一次少有地對幣制改革讚賞有加：「整個計劃一直是保密的，對中國來說，一件事情能做到保密就是一項不小的成就。在採取這項措施的前幾天，行政院長向我透露了這一秘密，我感到非常滿意。正如我向他和其他人指出的那樣，只有嚴格實行有關措施，贏得人們的普遍支持，並在軍事上取得勝利，恢復人民對政府的信任，該項計劃才有獲得成功的可能。他承認，這是他們最後一次機會了。如果計劃落空，那他們就再也想不出其他辦法了。」

幣改的機遇與風險同在。方案既出，反對之聲便不絕於耳。許多反對意見來自專家和金融界權威人士，既中肯又刺耳。上海市長吳國楨首先毫不客氣地說：「要抑平物價，先決條件要政府能夠把握物資。」立法委員黃紹竑則指出：「問題在許多人民把黃金美鈔調換金圓券後，是不是和信任黃金一樣，把它放在保險箱裏？他們可能把所有調換的金圓券，拿到市場上去搶購物資。萬一造成這種現象，物價就可想而知了。還有一種人乾脆不去調換金圓券，難道要經濟員警把豪門之流的房子都拆掉去檢查？」另一立法委員黃元彬說：「如果照金圓券方案全憑政治壓力，只有加重人民不信任政府新貨幣的心理，發行數量即使在市面流通必需量以內，人民也以去幣存物為利，各地物價一定衝破政治力量的控制，這是沒有絲毫疑問的。」黃元彬甚至放出惡聲：「我敢向總統保證，金圓券不過幾個月一定崩潰。」

蔣介石已經聽不進這些反對意見了。他已是箭在弦上，不得不發。蔣以八月十九日物價為底線，幣改之後，絕不允許物價再有絲毫上漲；他又以九月三十日為最後日期，逾期不再兌換老百姓手中的法幣、金銀和外幣。蔣介石措詞嚴厲地手諭各省主席、各市市長：「倘有投機囤積，怙惡不悛，敢於違反法令，以圖自私自利者，則是自絕於國家民族，無異為奸匪作倀，其罪行即等於賣國之漢奸，無論其憑藉何種勢力地位，各級地方政府，應即當機立斷，執法以繩，嚴加懲辦，不容稍有寬假。所望各級政府切體時需，自懍職責，以決心建立事功，以強力打破障礙。無論遭遇任何困難，中央必為全力支持。設或陽奉陰違，怠忽職守，致法令不能貫徹，或對所屬執行人員監督不嚴，考核不力，致所屬違法舞弊，影響法令之實效者，則各級主管應負失職之咎，中央亦必嚴厲處分，決不稍存姑息。」

蔣介石明白，幣制改革成敗的關鍵，在於實行嚴格的經濟管制。他親自命令中央銀行總裁俞鴻鈞督導上海區的幣改工作，蔣經國被任命為中央經濟管制委員會委員，協助俞鴻鈞督導上海。其實，上海的管制大權實際掌握在蔣經國手中。蔣大公子，在國家風雨飄搖之際，迤迤然登上前臺，赤膊上陣、發號施令了。

蔣經國幾乎是在幣改命令公佈的同時，第一時間趕到上海的。他深知此次任務至關重大，更深知父親蔣介石對他的極大期待，他要用鐵血手段，捨命以赴地管制好上海的經濟，以支持國民政府度過危機。為此，他從唐山調來了「戡亂建國總隊」，親自掌握著一支屬於自己的武裝力量。當三千多人的「戡亂建國總隊」急速進入上海市區的時候，上海的各界人士感受到了一種從未有過的肅殺氣氛。

八月二十七日，蔣經國舉行了第一次記者招待會，他宣稱，「勘建大隊」在上海的任務，「一方面對付共產黨，一方面對付奸商」，蔣經國說，「關於檢查工作，此次對任何方面絕不留情，但絕對不擾百姓。執行經濟政策的原則是『一路哭不如一家哭』，凡人民能負責準確的指出奸商貪官污吏，一定能夠懲辦。」蔣經國放言：「今後風浪或風波在所不免，但只要冷靜堅決，相信沒有什麼困難。天下沒有力量比人民的力量更大，沒有什麼人說話比人民說話更準確。」

蔣大公子夙興夜寐，忠於所事。他甚至微服私訪，搞市場調查，去商場查物價，去菜場詢肉價。他發現市場價格都沒有突破「八一九」之限，感到十分欣慰。其實，蔣經國再怎麼微服私訪，也是一副官臉，一嘴官腔，加上那遠遠近近的特工、保鏢，明眼人誰看不出來呢？商店的老闆、菜場的小販，有幾個敢於跟他說實話、講真情？《大公報》記者在小菜場的實地採訪，就是另外一番情形了。市場上的活雞八角錢一斤，小販說，這個價全憑良心賣，已經賣了兩天了，毫無賺頭，能堅持幾天，還真說不好。賣雞蛋的說，按限價賣，是沒有賺頭的。早市上，他們拿出新鮮雞蛋，按市場價賣。到九點左右檢查市場的來了，他們把新鮮雞蛋收起來，拿出陳雞蛋，按限價賣，擺擺樣子。記者見到一位老婆婆規規矩矩地限價賣菜，便問她是不是會虧本。老婆婆說，我已經折了三天本了。可我六十多歲了，在這裏擺了幾十年攤，真讓員警捉進去，多難為情啊！

蔣經國明白「擒賊擒王」的道理。他知道，普通百姓是好管的，服管的，真正哄抬物價、囤積物資、投機金融的，是那些有錢人和貴族、豪門。他指出：「自新經濟方案公佈之後，一般人民對於幣制的改革以及經濟的管制，多抱樂觀的心理，而政府人員則多抱懷疑的態度。兩天來日用品的價格漲得很厲害。搗亂金融市場的並不是小商人，而是大資本家和大商人，所以要嚴懲，就應從『壞頭』開始。」蔣經國決定，自二十七日起在上海全市進行普遍檢查，嚴厲打擊物價、物資和金融領域的違法行為。他嚴令，檢查物件「以鉅賈大賈為目標，不在小處著眼，而免徒滋紛擾」。社會上將蔣經國的這一工作方針稱之為「只打老虎，不拍蒼蠅」。這也是蔣經國「上海打虎」之說的由來。

蔣經國是下定了一切決心來上海管制經濟的，他在日記中給自己打氣：「一般人都認為經濟管制工作是做不通的，我亦認為相當困難的，但是在今天我抱了一種決心，就是無論如何困難總應當做下去。這種態度多少是不近人情的，但是或許可以作為成功的惟一條件。」

蔣經國拿鉅賈大賈們「祭刀」了。幣改前大量拋售法幣的鴻興證券號老闆、杜月笙的兒子杜維屏，囤積棉紗的永安紗廠副總經理郭棣活，走私港滙的申新紗廠老闆榮鴻元，在倉庫中藏匿了三千噸紙張的紙業大王詹沛霖，以及中國水泥公司常務董事胡國梁，美豐證券公司總經理韋伯祥等六十餘人，被蔣經國抓進了監獄，強令具結保證，悔過自新，或立即拋售所囤物資，或立即兌換手中持有的外幣和金條、銀元。蔣經國還大開殺戒，對罪大惡極、徇私枉法的奸商和蛀蟲，絕不手軟，明正典刑。林王公司經理王春哲因私套外匯被處死，上海警備司令部科長張亞民、稽查大隊大隊長戚再玉因貪污勒索被槍決。蔣經國斬釘截鐵地說：「在上海應當不管你有多少財富，有多大的勢力，一旦犯了國法，就要毫不留情地送你進監獄，上刑場。」

八月二十三日星期一，金圓券代替法幣的第一天，也是兌換開始的第一天。南京銀行開門前，市民便排起長隊，踴躍以金銀外幣兌換金圓券，情形頗出當局者意料之外。上午十一時，中央銀行總裁俞鴻鈞便迫不及待地給王雲五打電話表示祝賀：「恭喜！恭喜！王部長，你的政策成功了！」其實，在蔣經國的高壓之下，上海才是幣制改革、也就是兌換最為成功的地方。自八月二十三日至十月，兩個月左右的時間，上海共收兌黃金一百一十四萬兩，美鈔三千四百五十二萬元，港幣一千一百萬元，銀元三百六十九萬元，銀子九十六萬兩。總價值大約二億美元。所有這些財富，直接進了國民政府的腰包。上海錦江飯店老闆董竹君在兌換金圓券時，親眼看到一位老人拿著一個金元寶說：「這是我家幾代傳下來的。」那表情極為痛苦。蔣介石親信吳忠信的老婆私下對人說：「蔣經國是我抱大的，現在連我的棺材本都被他搶去了。」

九月十二日，蔣經國在上海青年軍聯誼大會上發表了一篇措辭嚴峻的講話。這位年輕的經濟管制專員，向比他更年輕的青年軍志願者們，分析「上海往何處去」？蔣經國聲色俱厲地指斥「投機奸商」：「上海許多商人，其所以能發財的道理，是由於他們擁有本店自造的兩個武器：一是造謠欺騙，一是勾結貪官污吏，做官的人如與商人勾結，政府將要加倍懲辦。戚再玉已經槍斃了，聽說不久將來還有類似的人也要得到同樣的命運。」他強調：「今日的抑平物價，不過是一種技術上的工作，而真正的目的乃是在消滅社會上經濟不平等的現象，更確切的說來，就是不允許社會上滋長著這種富者愈富貧者愈貧的現象。」蔣經國坦言：

許多人懷疑此次新經濟政策是否能達到成功，這是難怪的。因為過去有很多政策，都是失敗了。但假使把這個政策看做是一種社會革命運動的話，同時又用革命手段來貫徹這一政策的話，我相信一定能夠達到成功。我們認定這次新經濟政策是一種革命運動，所以我們自開始以來，即主張發動廣大的民眾來參加這偉大的工作。應該告訴人民，人民的事情，只有用人民自己的手可以解決。要想將舊社會翻過身來，非用最大的力量和最大的代價是不能成功的。今日已經到了徹底改革的時候了。

蔣經國的內心，充盈著破釜沉舟的壯烈情懷：

在工作的推進中，有不少敵人在那裏恐嚇我們，放言繼續檢查倉庫辦漢奸，將會造成有市無貨，工廠停工的現象。不錯，假使站在保護表面繁榮的立場來看，那是將要會使人民失望的。但是如果站在革命的立場來看，這並不足為懼。沒有香煙、絨線、毛衣、綢緞、甚至豬肉，是沒有什麼可怕的。我們相信，為了要壓倒奸商的力量，為了要安定全市人民的生活，上海的市面，是絕不畏缺乏華麗的衣著，而致放棄了打擊奸商的勇氣。投機家不打倒，冒險家不趕走，暴發戶不消滅，上海人民是永遠不能安定一天的。

蔣經國對自己短短二十幾天經濟管制的成果頗為得意。九月十五日，他在上海市參議會上發表演說：「這三星期以來的工作，給我一個教訓，只要和人民站在一起，什麼事都不會失敗的。這三星期的成績，是上海六百萬人民赤誠擁護政府的表現，也是參議會同人的功勞。今後希望上海商人，不要抱觀望的態度。我是奉政府法令，專來懲辦不法的商人。」

不法商人，大多在豪門之中。能不能過了豪門這一關，才是經濟管制成敗的關鍵。《大公報》不斷發表消息、評論，直指這一關鍵所在：「富戶並未拿出存金來，而是平時保存了三五枚銀元、美金，以保存些微購買力維持生活的小百姓們，因不敢違法，才去兌換的。」記者報導銀行兌換現場，「大多是零星小戶，黃金沒有超過百條，美鈔沒有超過千元，真正的大戶還沒有拿出來。」輪船招商局總經理徐學禹在《大公報》發表署名文章，指出：「市場上固然有老虎傷人，豪門中也有老虎噬人。市場上的老虎雖已打了幾隻，豪門中的老虎卻還逍遙自在。這使老百姓心裏未免不甚痛快。」《大公報》社評呼籲：「今天所做的仍有美中不足者，眾目昭昭。真正的豪門，仍逍遙自在。……改制最終的成敗，與此輩豪門是否愛國及擁護政府有關。此關打過，則人民無話，工商心服。若打虎至牛而止，不進山林虎穴，精神一鬆，功虧一簣，那就太可惜了。」

儘管輿論甚囂塵上，可上海的資本家實在是太精明了。他們知道，物價飛漲、局勢不穩之際，紙幣如同廢紙一張，說貶值就貶值，說無用就無用，還是外幣，金銀元寶管用，還是存東西在手中踏實。再者，他們與豪門攀比，看蔣經國是否真的下狠手，懲奸商。

董竹君坦言，她一直在冒著風險，暗中囤貨：

當時我的辦法是：借進金圓券囤積貨物，一俟金圓券貶值、崩潰，我再將存貨賣出少許，就能夠還清欠款。這樣決定後，就斷然採取冒險挽救錦江的緊急措施，到處拉借友人換來的金圓券，冒險囤貨。但又怕別人走漏消息，只好偷偷地將買進足夠一年用的存貨存放別處，又偷偷在半夜做好兩套賬目，以防萬一稅務局查賬。

像董竹君這樣做兩套帳本，糊弄當局查賬的資本家、企業主，實在不在少數。

經濟管制的關鍵時刻，蔣經國在浦東大樓召集上海工商界的大亨們開會。蔣經國不給這些富商大賈們一點面子，用威脅的口吻說：「有少數不明大義的人，仍在冒天下之大不韙，投機倒把，囤積居奇，操縱物價，興風作浪，危害國計民生。本人此次秉公執法，誰若囤積物資逾期不報，一經查出，全部沒收，並予法辦！」

蔣經國話音剛落，杜月笙便不慌不忙地將了他一軍：「不過我有一個要求，也可以說是今天到會的各位的要求，就是請蔣先生派人到上海揚子公司的倉庫去檢查檢查。揚子公司囤積的東西，盡人皆知是上海首屈一指的。今天我們親友的物資登記封存交給國家處理，也希望蔣先生一視同仁，把揚子公司所囤積的物資同樣予以查封處理，這樣才服人心。」

蔣經國當即表態：「揚子公司如有違法行為，我也一定繩之以法！」

揚子公司是孔祥熙的兒子孔令侃辦的公司。在上海各界的壓力下，蔣經國不得不下令查封揚子公司。此舉一出，立即引發了軒然大波。

查封揚子公司那天是九月二十九日。當天晚上，首都南京總統府官邸正在大宴賓客，宴會的主人宋美齡風光無限。印度駐華大使潘迪華看到，觥籌交錯之際，上海突然來了一個緊急電話，蔣夫人宋美齡接完電話之後，神色不安，提前離席而去。這正是上海揚子公司打來的求救電話。小蔣動了真格的，孔家只好向老蔣求援。宋美齡畢竟是孔令侃的親三姨。

十月一日一早，宋美齡的專機便由南京飛到了上海。然而，宋美齡的上海之行，並沒有做通蔣經國的工作。氣急敗壞的蔣夫人打電話給遠在北平的蔣介石，讓他立即到上海處理此事。

其時，正是遼瀋戰役的關鍵時刻，蔣介石剛由錦州飛到北平，本要在傅作義的行營中調遣部隊、坐鎮指揮。接到宋美齡的電話後，蔣對傅作義說，他要立即飛往上海。傅作義以為蔣介石要到上海發表雙十節談話之類事宜，便以前方戰事吃緊為由，勸他不要去上海。蔣介石竟說他有私事要去上海處理。事後，傅作義知道，蔣經國在上海「打老虎」，抓了投機倒把、擾亂金融的孔令侃。蔣介石急匆匆趕到上海，是去救孔令侃的。果然，蔣介石在上海將蔣經國劈頭蓋臉地訓斥了一頓，「你在上海怎麼搞的？都搞到自己家裏來了！」之後不久，孔令侃就被上海警察局放了出來。

蔣介石到上海「撈人」之時，中央政府已派出兩名監察委員到上海調查揚子公司一案。

蔣介石親自致電上海市長吳國楨，竭力為孔令侃開脫：「關於揚子公司事，聞監察委員要將其開辦以來業務全部檢查，中以為依法而論，殊不合理。以該公司為商營而非政府機關，該院不應對商營事業無理取鬧。如果屬實，可囑令侃聘請律師進行法律解決，先詳討其監察委員此舉是否合法，是否有權，一面由律師正式宣告其不法行動，拒絕其檢查，並以此意約經國切商，勿使任何商民無辜受屈也。」尤如高人支招，萬無一失。

揚子公司究竟有無違法經營行為呢？九月中旬，上海警察局經濟員警隊隊員趙洪寬就報告說，揚子公司囤積大量物資。上海警方便開始了秘密調查。九月二十九日正式查封前，揚子公司已接到資訊，迅速將一大卡車物資運出倉庫，被警方攔下。經清點，車上共有小型機器腳踏車二十四輛；西裝壹木箱，計四十四套；玻璃木梳壹木箱，計五百九十四打；玻璃板六大箱等。從揚子公司倉庫裏啟獲的儲藏超過三個月的物資有：一、天津燒鹼及美國燒鹼五十六桶；二、糖九十五噸；三、火油二百七十四箱（自用原料）。依照當時的法律規定，囤積這些物資，就是投機倒把，擾亂經濟秩序，應當予以嚴懲。

俞鴻鈞、蔣經國、吳國楨等召開上海督導會議，竟作出這樣的決定，「曾決定物資按照規定限令登記，但不咎既往，因此物資登記者之來源如何、時間久暫，均不在追究之列。」蔣經國也在日記中百般為自己辯解，為徇私枉法尋找藉口：「在法律上講××（揚子）公司是站得住的。倘使此案發現在宣佈物資總登記以前，那我一定要將其移送特種刑庭。總之，我必秉公處理，問心無愧。」

十月二十八日，孔令侃遠飛美國。自此逍遙法外，奈何他不得。以氣勢洶洶始，以悄然收兵終。查處揚子公司一案似鬧劇般收場了，上海工商各界自此失了信心。

傅作義聞聽此事，怨憤地說：「蔣介石要美人不要江山，我們還給他幹什麼？」蔣介石的文膽、幕僚陳佈雷，向蔣進言，要孔、宋兩家出錢助餉，共度國難，遭到蔣介石的嚴厲斥責，自此鬱悶難當，於十一月十三日絕望自殺。

蔣經國的部下賈亦斌，因揚子公司案與蔣經國拍了桌子，他大聲吼道：「孔令侃沒有犯法，誰犯法？你這個話不僅騙不了上海人民，首先就騙不了我！」蔣經國歎了口氣，無可奈何地說：「亦斌兄，你是有所不知，我是盡孝不能盡忠，忠孝不能兩全啊！」從這時起，賈亦斌對蔣家政權失望至極，開始與共產黨秘密接觸，最終起義投誠。

宋美齡、蔣介石干預揚子公司一案，讓平民百姓心生憂慮，他們擔心幣改失敗，紛紛搶購物資，以備不時之需。蔣經國內心十分恐慌，日夜不得安寧。他深怕搶購風潮漫延開來，讓國民黨陷入滅頂之災。十月六日晚，他向上海市民發表廣播講話：「今後上海的市民有兩條路可走：第一條路就是保持表面的繁華，有錢的人要什麼就能買到什麼，要讓投機的市場發達起來，逃避到香港、杭州、蘇州和莫干山的投機家重回上海，再來興風作浪，搗亂市場，使得物價高漲，民不聊生，這是第一條道路；第二條路就是能夠忍耐一時的痛苦，經過一個困難時期，甚至經過一時不景氣現象，而使得經濟走入正軌，使得人民能過安定的生活。」不足二十天後，蔣經國又苦口婆心，「向上海市民進一言」：「我們可以確定相信，上海並非無貨應市，而是商人看漲，不願將存貨拿出來，以致造成今天的所謂缺貨現象。今後我們必須要他們將貨物拿出來，照限價供應市場。」蔣經國指出：「現在有許多人，看見了困難，好像已在那裏開始恐懼了，甚至於開始動搖了自己的信心和決心。這是目前最大的敵人。」

「敵人」終究還是來了。搶購風潮迅速席捲上海。上海報紙報導說，政府每天向市場投放二十萬磅絨線，開門不到半小時就被搶購一空。時裝店裏也是熙熙攘攘，小姐們在搶購時裝和衣料。價格昂貴的裘皮大衣，也銷售一空，甚至櫥窗裏的模特也被「剝光了身子」。一些平時消費不多的魚肝油、盤尼西林、維生素等，也都成了搶購的對象。上海《申報》報導：

> 自當局實行限價政策後，正式市場交易，已趨冷落；而各零售商店，莫不顧客盈門。究其原因，不外銀根氾濫，由於數年來重物輕幣之觀念牢不可破，乃群以八一九限價為空前未有之賤價，爭相購存。其中若干物品如藥品、絨線、肉類、布匹，或以存貨短缺，或之時令之需要，乃更成為黃牛黨及單幫集團爭購之目標。昨為星期，街頭益見熱鬧。熙來攘往之人，手裏莫不大包小包，滿載而歸。一般綢緞棉布莊，全部緊拉鐵門，貼出「今日售完」之字。煙店則因加稅關係，停業已有兩日。生意最盛者

則百貨及鞋帽兩業，店員大汗淋漓，均有應接不暇之勢。最可笑者莫如專售一般點心之館子，一過上午九時，竟連麵點亦無法供應。

蔣經國親眼看見，「許多人排了隊，在搶購絨線、香煙」。當然，這還不是他最恐懼的。他擔心的是糧食。「米的來源空前地來得少，而市民向米店買米量則較往日增加一倍。這是個嚴重的問題，真是日夜所不能安心者。」

政府的強制限價，違反了經濟規律，超低的價格，引發了上海的「享樂之風」，眾多市民握著金圓券，下館子，看電影，去舞廳，甚至郊遊、野炊，一副「今日有酒今日醉」的神態。價格倒掛的最大危害，是生產者的積極性迭受打擊。大型企業還能勉為支撐，小本經營、手工作坊便一蹶不振，無以為繼，只好關門歇業，這更加劇了市場的供應緊張。上海，陷入了前所未有的惡性循環。

十月底，行政院連續三天召開會議，討論經濟管理問題。會上，糧食部長憤然攤牌：無法保證糧食供應。據王雲五回憶：「糧食部長則強調目前毫無糧食可以控制，不僅民食堪虞，尤以軍糧無法供應為重大威脅，認為無論如何合理調整糧價，糧食仍不能恢復供應，只有聽其自由定價，始可望恢復糧源。」

取消限價，便意味著幣制改革的失敗。十月二十九日，財政部長王雲五不得不提出辭職。十一月二日，翁文灝在立法院承認，「幣制改革完全失敗」。他指出：「關於收支平衡這一點，可說是完全失敗了，其原因是國庫開支太大，許多重大開支無法減少。」中央銀行發行局向總裁俞鴻鈞報告：「（金圓券）現在實際發行，截止本日已達十七億餘圓，照趨勢，旬日之間恐即到限……萬一到限不能發行，對於業務軍政用款延遲支付，影響至巨。」

也就在這一天，蔣經國發表書面談話《敬致上海市民》，黯然宣佈下臺。被捕、判刑的商人，也在此後陸續交保開釋。

輿論界群情激憤，口誅筆伐。《大公報》於十一月一日發表社評〈政府放棄了限價政策〉，「幣制改革才兩個多月，便招致了經濟上這樣大的變故，完全是以非經濟的辦法處理經濟問題所闖出來的亂子。在戰亂盛行經濟紊亂的時候，本來還未具備改革幣制的充足條件，但若遵循經濟學理以行，可能有較好的收穫，至少不致弄成這樣人仰馬翻，焦頭爛額，苦了人民，也害了國家的景況。第一，以金圓券換法幣，迫兌金鈔，而不於此時機凍結遊資，以致突然放出五六倍於舊法幣的通貨，有如洪水氾濫。這是最大的錯誤。第二，萬萬不該強力限價『八•一九』。在重慶時代也曾限過價，就未辦通。明明辦不通的事，而硬以雷霆萬鈞的威力去幹，一面商民畏死賠售，一面金圓紛飛，於是便演成這全國城市搶購一空的慘像。」

國民黨的這次「幣改」慘敗，徹底失去了人心。《中央日報》急忙發表社論，題目就是《趕快收拾人心》。文中滿腔悲憤，難舒胸臆：「國家在這樣風雨飄搖之秋，老百姓在這樣痛苦的時分，安慰在哪裡呢？享有特權的人，享有特權如故，人民莫可如何。靠著私人政治關係而發橫財的豪門之輩，不是逍遙海外，即是倚勢豪強如故。對於這輩人民公敵，共黨匪徒最大的幫手和功臣，不用說到現在還沒有人替老百姓施用政治力量，強制他們捐輸資財，以戡亂救民。甚至不曾用指甲輕輕彈他們一下。人事上也偏私如故，似乎沒有國人置喙的餘地。國家弄成這個樣子，老百姓人人裝著一肚皮悶氣，人心失盡，如何得了。若不再為四萬萬國家主人翁抒發這股悶氣的萬分之一，何以對畢生以救國救民為己任的國父在天之靈？何以對為革命事業而犧牲生命的千萬烈士之魂？更何以對全國受苦受難的同胞們？」人心真的失不得。人心向背，江山所繫。

限價一旦放開，物價陡然暴漲。上海的糧食價格，白粳米由限價時的每石二十元，十一月六日即漲到每石二百五十元，漲價十倍以上，還難以買到。四十九磅一袋的麵粉由七元暴漲至七十三元。二十二加侖一桶的食用油，由五十八元漲至五百五十元。公教人員的待遇只漲了一倍半，一時還領不到工資。到處出現了搶米風潮，不僅搶米，所有的副食品都極度短缺。在上海，有婦女因幾天買不到糧食而自殺，也有婦女因搶購大米而遭員警逮捕。另一婦女在排隊買肉時，與人口角，竟被戡建大隊軍人開槍射殺。人民平時的積蓄，因為強兌金銀外幣，老百姓手中的通貨瞬間失去了五分之四，生活無以為繼。在限價政策下，工商業損失尤為慘重，流動資本瀕於枯竭，原材料無力購買，社會經濟生活陷入極度混亂之中。

蔣介石不得不丟卒保車。十一月十一日，他批准了王雲五辭職。用來裝點門面的翁文灝行憲內閣，已完全失去了民主的象徵意義，遭到了社會各界的無情唾罵，只好在十一月二十六日集體辭職，孫中山的兒子孫科臨危受命，任行政院長。

蔣介石總統急忙頒佈了《修正金圓券發行辦法》、《修正人民所有金銀外幣處理辦法》。人民已經對所有紙幣完全失去信心，中央銀行不得不同意已廢棄多年的銀元進入流通，「袁大頭」又成了人民手中的寶貝，這實在是一個極大的諷刺。

蔣經國上海「打虎」失敗，聲名狼藉。他自己也是心灰意冷，沮喪無比。在與部屬作告別演講時，他分析了失敗的原因：「檢討七十來天工作，深感新的力量尚未成熟長成，而反動勢力已結成一條戰線，狼狽為奸。我們有高度的情緒，坦白的胸懷，但尚缺乏鬥爭經驗，不足以對付老奸巨滑的經濟敵人。」

曹聚仁生動記錄過蔣經國那時的狀況：

> 經國放下經濟特派員職位的前一星期，幾乎天天喝酒，喝得大醉，以至於狂哭狂笑。這顯然是一場騙局，他曾經呼籲老百姓和他合作，老百姓已經遠遠離開他了。新贛南所造成的政治聲譽，這一下完全輸光了。有的人提起經國，就說他是政治騙子。有人原諒他，說這都是楊貴妃不好，害了他，蔣先生的政治生命，也就日薄西山了。

賈亦斌去看蔣經國，見他情緒消沉，一邊喝酒，一邊燒文件，甚至連印好的請柬也燒了。賈問他為什麼燒請柬，蔣經國有氣無力地回答：「亡國了，還請什麼客！」

《觀察》主編儲安平，一直致力於將這份民間同人刊物辦成一個中立的輿論平臺，他推崇文章報國、文人論政，他刊發那些心平氣和、客觀公正、娓娓道來、論理詳實的高水準的論文、時評和專家觀點。幣制改革的失敗，經濟管制的流產，讓儲安平怒不可遏，悲憤交集，他一改常態，以空前尖刻的語言，抨擊國民黨一手導演的這場「鬧劇」，為升斗小民鳴不平，為天下蒼生呼公正：

> 在全國空前騷動、朝野爭戰多日之後，政府終於放棄了他那「只許成功不許失敗」的限價政策！這是二十年來這一個政府第一次在人民面前低頭的一個記錄！在這二十年中，這一個政府，憑藉他的武力，憑藉他的組織，憑藉他的宣傳，統治著中國的人民，搞到現在，弄得民窮財盡，烽火遍地。這次，在全國人民不可抗拒的普遍唾棄下，他終於屈服了一次！
>
> 過去一個月真像是一場惡夢！在這一個月裏，數以億計的人民，在身體上、在財產上，都遭受到重大的痛苦和損失。人民已經經歷到他們從未經歷過的可怖的景象。他們不僅早已喪失了人生的理想、創造的活力，以及工作的興趣，這次，又傷失了他們多年勞動的積儲，並更進一步被迫面臨死亡。每天在報上讀到的，在街上看到的，無不令人氣短心傷。饑饉和恐怖、憤怒和怨恨，籠罩了政府所統治著的土地。地不分東西南北，人不分男女老幼，沒有一個人相信這個「金圓券」。搶購搶購，逃賣逃

賣，像大洋上的風暴，席捲了整個社會的秩序。搶購是一種「無言的反叛」，這是二十年來中國人民受盡壓迫、欺騙、剝削，在種種一言難盡的苦痛經驗中所自發的一種求生自衛的行為。因為這種行為是自發的，所以這種行為能同時發生在政府統治區域中的大小各地，因為這個風暴已是全國性的，所以這個風暴已經威脅到政府政權的安全。中國的人民是可憐的，在政府種種秘密的監視下不能有什麼大規模的組織，因之也不能發生任何足以左右政府政策的有效力量。這次的全民搶購，骨子裏的意思是人民不相信這個政府，然而可憐的久在淫威之下的中國老百姓從來不能正面站起來對政府表示不信任，全民搶購從政治的觀點來說也只是一種人民不和政府合作的消極反叛，然而只要是真正威脅到了人民的生存，即使是一種消極的反抗，或者如我前面所用的一個名詞，「無言的反叛」，但也足夠震撼政府的命脈。在中國近代的歷史上，這是一次嶄新的教訓。

「紙幣」本來只是一張紙，它本身並沒有任何價值，它的價值都繫於發行這個紙幣的政府的信用。有一個「市民」曾在上海各大報紙登載大幅的廣告，質問一般市民：為什麼美國人民有了美鈔不去搶購呢？為什麼英國人民有了金鎊不去搶購呢？為什麼中國人民拿了金圓券就要去搶購呢？這問題真是問得漂亮！可是我們反問一下，為什麼中國人民在以前（在十月三十一日以前）有了美鈔英鎊並一定要去搶購物資呢？為什麼在中國的美國人英國人有了中國的金圓券，也一樣的要把它用掉，不要放在手裏呢？稍稍一想，這裏面自有道理。嚴格的說來，要以改革幣制來解決中國當前的經濟危機，本來是個幻想。發行法幣的是這個政府，發行金圓券的也是這個政府，這同一個政府，法幣的信用既然不能維持，難道金圓券的信用就能維持了嗎？有人認為這次的改革幣制和最近的放棄限價，都是為了人民。實際上真是如此嗎？老實說，無非因為當前的經濟情景實在不太像樣，有點可怕，假如不改，恐怕政府要站不住了！改吧，改吧，亂七八糟先改它一下，暫時麻醉一下人民；後來弄到全國搶購，乖乖不得了，看上去可能要出什麼亂子，威脅政權，所以只好放棄限價。這一切，說得漂亮是解除人民的苦痛，骨子裏還不是要安定自己的政權？而在改革幣制時，政府命令人民將平時辛辛苦苦積蓄的一點金鈔，一律兌換成金圓券；政府只要印刷機器轉幾轉，可是多少老百姓的血汗積蓄，就滾進了政府的腰包裏去了。政府拿這些民間的血汗積蓄，去支持他的戰亂，使所有國家的一點元氣，都送到炮口裏轟了出去！上海的老百姓都在回想他們在敵偽時期所經過的一切，日本人管得再凶，也沒有弄到連飯都沒有吃，連買大便紙也要排隊的程度；日本人逼得再緊，也沒有把民間的金銀收完——就靠這點元氣，勝利後各地慢慢恢復各種小工商業的活動。現在呢，一切完了，一切完了，作孽作孽，每一個吃虧的老百姓心底裏都在咒詛，有一肚皮眼淚說不出來！

七十天的夢是過去了，在這七十天中，賣大餅的因買不到麵粉而自殺了，小公務員因為買不到米而自盡了，一個主婦因為米油俱絕而投河了，一個女兒的母親因為購買肉而被槍殺了，還有不知多少悲慘的故事報紙上沒有傳出來。我相信這些人都是死難瞑目，陰魂不散的。許多良善的小市民，都聽從政府的話，將黃金白銀兌給了政府，可是曾幾何時，現在的金圓券已比八一九時期打了個對折對折了！慘啊，慘啊！冤啊冤啊！一個只要稍為（微）有點良心的政治家，對此能熟視無睹，無疚於中嗎？

七十天是一場小爛污，二十年是一場大爛污！爛污爛污！二十年來拆足！爛污！

儲安平是從英國歸來的留學生，頗有些紳士風度。逼得他如此大爆「粗口」，可見他心中的憂憤是多麼熾烈！

王雲五，一個金融界的門外漢，為了嘗試一下自己主張的正確性，為了操控權力的欲望，為了文人那莫名其妙的虛榮和面子，竟然輕率和魯莽地啟動了事關國計民生的幣制改革。圖上推演終不是實際運作，充裕的物資才是對付通貨膨脹的治本之策。這一切，王雲五都沒有想到和充分準備。七十天一場經濟風暴，搞得天怨人怒，市場崩潰，人心盡失，國民政府徹底垮臺。

可以回到本文之初的結論了：百無一用是書生！

主要參考文獻

《中國民國史》第三編第六卷，朱宗震、陶文釗著，中華書局，二〇〇〇年九月第一版。
《中國的一九四八年——兩種命運的決戰》，劉統著，生活・讀書・新知三聯書店，二〇〇六年一月第一版。
《我的一個世紀》，董竹君著，生活・讀書・新知三聯書店，一九九七年九月第一版。
《儲安平與〈觀察〉》，謝泳著，中國社會出版社，二〇〇五年九月第一版。
《梁漱溟王實味儲安平》，戴晴著，江蘇文藝出版社，一九八九年六月第一版。

【代跋】

從細節看《大江大海一九四九》

薛原

龍應台的《大江大海一九四九》在海峽彼岸出版時，當時想，龍應台的書近年來在大陸都出了簡體字版，應該也會出簡體字版的。但很快就得知，說龍應台的這本書，很難出大陸版了，即便刪節也不行。因為無法刪節。這樣一來，便起了好奇心，儘管我對龍應台的著作並非熱中。書友說，在淘寶網上能夠買到，便拜託書友在淘寶網上代購一冊，但很快就得知，不允許了。後來收到一位學者朋友群發的郵件，附件是《大江大海一九四九》的電子版。於是，便列印了一冊，並自己裝訂了一本厚厚的自製本。

讀完《大江大海一九四九》也就理解何以不能在大陸出版，儘管在我看來並沒有啥問題，當然，在那些執掌圖書出版終審大權的「權威」人士來說，書中的許多提法顯然是不能通過出版門檻的。龍應台以此書向失敗者致敬，在給國共兩黨的一九四九年唱輓歌，更是獻給國民黨流亡老兵墳墓上的一首輓歌。在我看來，她是想以一首輓歌來撫平那一代人心靈上的哀傷，來替歷史翻過那一頁血染的訴說。其中她書中提到的幾個片段讓我意緒難平：東北戰場上殘酷的長春圍困和青島的一位十九歲少年在國軍撤退時被抓兵去了臺灣，後來成了一位詩人。詩人回憶他當年在青島郊區田家村家裏的情景，家門口就是山坡，他印象裏母親的記憶等等。讀到這些文字，對於從小就生長在青島的我來說，情緒複雜，像是在讀「鄰家」兄長的故事，尤其是，當時作為郊區的田家村，現在早已經消逝在鱗次櫛比的繁華城區了，只有田家村這個地名還留在公交車站牌上和社區名稱上了。

而長春圍困更是讓我湧起記憶的波瀾，關於長春圍困，我少年時代的記憶是一部黑白電影《兵臨城下》，其實這是一部老電影，「文革」後又重新上演，記得我是在暑假裏去看的這部電影，電影講述的是當年長春圍困時起義的國民黨的第六十軍，作為正面起義部隊的將領，曾軍長是正面人物，而讓我覺得親近的是，在家裏我已經聽到太多關於這位曾軍長當年在長春率軍起義的故事：因為我的大姐夫當時是一名海軍普通軍官，他所在部隊的最高首長就是這位曾軍長的公子。這部老電影重新上演時，在家裏聽大姐夫談當年六十軍的故事，之所以起義，是因為他們是雜牌軍，不是蔣介石的嫡系，最後忍無可忍，在解放軍的正面包圍下，毅然投入到革命的陣營來……

而當我在一九八〇年代工作以後，所受到的關於中國現代史國共內戰的第一堂現身說法的課，就是長春圍困：當時我為其擔任助手的一位海洋地質學專家蒼樹溪先生剛在英國劍橋大學結束了兩年的訪問學者工作回到青島，在我們參加的每週例行的政治學習討論會上，談到一切以市場經濟為主時，談到科研要為市場服務時，剛從資本主義的英國回來的蒼先生常常情緒激動的談到當年的長春圍困，至今他當時慷慨激昂的樣子還歷歷在目：「你知道什麼是饑餓嗎？你知道在沒有糧食的時候你手裏再有錢也沒用嗎？你看到路邊的人走著走著眼看著倒下再也起不來嗎？你知道不知道，你手裏就是拿著金條也換不來一個苞米麵窩頭嗎？！……」蒼先生在討論時，最後往往要歸結到他童年時代經歷的長春圍困。出生於一九三八年的蒼先生，談起一九四八年的長春圍困，他童年的記憶是終生難忘的，他的父親是早年留學德國的農學博士，也就是說在國民黨控制下的長春，蒼先生的父親屬於上流人士，但即便如此，長春圍困造成的大饑餓也成了蒼先生童年最深刻的記憶，成了他一生無法抹去的烙印。

我在自己的博客上寫了自製了一本《大江大海一九四九》，這個帖子被香港的一位友人看到了，知道我對此書有興趣，結果她郵寄來了一冊臺灣版的原書，說她已經看完了，送給我。讀原版書當然和讀列印本的感覺不同。之後，友人又郵寄了一本書，說你看了龍應台的《大江大海一九四九》，不能不再看看這一本。這就是李敖的《大江大海騙了你》。看李敖的這本與龍應台針鋒相對的書，實話說，並不欣賞李敖罵人的風格，有話好好說，何必要罵人呢，但是，不能不佩服李敖的引用文獻和史料的本領。這點上，他比龍應台訪問當事人的材料還要豐富和深刻，用李敖的話說，龍應台訪問的人物大多是小人物，且對史料文獻掌握的不夠，而李敖提供的文獻史料，許多都是第一手的日記和回憶。其中有幾個片段也是深深吸引了我：同樣也是關於長春圍困，也是關於青島。

關於長春圍困就不說了，龍應台強調的是長時間圍困所造成的災難，李敖強調的是何以長春被長時間的圍困，孰是孰非，一枚硬幣的兩面，絕非我輩所能妄加判斷。我想說的是，對於長春圍困，今日來看，都是民族的悲劇，都是當時生活於其中的芸芸眾生的苦難，蒼先生是幸運的，他度過了饑餓的圍困，但他又是不幸的，直到他的老年，童年的那一幕饑餓的烙印一直不能忘懷，即便到了今天，已經到了耄耋之年的蒼先生，談起長春圍困，仍說他不需要看別人的文字，他自己的記憶就足夠了。當年國軍開入長春的時候，那些一身美式軍裝的青年軍官是多少年青女學生夢想中的白馬王子，誰能料想，曾幾何時，天翻地覆，兵敗如山倒，連級和連級以上軍官就成了歷史反革命，多少年青女學生的命運隨之在一九四九年後的大陸就成了歷史反革命家屬。

記得一九八〇年代末，蒼老師曾收到一封來信，給我們看。當時對我的震驚很大，來信是用毛筆寫的，非常工整，一筆漂亮的小楷。內容是寫已辦理退休回到長春的。蒼老師說，這位老先生當年是蔣介石嫡系中央軍的一位中尉，大學畢業，抗戰時從軍。到長春時是排長，圍困期間，被晉升為副連長，後來又成了代理連長。結果長春解放後，因為夠到了連級，就被劃入了歷史反革命，若是排級，就沒有事了。圍困前剛剛結婚，新娘是蒼老師家鄰居的女兒，高中剛畢業。一九五〇年代，這位中尉和他的新娘被發配到新疆，一直到八十年代，才落實政策，辦理了退休。

李敖在書中提到的青島，有兩點讓我震驚，一是青島的國軍撤退時，許多姑娘在碼頭上苦等，只要有人帶她們上船，不管是當姨太太還是丫鬟，都甘心情願。再一個就是他引用的雷震日記裏的內容，當時青島的國軍師長劉安琪將三百二十餘位「主和分子」丟進了大海，這是一九四九年五月六日的事情，而到了六月二日，就是解放軍進入青島的日期，那一天被定為青島解放日。二〇〇九年青島解放六十年紀念時，我曾參與在我們《青島日報》上做紀念專刊，其中主要是借助於青島檔案館的歷史檔案，若不是看到電報原文的複製件，誰能想到，當年解放青島的電報命令，居然是出自毛澤東的親筆起草，一個最重要內容就是驅敵退卻，並非殲滅，就是說讓國軍從海上逃離，並非讓部隊攻城消滅國軍，其考慮是出於不讓城市毀於戰火。而劉安琪讓至今的青島人還能記起的，是從檔案裏發現，當年這位山東籍的劉司令，在撤退時並沒下達在城市實施爆炸破壞的命令。

近些年來，關於一九四九年十月一日之前的民國題材的書越來越多，關於民國文人的書，往往會提及一九三〇年代抗戰爆發前的「黃金時代」，即便以青島為例，談起青島的文化，往往讓我們掛在嘴邊的是一九三〇年代居留青島的那些現代文人如老舍、沈從文、梁實秋……尤其是當年的市長沈鴻烈，更成了懷舊的歷史風景。但這一切最後往往會歸結於一個疑問：何以國共內戰的結局是國軍兵敗如山倒，「大江大海」的一九四九年成了共產黨的天下，蔣介石的「殘山剩水」敗退臺灣島？也許是從小受到的紅色歷史教育，唯有「共產黨才能救中國，毛主席是人民的大救星」，成了永遠抹不去的記憶，蔣家王朝的失敗是歷史的必然。歷史與現實，昨天與今天，物極必反，歷史的言說便有了另外的一面。「懷舊」成了一種態度的表達，也是一種理想的選擇。從這個意義上說，龍應台的《大江大海一九四九》充溢其中的感性色彩無疑能夠打開我的閱讀；同樣，李敖的《大江大海騙了你》中那些史料的引證和當事人經歷的挖掘，也從海峽彼岸驗證了何以蔣家王朝走向失敗，儘管李敖的語言充滿了霸氣，但不能不讚歎他掌握史料和引用證據的豐富，尤其是他利用大陸出版的「史料」上的那種「虔信」態度，讓人不能不想，如果李敖當年留在了大陸，他還能以如此的「左翼」言詞來批評龍應台嗎？

讀完李敖的《大江大海騙了你》，我又從書架上取下龍應台的《大江大海一九四九》，兩本書細細比對，能感受到海峽彼岸的他們對「大江大海」的情感和態度。龍應台和李敖都生活在海峽彼岸，他們的《大江大海一九四九》不管是如何的不同，在我眼裏都是彼岸給出的解釋和答案。閱讀他們的書都讓我有了情感的震撼和對《大江大海一九四九》的重新的解讀，儘管對他們的一些言詞我有著不同的感受，但溫故而知新，這也正是閱讀的力量所在。

兩本書放回書架，我的閱讀依然沒有離開《大江大海一九四九》，這就是蔡曉濱的《大變局中的轉捩點》，這是他剛剛完成的一部書稿，副題「一九四〇年代的新聞事件背後」。蔡曉濱是一個職業報人，此書也是他繼《中國報人》之後，對「民國」歷史的又一次解讀，作為一個有著近三十多年報人生活的新聞記者，他以職業的敏感和素養，選取了一九四〇年代的那些曾轟動一時或引起廣泛爭鳴的新聞事件，對這些新聞事件做深入的剖析，從現象本身，到現象的背後，到現象發生的源頭，到現象造成的影響，到現象對歷史進程的意義……

譬如龍應台和李敖都濃墨重彩的「長春圍困」，蔡曉濱從史料出發，既有主流的史料，也有民間的遺存，如當年圍城裏未能郵寄出的家書，等等，從瑣細的史料，還原當年國共雙方在長春圍困時的真相。其實，對於一九四〇年代的這些新聞事件，如：中原饑饉、訪問延安、公債舞弊、東北劫掠、重慶談判、沈崇事件等等，逐一尋根究底，當我們瞭解了這些新聞事件的背後，無須再言，也就知曉了「大江大海一九四九」的歷史結局。

青島日報社所在的大樓，其舊址是當年國共內戰時期的美國水兵俱樂部，當然現在的這棟花崗岩大樓，已經沒有絲毫往昔的跡象了，唯一沒變的是眼前的海灣，從蔡曉濱作為報社總編輯所在的辦公室視窗望出去，海灣景色旖旎，棧橋伸展在海面上，棧橋盡頭的回瀾閣重疊的飛簷在藍天的襯托下依然如新，這還是當年民國時代作為青島特別市市長的沈鴻烈主政時期的建設，也早已成了青島的標誌性景觀。當年，國軍撤退時，最後撤離的兵艦就是從這裏起錨的。濤聲依舊，但歷史早已翻過了一頁，《大江大海一九四九》離開我們已遙遠，但卻又似乎近在咫尺就在眼前。

二〇一一年五月五日於《青島日報》副刊

血歷史14　PC0195

新銳文創
INDEPENDENT & UNIQUE

大變局中的轉捩點
——一九四〇年代的新聞事件背後

作　　者　蔡曉濱
主　　編　蔡登山
責任編輯　孫偉迪
圖文排版　姚宜婷
封面設計　蔡瑋中

出版策劃　新銳文創
發 行 人　宋政坤
法律顧問　毛國樑　律師
製作發行　秀威資訊科技股份有限公司
114 台北市內湖區瑞光路76巷65號1樓
電話：+886-2-2796-3638　傳真：+886-2-2796-1377
服務信箱：service@showwe.com.tw
http://www.showwe.com.tw
郵政劃撥　19563868　戶名：秀威資訊科技股份有限公司
展售門市　國家書店【松江門市】
104 台北市中山區松江路209號1樓
電話：+886-2-2518-0207　傳真：+886-2-2518-0778
網路訂購　秀威網路書店：http://www.bodbooks.com.tw
國家網路書店：http://www.govbooks.com.tw

出版日期　2012年2月　初版
定　　價　360元

版權所有・翻印必究（本書如有缺頁、破損或裝訂錯誤，請寄回更換）
Copyright © 2012 by Showwe Information Co., Ltd.
All Rights Reserved

Printed in Taiwan

國家圖書館出版品預行編目

大變局中的轉捩點：一九四〇年代的新聞事件背後 / 蔡曉濱著. -- 一版. -- 臺北市：新銳文創出版：秀威資訊科技發行, 2012. 2
面； 公分. --（史地傳記類；PC0195）
BOD版
ISBN 978-986-6094-48-4（平裝）

1.言論集 2.時事評論

078　　100022021

讀者回函卡

感謝您購買本書，為提升服務品質，請填妥以下資料，將讀者回函卡直接寄回或傳真本公司，收到您的寶貴意見後，我們會收藏記錄及檢討，謝謝！如您需要了解本公司最新出版書目、購書優惠或企劃活動，歡迎您上網查詢或下載相關資料：http:// www.showwe.com.tw

您購買的書名：________________________

出生日期：________年________月________日

學歷：□高中（含）以下　□大專　□研究所（含）以上

職業：□製造業　□金融業　□資訊業　□軍警　□傳播業　□自由業

□服務業　□公務員　□教職　□學生　□家管　□其它_____

購書地點：□網路書店　□實體書店　□書展　□郵購　□贈閱　□其他

您從何得知本書的消息？

□網路書店　□實體書店　□網路搜尋　□電子報　□書訊　□雜誌

□傳播媒體　□親友推薦　□網站推薦　□部落格　□其他__________

您對本書的評價：（請填代號　1.非常滿意　2.滿意　3.尚可　4.再改進）

封面設計____　版面編排____　內容____　文／譯筆____　價格____

讀完書後您覺得：

□很有收穫　□有收穫　□收穫不多　□沒收穫

對我們的建議：________________________

____

____

____

請貼
郵票

11466
台北市內湖區瑞光路 76 巷 65 號 1 樓
秀威資訊科技股份有限公司 收
BOD 數位出版事業部

（請沿線對折寄回，謝謝！）

姓　名：＿＿＿＿＿＿＿＿ 年齡：＿＿＿＿ 性別：□女 □男

郵遞區號：□□□□□

地　址：＿＿＿＿＿＿＿＿＿＿＿＿＿＿＿＿

聯絡電話：(日)＿＿＿＿＿＿＿＿ (夜)＿＿＿＿＿＿＿＿

E-mail：＿＿＿＿＿＿＿＿＿＿＿＿＿＿＿＿